JN124410

民主主義を創り出す
パブリック・アチーブメントの教育

ハリー・C・ボイト 著

小玉重夫 監修／堀本麻由子・平木隆之・古田雄一・藤枝 聡 監訳

by Harry C. Boyte

Awakening Democracy Through Public Work: Pedagogies of Empowerment

東海大学出版部

Awakening Democracy Through Public Work: Pedagogies of Empowerment

by Harry C. Boyte
with contributions by Marie-Louise Ström, Isak Tranvik, Tami L. Moore, Susan O'Connor and Donna R. Patterson

Copyright©2018 by Vanderbilt University Press
Nashville, Tennessee 37235
First printing 2018
Japanese translation rights arranged with VANDERBILT UNIVERSITY PRESS
through Japan UNI Agency, Inc., Tokyo

謝 辞

　本書『民主主義を創り出す―パブリック・アチーブメントの教育―』は、パブリック・ワークの冒険的な取り組みであり、共同創造者たちの築きあげてきた素晴らしいネットワークの賜物である。

　パブリック・アチーブメントに関する本出版プロジェクトは、ケタリング（Kettering）財団の会長であるデイビッド・マシューズ（David Mathews）の提案で始まった。本書は、パブリック・ワークのより大きな可能性を展開するために、多くの事例を取り上げている。たとえば、カレッジ、大学からアフリカの村々、そして米国の地域コミュニティにまで及ぶ。パブリック・ワークの実践者、オーガナイザー、そして研究者といった仲間たちが、パブリック・ワークをテーマとして、デイビッド、ジョン・デドリック（John Dedrick）、デレク・バーカー（Derek Barker）、メリンダ・ギルモア（Melinda Gilmore）、そしてケタリング財団の同僚たちとともに、長きにわたって取り組んでくれた。私は、この場において、これまで学びを通じて協力関係を創り上げてきた仲間たちに大いに感謝したい。そして、豊かな多様性をもつ学習コミュニティの中心として、民主主義に関する従来の学術研究がほとんど目を向けることのなかった官僚的パワーの役割というテーマについて精査してきたケタリング財団に感謝したい。

　パブリック・アチーブメントにおけるネットワーク、参加者、コーチ、教師、オーガナイザー、そしてリーダーたちが本書の主人公であり、共同創造者である。ジム・シャイベル（Jim Scheibel）、ナン・スケルトン（Nan Skelton）をはじめ、パブリック・アチーブメントの初期においてともに活動したグループメンバーには感謝に堪えない。2016 年の秋に PA に取り組むリーダーやオーガナイザーがケタリングに集まり、パブリック・アチーブメント創始以来 25 年の歴史を振り返り、ブレインストーミングを行い、インタビュー対象者のリストアップを行った。そのグループには、デニス・ドノヴァン（Dennis Donovan）、エレイン・エッシェンバッハ（Elain Eschenbacher）、ナン・スケルトン（Nan Skelton）、ジェームズ・ファー（James Farr）、メリッサ・バス（Melissa Bass）、ラウディ・ヒルドレス（Roudy Hildreth）、ジョン・J・セイス（John (J). Theis）、シェリー・ロバートソン（Shelly Robertson）、ジュアン・ジャクソン（Juan Jackson）、ジェイミー・マイナー（Jamie Minor）、デュアン・アーバニアック・レシュ（D'Ann Urbaniak Lesch）、ジェフ・マウラー（Jeff Maurer）、

スーザン・オコナー（Susan O'Connor）とアイザック・トランビック（Isak Tranvik）、そしてケタリングからジョン・デドリック（John Dedrick）とデレク・バーカー（Derek Barker）が参加した。アイザックはデューク大学で政治学を学ぶ大学院生としてパブリック・ワークとパブリック・アチーブメントに出会った。彼は2016年夏にパブリック・アチーブメントに関する研究の系譜を詳細にまとめ、彼の研究が今回のプロジェクトにとって素晴らしい情報リソースとなった。アイザックはまた、本著の2章である「市民の問題（question）としての教育」を筆者と共同執筆し、米国ニューヨーク州に本部を置く教育NPOであるティーチ・フォー・アメリカ（Teach for America）における彼の経験を述べている。

　パブリック・アチーブメントはハンフリー研究所（Humphrey Institute）（現在は、ハンフリー・スクール）で産声を上げた。私はハンフリーの同僚には本当に感謝している。特に強力な支援をしてくれたジョン・アダムズ（John Adams）、ブライアン・アトウッド（Brian Atwood）をはじめ、故ハーラン・クリーブランド（Harlan Cleveland）、故エド・シュー（Ed Schuh）、そして故ジョン・ブランドル（John Brandl）を含む学部長には特に感謝したい。また、パブリック・アチーブメントとパブリック・ワークに関する知的コミュニティを創造できたことに関して、ロバート・クドレル（Robert Kudrle）、バーバラ・クロスビー（Barbara Crosby）、ジョン・ブライソン（John Bryson）、ケン・ケラー（Ken Keller）、そしてサミュエル・マイヤーズ（Samuel Myers）に感謝したい。

　本書を執筆する過程において、スコット・ピーターズ（Scott Peters）、デニス・ドノヴァン、エレイン・エッシェンバッハ、そしてタミ・ムーア（Tami Moore）は、いつも的確にフィードバックを与え、議論し、方向性を示してくれた。タミは5章「海外のパブリック・ワーク」の共著者となってくれた。彼女は、旧ソビエト連邦諸国において、パブリック・アチーブメントを実施したリーダー、教師、参加者に対し、きわめて有意義なインタビューを実施してくれた。スーザン・オコナーとドナ・パターソンは、特殊教育の中にパブリック・アチーブメントを導入する上での協力者であることから、7章「エンパワメント格差に挑む」の共同執筆を依頼した。彼女たちは、障害児教育分野の豊富な知識を指示し、パブリック・アチーブメントの活動の中でコーチの役割を担った若い特殊教育の教師にインタビューを実施した。「市民教師（citizen teacher）」を育成するという彼女たちの熱意、そして、特殊教育を、矯正ではなく、若者が自己決定的に学習し、リーダーシップを発揮するエンパワメントへと変革する彼女たちの志

はオーグスバーク大学だけでなく他の大学においても専門教育のモデルとなった。

　高等教育は、米国のような知識社会において文化を形成する力として"上流"に位置する。すなわち、それは、民主主義の可能性を形成することにおいて、目には見えないが、発展的な役割をもつ。高等教育機関における能力主義の高まりに反して、本書で取りあげたカレッジや大学においては民主主義やパブリックな目的の再生を目指している。そして高等教育機関の同僚やパートナーたちは、私たちの取り組みに貢献し、仕事をパブリック・ワークに変えるリーダー的存在になる多くの卒業生を育成するために、コミュニティを形成してきた。8章は、前述したコミュニティについて、高等教育におけるパブリックや民主主義的なアイデンティティを強化するための方法である市民的・オーガナイジング（civic organizing）に依拠して詳述している。特に、ケタリング財団の声掛けで集まった、"パブリックな哲学者"としての役割の再生に関心あるカレッジや大学の学長たちで構成されるグループに感謝したい。デニソン大学のアダム・ワインバーグ（Adam Weinberg）、そしてオーグスバーグ大学のポール・プリベナウ（Paul Pribbenow）はこのグループでリーダーシップを発揮した二人であるが、彼らは常に賢明さと洞察の源となってくれている。マリア・アヴィラ（Maria Avila）、スコット・ピーターズ（Scott Peters）、デイビッド・ホフマン（David Hoffman）、ローレル・ケネディ（Laurel Kennedy）、エリック・ファーレイ（Erik Farley）も8章に協力してくれた。また、"イマジニング・アメリカ（Imagining America）"、ADP、そしてACPに感謝するとともに、さらにジュリー・エリソン（Julie Ellison）、ティム・イートマン（Tim Eatman）、スコット・ピーターズ、ジョージ・メハフィ（George Mehaffy）、セシリア・オルファン（Cecilia Orphan）、ジェン・ドマガルーゴールドマン（Jen Domagal-Goldman）、ジョン・カールソン（Jon karson）、ナンシー・カンター（Nancy Kanter）、そしてナンシー・キャンター（Nancy Canter）にも感謝したい。

　市民専門家は、新しい民主主義の最先端領域であることから、いわば若者にとってあこがれとなる。9章はミネソタ大学の市民専門家センターの創立者であり、私の長年の同僚でもあったビル・ドハーティー（Bill Doherty）の洞察と実践について述べ、市民専門家センターには、リシンク・ヘルス（Rethink Health）のタイ・メンデンホール（Tai Mendenhall）、ボビー・ミルスティン（Bobby Milstein）、そして民主主義的専門職性（democratic　professionalism）の素晴らしい理論家であるアルバート・ジュール（Albert Dzur）についても言

及した。マイク・ハギンズ（Mike Huggins）は、オークレア（Eau Claire）市の
マネージャー職に就いており、20 年以上私たちと一緒に活動していた。彼は、
政府で働く市民専門家のモデルとしてはパイオニア的存在であり、「（オークレ
アの）クリアビジョン」のケーススタディ構築を助けてくれた。私たちは、ミネ
ソタ大学で数年間活動したのち、2009 年にオーグスバーグ大学に移ったが、
オーグスバーグ大学は、市民エージェンシーや市民専門主義の概念創造とその実
践にとって恵まれた環境となっている。ポール・プリベナウ（Paul
Pribbenow）、ギャリー・ヘサー（Garry Hessar）、マイケル・ランシング
（Michael Lansing）、ペグ・フィンダーズ（Peg Finders）、ジョアクィン・ムノ
ズ（Joaquin Munoz）、ジョー・アンダーヒル（Joe Underhill）、マイク・グルー
（Mike Grewe）、レイチェル・ロイド（Rachel Lloyd）、そしてジャッキー・デヴ
リース（Jacqui deVries）の皆さんには私たちの転籍を歓迎してくれたことに感
謝したい。

　また、多くの方々からは重要なフィードバックや支援をいただいた。ヴェン
ダービルト大学出版の部長であり、パブリック・ワークに関する文献の出版にお
いて数年来にわたる協力者であるマイク・エイムズ（Mike Ames）は、当初か
ら本の焦点や提案内容を明確にするよう助言を与えてくれた。本当にマイクには
感謝しすぎてもしきれない。ジェレミー・レヮード（Jeremy Rehwaldt）は、編
集者として大変な働きをしてくれた。外部レビューを依頼したピーター・レヴィ
ン（Peter Levine）とメイラ・レビンソン（Meira Levinson）の二人からは賢明
なコメントを得ることができた。特にレビンソンが最終ドラフトに対する鋭いレ
ビューをしてくれたことは本当に役立った。市民学生運動リーダーのアリ・オー
ステルハウスとスティーブン・ヴォーゲルは、ミネソタ大学ハンフリー・スクー
ルにおいて私のもとで学ぶ学生であり、いくつかの章について詳細なフィード
バックを与えてくれた。アイザック・トランビックからは、全体を通して、洞察
に富んだ、かつ明快なコメントを得ることができた。

　最後になるが、私の人生のパートナーであるマリー=ルイーズ・ストローム
（Marie-Louise Ström）に深く感謝したい。6 章に叙述した私たちの共同研究は
彼女がアフリカにおいて行った活動の多くによって豊かなものとなった。マリー
が民主主義教育を主導した南アフリカ民主主義研究所（Institute of Democracy
in South Africa: Idasa）はかけがえのない試金石である。Idasa とのパートナー
シップによる協同は比較文化及び異文化の観点からパブリック・ワークの概念を
開発することに役立った。Idasa のリーダーである、ポール・グラハム（Paul

Graham)、アイヴァー・ジェンキンス（Ivor Jenkins）、そしてマリージエ・オエルフセン（Marietjie Oelofsen）、そして南アフリカの同僚たち、とくにキム・バーマン（Kim Berman）、ゾレラ・マンシユ（Xolera Mangcu）、ピーター・ヴェイル（Peter Vele）にも感謝したい。

　マリーはまた、パブリック・ワークの概念、教授法、そして実践方法の開発において重要な協同者であった。私たちは、現在、本書『民主主義を創り出す―パブリック・アチーブメントの教育―』の執筆を通じて学んだことを確固なものとしつつ、さらなる発展を目指して新しい教育的な営みであるパブリック・ワークアカデミーの設置に取り組んでいる。

日本語版への序文

人間の未来を創造する：日本における
パブリック・アチーブメント型教育

ハリー・C・ボイト

　20世紀の民主主義を語るうえで最も重要な思想家の一人、ハンナ・アレント
は、アメリカ公民権運動の流れを汲むコミュニティ・オーガナイジング^{訳注}の関
係者の間でよく読まれている。なぜなら、コミュニティ・オーガナイジングの実
践者たちは、人間個人をどう見るかということについて、アレントの見方を共有
しているからだ。その見方とは、他人と同じ人間は誰もおらず、どんなに若くて
も、どんなに社会の片隅に置かれていても、誰もが自由に活動でき、新しい始ま
りを生み出すことができ、予想がつかないようなことを成し遂げられる、という
人間観である。コミュニティ・オーガナイザーたちは、この伝統の中で、学校、
下水道、あるいは環境浄化から経済開発の問題に至るまで、具体的な問題につい
て多くの実践的な成果を達成することを支えてきた。とりわけ、このコミュニ
ティ・オーガナイザーという存在は、日常を生きる市民としての才能、スキル、
そして想像力を高めることに注力する、政治的・市民的な意味での教育者なので
ある。コミュニティ・オーガナイザーは、いわばマーティン・ルーサー・キング
の団体が各地に設立した数百もの「シティズンシップ・スクール」で教えていた
市民教師のようなものである。当時このシティズンシップ・スクールの活動に参
加していた私にとってのメンターが、この市民教師たちだったのだ。

　1980年代まで、アメリカそして多くの国の若者たちにとって、私がいうよう
なシティズンシップを学ぶ機会は決して十分ではなかった。当時、変革を起こす
アプローチとして若者たちが知っていたのは、結果をあらかじめ決め、それを利
用しようとする敵対者に向かって、人々を集結して対峙する「動員
（mobilizing）」や抵抗運動などの行動であった。手法としての動員は長年にわた
り拡大したが、それと同時に、公民権運動が大切にした非暴力の哲学は失われて
いった。ほとんどの市民活動家たちは、自分たちに敵対する者たちを、誤った考
えを持っている人々というだけでなく、邪悪な人々としても見るようになったの
である。1980年代後半から1990年代前半にかけてアメリカの若者が経験した最
大の動員は、「戸別訪問（door to door canvassing）」と呼ばれるものであった。

環境保護運動、消費者運動、その他の活動家グループは、数万人の若者を地域コミュニティへと送り込み、そこで寄付や署名を集めさせた。こうした戸別訪問は、ある公式にもとづいていた。それは、敵をはっきりさせて、自分たちが取り上げたい問題について極めて単純化した善と悪を仕立てること、そして戸別訪問を担う若者たちに、絶対にバラバラな行動をしないよう強要することであった。

　1987年にミネソタ大学ハンフリー公共問題研究所で教鞭をとり始めたとき、私は学生たちの話を聞いてうろたえた。ほとんどの学生は戸別訪問の経験者であったが、どの学生も政治に対して深く幻滅していたのだ。

　1990年に、ミネソタ州セントポール市の新市長となったジム・シェイベル（Jim Scheibel）と協働して、私はパブリック・アチーブメント（Public Achievement）と題する若者対象の政治教育および市民教育の取り組みを開始することにした。パブリック・アチーブメントの目的は、若者が自由な主体、自分たちが暮らす世界の共同創造者として、世の中の発展、いわば「アレント主義」型のもう一つの政治の創造に取り組める機会を提供することにある。パブリック・アチーブメントにおいて、学校でのいじめを撲滅する、学校給食を改善する、遊び場を作るといった問題に取り組むことは、もちろん重要である。しかしパブリック・アチーブメントは、そこに重きを置いているわけではない。若い世代の人々が、公的な意味での才能、アイデンティティ、そして市民の体力（civic muscle）といった、いわゆる市民的エージェンシー（civic agency）を身につける機会であることが、パブリック・アチーブメントの最も重要な要素である。パブリック・アチーブメントでは、若い世代の大人が「コーチ」の役割を担う。このあと読者の皆さんが読まれるとおり、このコーチたちの役割は、公民権運動の市民教師たちが果たした役割のようなものである。コーチたちは、若者たちのパブリックな能力をはぐくむことに集中するのである。

　東京大学の小玉重夫教授は、自身が2000年代前半にミネソタ大学に客員研究員として滞在していた際に、パブリック・アチーブメントに関心を持った。私たちは互いがハンナ・アレントの仕事を評価していることを知る間柄だったので、私はそのことに驚くことはなかった。しかし、小玉教授が取り上げてくれたおかげで、パブリック・チーブメントは日本においても15年以上にわたり成長を遂げることとなった。そして、このつながりによって私も、優れた技術を持つ国としてよく知られている日本の一面を超えて、日本という国が持つもうひとつの物語を発見する機会を得た。私にとってはこの物語がとても重要なのである。

　日本の歴史について読み、研究者、学生、そして市民リーダーたちと交流する

中で、私は日本において「アレント型政治」とも呼べるような、豊かな政治的伝統があることを学んだ。これまで日本では、テクノロジーをうまく活用し、これを人間のものにするための素地を創る伝統が引き継がれてきた。私はこうした伝統に着目した講演を、2018 年に東京大学で[1]、そして 2019 年に東京で開催された世界教育学会（WERA）で行った。WERA において私は、私たちの時代の危機をそのまま扱っている実践として、東海大学の「パブリック・アチーブメント型教育」を取り上げて説明した。

　かつてハンナ・アレントは、この危機、すなわち第四次産業革命に対して絶望を表明した。彼女は、ここに伴う人工知能の台頭と人間の排除を、「自動性（automatism）」と称した。自動性によって、目的と手段の区別が消え、使用と美しさの基準が破壊され、消費行為によって製造行為が飲み込まれ、「物質的な力を拡大するための意識的な人間の努力」といった仕事に対する衝動が消えるにつれ、「工作人（homo faber）」としての人間の特徴が危険にさらされている」とアレントは書いた[2]。

　WERA において私は、東海大学で「パブリック・アチーブメント型教育」が大規模に広がっていることを話した。私は、市民的エージェンシーの文化を創造し、デジタル革命を使いこなすのに役立つ「市民エンジニア」をはじめ、新世代の市民専門家を育成する可能性があると信じている。堀本麻由子氏や二ノ宮リムさち氏をはじめとする、東海大学のパブリック・アチーブメントに取り組むリーダーたちは、東海大学の創設者である松前重義博士の哲学を実用化しようとしているのである。

　松前博士は、かつて一人の青年として、「生きるための教育」が社会を変えるという理想を掲げた、19 世紀のデンマークの民主主義教育者であるグルントヴィ（N.S.F Grundtvig）の哲学を研究する知的コミュニティに参加し、アメリカの公民権運動からも刺激を受けた。この経験がその後の彼の人生を形作ったのである。松前博士は、自伝『わが人生（*My Turbulent Life in Turbulent Times*）』で述べているように、「歴史や哲学や思想を踏まえた全人的教育によって人生観や世界観を培わせることが何にもまして必要であることに思いいたったのである」。松前博士は、世界をリードするエンジニアの一人になった。彼は、現代の国際電気通信の基盤である無装荷ケーブル通信方式を発明したのである。同時に、彼は優れた「市民エンジニア」であり、人生の教育という視点を見失うことがなかった。松前教授は今にしてみれば予言的な洞察で次のように書いている。すなわち、世界の情報処理そして機械処理能力は加速しており、「物質文明万能と経済

価値優先の風潮に支配されている現代社会なればこそあえて「正しい思想教育」をほどこし、正しい人生観や世界観あるいは歴史観を認識させ、人間にとって精神文化もまた如何に物質文明とともに大切であるかということを改めて明確化する必要がある」と。彼は知的発達と、精神的および身体的発達の不均衡の存在を認識するに至った。そして東海大学はこの不均衡を正そうとしているのだ[3]。

　東海大学には、「人々が地球市民として心をつなぎ、人と社会と自然が共存できる新しい文明社会の実現をめざす」というビジョンがある[4]。この哲学は、なぜ東海大学が「パブリック・アチーブメント型教育」に取り組んでいるのか、その理由を明らかにしている。そうした東海大学の実験的取り組みや、本書で取り上げられるその他の実践は、人間の未来に続く道を創造していく上で、大いに参考になるだろう。

訳注

　1　コミュニティ・オーガナイジングについては、1章訳注5を参照。

監修者解説

小玉 重夫

1 著者ハリー・ボイトの思想と実践

　本書の著者であるハリー・ボイト（Harry C. Boyte, 1945-）は、アメリカ合衆国を代表するシティズンシップ教育の理論家であり、実践家である。

　1960年代にマーティン・ルーサー・キングと共に公民権運動に参加し、70年代には運動組織の中心的存在となり、アメリカの政治思想を席巻した参加民主主義の理論的騎手として活躍した。1986年に刊行されたサラ・エバンスとの共著『*Free Spaces: The Sources of Democratic Charge in America*』（Evans & Boyte 1986）は、アメリカの歴史のなかから市民が参加する民主主義のうねりを「自由の空間」として描き出したものであり、アメリカの民主主義を市民の側から再定義する理論的成果とみなされ、多くの論者によって注目され、参照された。

　以上のような活動が評価されて、ボイトは、1990年代の民主党クリントン政権において、ベンジャミン・バーバらと共に政権のブレーンとして活躍し、「新しいシティズンシップのための白書」を編纂するグループを形成し、シティズンシップ教育等に関する政策立案に関与した。当時、シティズンシップ（市民性）のとらえ方をめぐっては、『孤独なボウリング』の著者であるロバート・パットナムに代表されるような、コミュニタリアン（共同体主義）の立場から、「ボランティアとしてシティズンシップをとらえる見方（the view of citizenship as voluntarism）」（Boyte 2002b: 14）が提起されていた。ボイトは、このボランティアとしてシティズンシップをとらえる見方を、「権力、政治、そして合衆国と世界に存在する広範な多様性を欠落させている」ものであると批判する。ボイトによれば、そこには、「不正と闘う大胆さや勇気、問題に取り組む才能、イデオロギーや価値が鋭く対立するかもしれない異質な他者と関わり合う政治的スキル」が存在しないという（Boyte 2002a: 7）。つまり、ボランティアを強調するだけでは、所与の共同体への動員を強いるだけに終わり、シティズンシップの政治性が欠落してしまうというのである。

　ボイトがパブリック・ワークを提唱するのは以上のような背景からである。ボランティア的なシティズンシップが政治的視点を欠落させていることを克服する

ために、「不正と闘う大胆さや勇気、問題に取り組む才能、イデオロギーや価値
が鋭く対立するかもしれない異質な他者と関わり合う政治的スキル」を養う実践
が、パブリック・ワークである。このパブリック・ワークによってこそ、「異質
な他者と関わり合う政治的スキル」が育成され、シティズンシップが政治的なも
のになる。ボイトによれば、「アメリカ人が 21 世紀の困難な課題に取り組むため
に国境を超えて他者と関わろうとするならば、私たちが学生や自分たち自身のな
かに養成しなければならないのは、まさにこうした資質」なのである（Boyte
2002a: 7）。その意味で、パブリック・ワークとは、脱政治化されたボランティ
ア的なシティズンシップ論に対置される、政治的シティズンシップ論としての意
義を有するものである（小玉　2016）。

2　パブリック・ワークの日本への影響

　本書「日本語版への序文」にも書かれているように、筆者は、ミネソタ大学に
客員研究員として滞在していた 2002 年にボイトと知り合い、その思想と実践に
触れる機会を持った。ボイトとの議論の過程で、シティズンシップ教育に政治的
視点を持ち込むことの重要性や、その際に 20 世紀の市民政治思想に大きな影響
を与えたハンナ・アレント（1906-1975）への関心などにおいて共通の関心を有
していることなどを確認し合うことができた。

　日本への帰国後、さっそくボイトの思想を著書で紹介する（小玉 2003）とと
もに、研究会や実践現場等でも積極的にパブリック・ワークのシティズンシップ
教育としての意義を説いた。そうした活動の一環として、2006 年に経済産業省
と三菱総研が主催した「シティズンシップ教育と経済社会での人々の活躍につい
ての研究会」に参加し、そこでボイトの思想とパブリック・ワークの実践を紹介
し、その内容は報告書の中に取り入れられた（経済産業省 2006）。これは、政府
の組織が行ったシティズンシップ教育の政策提案のなかにパブリック・ワークが
紹介されたはじめての例であり、特筆すべきものであった。

　2010 年代に入ると、高等教育機関へのパブリック・ワークの導入が本格的に
始まる。2013 年から東海大学でパブリック・ワークの全学共通教養教育への導
入が行われている（本書「訳者あとがき」を参照）。また、立教大学では 2016 年
からシティズンシップ教育のプログラム「立教サービスラーニング」が全学共通
科目で開始され、そのなかでボイトのパブリック・ワークの実践が導入されてい
る（藤枝 2017）。

　ボイト自身、本書の共同執筆者の一人でもあるマリー＝ルイーズ・ストローム

と共に 2018 年、2019 年と連続して来日し、東海大学、立教大学、東京大学で講演すると共に、日本教育学会、世界教育学会で報告を行っている（Boyte 2018、Boyte 2019）。

　本書の刊行は、そうした一連のパブリック・ワークの日本への影響の、一つの成果である。

3　日本の高等教育を変革するために

　パブリック・ワークを日本の高等教育に導入することには、以下の二つの点で今日的な意義を認めることができる。

　第一に、選挙権年齢が 18 歳以上へと引き下げられた日本の社会において、若者の政治的主体化の場として、高等教育を再生させていく触媒となり得るという点である。日本の大学における教養教育の形骸化が指摘されて久しいが、パブリック・ワークは教養教育に新たな視点を導入することによって、脱政治化している高等教育のカリキュラムを再政治化し、大学生を政治的主体にしていく可能性を秘めている。

　第二に、高大接続改革の帰趨を左右する鍵とされているアクティブ・ラーニングの実質的な内容を示すものとなっているという点である。中教審答申「新しい時代にふさわしい高大接続の実現に向けた高等学校教育、大学教育、大学入学者選抜の一体的改革について」（2014 年 12 月 22 日）では、「高等学校教育については、生徒が、国家と社会の形成者となるための教養と行動規範を身に付けるとともに、自分の夢や目標を持って主体的に学ぶことのできる環境を整備する。そのために、高大接続改革と歩調を合わせて学習指導要領を抜本的に見直し、育成すべき資質・能力の観点からその構造、目標や内容を見直すとともに、課題の発見と解決に向けた主体的・協働的な学習・指導方法であるアクティブ・ラーニングへの飛躍的充実を図る」と唱われている。この方針にもとづいてアクティブ・ラーニングを重視した高校学習指導要領の改訂が行われると共に、2020 年度からは、大学入試センター試験が廃止されることになったわけであるが、肝心のアクティブ・ラーニングが、高校と大学においてどのように接続していくのかは、実践的にも理論的にも十分な吟味がなされているとは言えない。

　パブリック・ワークはこの点に関して重要な一石を投じる可能性を持っている。すなわち、現実に争われている日常の政治的争点や権力関係を素材として、従来の知識の習得だけにとどまらない、政治的な主体化を伴う実践の可能性が、具体的な方法論を伴って提示されており、大学の教養教育のみならず、高校での

主権者教育、シティズンシップ教育においても導入することが可能な内容となっ
ている。したがって、パブリック・ワークを通じて、高校と大学のシティズン
シップ教育を一貫した視野のもとで接続することが可能となる。

　以上に述べた二つの意味において、パブリック・ワークは日本の高等教育のあ
り方を、18 歳選挙権の時代にふさわしい形に変革するうえでの鍵となり得るも
のである。本書がそうした作業のための礎となることを願っている。

参考文献

Boyte, H., 2002a, "Citizenship: What does it mean?", *The Minnesota Daily*, Monday,
　　September 9, 2002

Boyte, H., 2002b, "A Different Kind of Politics-John Dewey and the Meaning of
　　Citizenship in the 21st Century", paper prepared for Dewey lecture, University of
　　Michigan, November 1, 2002.

Boyte. H., 2018 "Preparing Citizen Professionals : New Dimensions of Civic Education in
　　Higher Education."（ハリー・ボイト「シティズン・プロフェッショナルの方へ：
　　高等教育における市民教育の新たな局面」（藤枝聡・川上英明訳）東京大学教育学
　　研究科基礎教育学研究室『研究室紀要』(45) 125-142 頁、2019 年 7 月。)

Boyte, H., 2019 "New Dimensions of Civic Education in the Age of Post-Truth --
　　Educating for Productive Political Agency", paper prepared for WERA , August 7,
　　Tokyo, 2019, https://www. academia. edu/39910762/New_Dimensions_of_Civic_
　　Education_in_the_Age_of_Post-Truth_--_Educating_for_Productive_Political_Agency

Evans, S., Boyte, H., 1986 *Free Spaces – The Sources of Democratic Change in America*,
　　Harper & Row

藤枝聡　2017 「グローバルにコミュニティを支える大学生──海外サービスラーニン
　　グを通じて学ぶシティズンシップ」立教大学 RSL センター編『リベラルアーツと
　　してのサービスラーニング』北樹出版

経済産業省　2006 『シティズンシップ教育宣言』

小玉重夫　2003 『シティズンシップの教育思想』白澤社

小玉重夫　2016 『教育政治学を拓く－ 18 歳選挙権の時代を見すえて』勁草書房

訳者解説：パブリック・アチーブメントと鍵概念の理解のために

古田 雄一

　本書は、1990年代以降、アメリカを中心に様々な国や地域で展開されてきた市民教育の実践として知られる「パブリック・アチーブメント（Public Achievement：PA）」の歩みを、提唱者であるハリー・ボイト（Harry C. Boyte）氏が中心となってまとめた一冊である。

　PA は、子ども・若者が政治や社会から疎外されてきた現状を変革し、民主主義に参加する市民としての本物の経験を提供するものである。そこでは、それぞれが関心のある学校や地域、社会の問題を選んでチームを作り、自らが主導して話し合いを進め、多様な関係者と出会い、交渉や試行錯誤を重ねながら、問題解決のための活動を考え、実行していく。こうした自治や参加の経験を通じて、民主主義の理念や参加の方法、スキルを深く学ぶことが期待されている。本書には、アメリカ国内外における PA の活動の様々な物語が数多く収められており、PA が参加した子どもや若者にとってどのような意味をもち、そこで彼（女）たちが何を学び、感じ取り、市民としていかに成長していくのか、鮮明に描かれている。

　PA はまた、教育実践であると同時に、民主主義の文化の創出／再興を目指した運動としての側面も併せもっている。政治学者であるボイト氏は、公民権運動やアメリカの社会運動の歴史的経験などに示唆を得ながら、民主主義や政治、市民性といった諸概念を再構築する議論を牽引してきた人物でもある。PA においても、これらの概念一つひとつが、ボイト氏や関係する人々によって議論され、実践とともに深められてきた。本書もまた、実践の軌跡とともに、民主主義とは何か、政治とは何かといった根底の議論に立ち返り、そのありようを考察していく内容となっている。

　　*　　　*　　　*

　本書を読み進めていく手掛かりとして、PA における鍵概念（コア・コンセプト）のいくつかを、PA のガイドブック[1]から抜粋し紹介しておきたい。

民主主義（Democracy）

　民主主義は、ギリシャ語のデモス（人民）とクラティア（支配）に由来する。それは選挙だけでなく、より広範には、学校や職場、集会やコミュニティで人々が協同し、決定を行う生活様式である。それは目的地ではなく、むしろ旅程である。PA は、人々にスキル、概念および価値を教え、市民がそのパワーを行使し、パブリックな生活のあらゆる側面で民主主義を構築し維持することを目指している。

政治（Politics）

　政治はパワーや統治、私たちの世界の共同創造の実践を意味する。それは、意見を異にする、または嫌悪さえするかもしれないような、非常に異なる人々と協同することで、どのようにパブリックな決定を行い、問題を解決するのかという学術である。このことは、政治が、政治家の領域だけにとどまらず、熟議し、交渉し、取引し、意思決定し、戦略的に思考する日常的なプロセスとして捉えられることを意味する。

市民性（Citizenship）

　市民性はときに、コミュニティの構成員となる地位を意味する。またときには、個人の権利や責任、その人のコミュニティへの貢献の質を意味する。PA は、（年齢や法的地位を問わず）あらゆる個人を共同創造者（co-creator）と捉えることで、市民性の公式的な概念を拡張しようとする。この考え方において市民性は、（どのようなレベルであれ）その人が構成するコミュニティを創出し、維持しようとする取り組みと関係することになる。

パブリック（Public）

　パブリックという概念には、PA に関連するものとして、3つの意味が存在する。それらは、人々のグループ（パブリック：a public）、開かれた可視的なある種の空間（パブリックにおける：in public）、そして共通の目的（パブリックのための：for public）という意味である。

多様性（Diversity）

　多様性は、パブリックな生活の事実である。パブリックな世界において、人は、様々な人々、観念、歴史、文化に出会う。パブリックな問題を効果的に解決するために、人は、自分自身とは異なるが、パブリックな生活の同じイシューや

問題によって影響を受ける他者の声を聴き、尊重し、そして協同することを学ば
なければならない。

パワー（Power）

　パワーとは他者や制度、プロセスに影響を与える能力のことである。PA では
パワーを、動態的、双方向的、多方向的な関係性として捉える。市民は、コミュ
ニケーションをとり、オーガナイズし、協同することで、変化に影響を及ぼし、
パブリックな問題を解決するパワーを構築することができる。

パブリック・ワーク（Public Work）

　パブリック・ワークは、私たちのコミュニティや国、世界において、長く続く
重要なものを協同的に創出し維持しようとする、普通の市民による目に見える努
力である。それは共通の問題を解決し、共通のものを作り出す。それは、私たち
が生きる共通世界のための責任を産出し、引き受ける行動である。それは、人が
作り出して維持する場所を所有し、誇りをもつという感覚を生み出す。

フリー・スペース（Free Spaces）

　フリー・スペースにおいて、人々は集い、自己組織の力を獲得し、そして所有
権（ownership）をもつ。PA はその空間を提供し、市民に対して彼ら自身の行
動のためのパブリックな空間を自由化する機会を与える。

＊　　＊　　＊

　本書は、PA の指南書のようなものではない。むしろ、私たち一人ひとりが、
子ども・若者への市民教育や、民主主義や政治、市民社会について考察し、議論
し、実践を創り出していくための手掛かりや示唆が詰まった一冊である。
　なお、PA の内容や方法については、巻末の「付録：パブリック・アチーブメ
ントについて」にも整理しているので、関心のある方は補足的に参照いただけれ
ばと思う。

注

1　Hildreth, R. W.（2014）*A Coach's Guide to Public Achievement, 3rd ed.*, pp.20-21.
　なお、本書の内容に鑑みて、順番を入れ替えており、また内容の一部を割愛してい
　る。

目　次

イントロダクション
市民的修復に向けた運動

ハリー・C・ボイト

　私はパブリック・アチーブメント（Public Achievement：PA）と呼ばれる、子ども・若者の市民教育とエンパワメントのイニシアチブを通じて、多くの子どもと関わっている。彼らは、ニュースで聞いたり学校で教師から学んだりする、迫り来る災害や高まる衝突について説明してくれる。彼らはまた、自身が生活の中で経験し、他の多くの子どもの生活経験とも共鳴するパブリックな問題について、身を切るように語る。

　子どもは落胆することもあるかもしれないが、彼らは希望の物語を渇望している。私がそのような物語を見つけ始めるのは、アフリカ系アメリカ人の解放運動における、南部キリスト教リーダーシップ協議会（Southern Christian Leadership Conference：SCLC)訳注1での若い頃の仕事からであった。SCLC は、マーティン・ルーサー・キング（Martin Luther King）に率いられた組織である。私は、運動における多くの"南部の白人"と同様に、黒人の政治的・市民的・文化的な存在主張によって、自分自身のスコットランド系アメリカ人とスコットランド系アイルランド人としての文化的遺産を取り戻すよう突き動かされた。この運動はまた、人々が自身を取り巻く環境を形作るパワーである、エージェンシー（agency）について、私に教えてくれた。私は、1950 年代のアトランタのヨーロッパ系アメリカ人のコミュニティで、人種差別に対しむきだしに批判する息子として育った。報復への恐れから、人種差別に反対する人の中でも自身の考えを公に表明する人はコミュニティにほとんどいなかった。彼らはまた、人種差別は永遠に続かなくとも、何世代にもわたって続くだろうと考えていた。私は運動で、希望を学んだ。

　解放運動におけるエージェンシーの物語の多くは、今日の若い人には知られていない。教育は、問題や不公正や災難に対して、子どもや普通の市民に何ができうるかを伝えることよりも、それらを説明することに長けている。しかし、自分自身のような人々がどのように変化を生み出すかという話として解放運動の物語が示されると、あらゆる文化的・党派的背景の子どもが強い関心をもつ。

　今ではこの物語は、ナショナル・モール内にある、国立アフリカ系アメリカ人

歴史文化博物館で語られている。博物館のコレクションの広大さは圧倒的かもしれないが、苦難や不公正の中で、途方もなく大きな障壁に立ち向かい、自由とエンパワメントを求めて苦闘する物語を語り継ぐという目的に適ったものである。黒人のアメリカ人にとってエージェンシーとは、人々をエンパワーする多くの機構を作り、政治的・市民的な能力を育み、変化のための実践に磨きをかけ、深い非暴力の哲学を生み出し、そしてあらゆる層の政府機関と、複雑で矛盾を抱えながらも生産的な協力関係を結ぶことを伴うものであった。これらの経験は、多くの人々の犠牲者意識をエージェンシーへと転換した。この運動の"解放運動（freedom movement)"という自己表現が、この転換を表している。

　博物館は、奴隷制度や人種差別の恐怖に糖衣をまぶすことはしない。しかしこれらとともに、抵抗やエンパワメント、市民的修復、自由への苦闘の物語も示される。奴隷船の腹部での連帯の物語が語られ、自由を失うよりも海に飛び込んで死ぬことを選んだ者たちのことが説明される。また植民地において、ときに貧しい労働者階級のヨーロッパ系アメリカ人も巻き込んで展開された反乱についても描写されている。その連帯は、農園主エリート層に、ヨーロッパ系の背景の人々をアフリカ系の家系やネイティブ・アメリカンの背景をもつ人々から切り離す、"白人性"の概念を生み出させた。

　博物館はまた、市民性の構築についても説明する。教会やモスク、美容院や他の黒人の事業、黒人女性会議などの女性組織、同胞組織などである。ある展示にはこう書かれている。「人種差別の不公平から家族を守るため、アフリカ系アメリカ人は、自分たちの社会的・政治的・宗教的なニーズを満たすためのコミュニティを作った」。「同胞グループからリテラシー・クラブまで、彼らが作った活動や組織は、彼らが互いに関わり、他では否定される地位を保つ機会をもたらした。彼らはまた、ともにコミュニティを築く中で、雄弁術、オーガナイジング、リーダーシップといったスキルを高め、それらは最終的に彼らの市民としての権利の要求に寄与した」。市民的な組織と関係性は、ときに挫折を伴いながらも決定的に重要なかたちで、黒人差別の撤廃に向けた政府機関や政策立案者との協力関係の基盤を築いた。

　これらすべての要素は、南部に広がるシティズンシップ・スクール（citizenship schools)^{訳注2}の土壌となった。博物館の展示には「1957年から1970年の間に、公民権運動の活動家たちは、900近いシティズンシップ・スクールを南部のいたるところに設立した」と書かれている。いわく、「この草の根の教育的運動における直接的な目標は、有権者登録に必要なリテラシー・テストにアフ

リカ系アメリカ人が合格するのを助けることであった。しかし、この学校は同時に、彼らが活動家となり自身のコミュニティで変革に取り組めるよう教育していた」[1]。

　私は、これらのシティズンシップ・スクールや彼らのビジョンから学んだ。彼らは人々が“一級の市民権（first-class citizenship）”のために闘う準備をしていた。人々は、政府機関が必要な存在、あるいはときに気の乗らない同盟となることを知っていたが、同時に学校は彼らに自立することも教えた。それは、物事の解決を外部者に頼るのではなく、自身のスキルを用いて地域の問題を解決し、地域コミュニティを改善するということであった。この運動は、人種的公正への苦闘と市民性の構築の取り組みを結合させていたのである。運動はまた、“市民専門家（citizen professionals）”と呼べる存在を膨大な規模で生み出した。それは自らの役割を、自身の特定のディシプリンよりも広く、自由への苦闘、コミュニティ・ビルディング、民主主義の進歩へのパブリックな貢献の観点から捉える専門家であった。

　その過程で、人々は市民性の意味について議論した。大まかな合意として得られたのは、市民性は単なる法的地位でもなければ、政府機関との関係だけで定義されるものでもないということだった。市民とは、問題を解決し、コミュニティの構築に責任をもち、民主主義を信じる人である。言い換えれば、市民とはコミュニティの“共同創造者（co-creator）”である。私たちは、共同創造者という言葉を、1990年代初期にPAの一部になるまで使っていないが、民主主義は進行形の取り組みであるという考えは、運動全体を通じて一貫していた。マーティン・ルーサー・キングが“運動の母”と呼んだ、シティズンシップ・スクールの創設者セプティマ・クラーク（Septima Clark）[訳注3]によれば、その目標は、「民主主義の範域を、あらゆる人を包摂するように広げ、あらゆる関係性を包摂するよう概念を深化させること」[2]であった。近年では、SCLCのシティズンシップ教育プログラムのディレクターであったドロシー・コットン（Dorothy Cotton）が、公民権運動後期に書かれた歌でメッセージを伝えた。「私たちこそ、私たちが待っていた人物だ（We Are the Ones We've Been Waiting For）」[3]と。

　コットンやクラークは、エラ・ベイカー（Ella Baker）[訳注4]、マイルズ・ホートン（Myles Horton）[訳注5]、また私が通ったデューク大学の用務員であったオリバー・ハーベイ（Oliver Harvey）などの多くの地域のリーダーを含むグループの一員であった。ハーベイは、私たちがデューク大学の用務員やメイドによるオーガナイジングへの学生の支援を確立していく中で、数年にわたり私のメン

ターであった。このような草の根志向のリーダーたちは、歴史家チャールズ・ペイン（Charles Payne）のいう「民主主義の可能性への広がりをもった感覚」を共有していた。彼らは「非官僚的な取り組み方を信じ、地域コミュニティの社会構造に影響を受けやすい地域の問題に焦点を当て、これらのコミュニティの文化の価値を認識していた」。さらに、「彼らは、最も重要なことは、問題に最も影響を受ける人々に効力感を育むことだという、発達的な政治の様式に重きを置いた」[4]。私はこのグループと強い一体感を覚えた。私はまた、マーティン・ルーサー・キングやアンディ・ヤング（Andy Young）、ベイヤード・ラスティン（Bayard Rustin）といったリーダーたちの、見通しをもち哲学的で政治的なスキルに対する、深い理解を学んだ。

　1987年以降、コミュニティ・オーガナイザー、教育者、研究者、政治家などのパートナーのネットワークが、この遺産を基盤とし、市民生活の再構築と民主主義の覚醒を目指して、異なる種類の政治を発展させ、パブリック・ワーク（public work）の理念と実践を、時間をかけて練り上げていった。私たちは、自らのアプローチを市民政治（citizen politics）と称し、解放運動やコミュニティ・オーガナイジングの主題を他の環境に翻訳していった。それは、政治家ではなく日常の市民を中心とした政治であり、異なる背景や関心を折衝して変化を生み出し、共通の生活を作り出すスキルを教えるものであった[5]。

　早くからのパートナーの一つが、ARCという、自閉症の子どもをもつアフリカ系アメリカ人の親のグループであった。彼らは学校教育の官僚的制度との折衝に困難を感じ、実践的な政治的スキルを学ぶことを望んでいた。この取り組みは、1992年の選挙において全米で高まった怒りを背景として、具現化した。CBS[訳注6]のアンカーであったコニー・チャンは、「もしあなたが気づいていないのなら、アメリカ人は今年怒っているのです」と述べた。ジャーナリストのスコット・ペレーは、「政府機関の搾取者」について叫ぶ男性の声をトークラジオで放送した。彼はカンザス州からの脱退を試みる10の郡の人々にインタビューした。続いて彼は、ミネアポリスで市民政治を学ぶ女性たちについて述べた。その一人は「私たちは単に不平を声にするだけでは済まない」と言った。障害児の子どもをもつシングルマザーであったアネット・コンブ（Annette Comb）は、教育委員会と面会した。彼女は「私は昔は大人しかった」というが、「今は行動する準備ができています」と語る。CBSは彼女たちの市民政治を、恐怖や怨恨に代わる、希望のもてる代替策として示した。ペレーは、厳しい口調で、次のように簡潔に定義づけた。「ある人々は政治を、政治家に任せてはおけないと決断

した」[6]。

25 年が経って、選挙から家族の食事まで衝突は広がり、"政治"は一層荒れ模様となった。そうした流れに逆らうように、ますます多くの人々が、市民的修復の市民政治を、代替策として実践するようにもなった。私たちのネットワークは、それをどのように教えるかということについて、多くの教訓を学んだ。

オランダ人家系のミネソタ大学の学生アリ・オーステルハウス（Ali Oosterhuis）も、こうした実践者や教育者の一人であった。彼女は"市民学生運動（Citizen Student Movement）"と称するグループのオーガナイジングを助けていた。そのねらいは、市民政治を若い人たちに広げることにあった。「市民学生運動の使命や目的は、パブリックな慈愛や受容ではなく憎悪と分離に特徴づけられた、緊張と分断の社会の規範に挑戦するものです」とアリは語る。

学生のグループによって、「架け橋を描く日（Paint the Bridge Day）」の最中にヘイト・スピーチの落書きが互いの宣伝パネルに描かれ、「アメリカを再び偉大に（Make America Great Again）」のバナーを表の窓に掲げる家の表庭の芝生が捨てられるようなキャンパスの風土の中で、皆ほとんどが—不法移民からブラック・ライヴス・マター（Black Lives Matter）運動の主張者、白人男性まで—、自分たちの声を発せられないと感じ、恐怖や無力感を覚え、未来に希望をもてないと感じている。あらゆる職業や地位の人々が、自身の"私的生活（private lives）"の快楽の中に逃げ込むか、自身の敵に対して新たに発見した敵意とともに抗議する力を握っている。そのどちらも、市民生活の掘り崩しに寄与している[7]。

運動のもう一人のオーガナイザーであったスティーブン・ヴォーゲル（Steven Vogel）は、彼らのウェブサイトに声明を起草した。「私たちは新しい政治を信じます」と彼は書く。「私たちが身を置く政治環境が、ますます効果をもたなくなりつつある中で、私たちは市民としての当然の権利としてのパワーを取り戻したいのです」。彼は初期のオーガナイジングの経験を振り返って語る。「私たちは（学生として）どのように不満を言い、どのように投票すれば良いかは知っています。けれども、その域を超えると、私たちのアドボカシーはときに止まってしまうのです」。しかし彼は、多くの学生が、異なる種類の政治への関心を抱いていると感じた。「あらゆる困難にもかかわらず、若者の希望への可能性は驚くべきものでした。私たちは自分たちの変革のビジョンを本当に信じていた

からこそ、毎週のミーティングに集まったのです。気候変動、増加する収監、急増するヘルスケアや教育費など、実に多くの問題が迫り来る世界においても、（それは）希望を与えてくれるのです」。スティーブンは、セントポールの低所得地区の学校であるマックスフィールド小学校の4・5年生のパブリック・アチーブメントのチームとも連携した。「彼らは、地域と警察のインフォーマルな関係構築の活動のため、警察やミネソタ大学の学生アスリートとともに校外学習日をオーガナイズしたのです。これは非常にやる気を起こさせてくれるものでした」。スティーブンは、彼らの取り組みに鼓舞された。「私は、たとえ一歩ずつだとしても、コミュニティが直面する課題に、自分が本当に何かできるのではないかと感じるのです」。彼は、市民学生運動のチームの一つで、キャンパスの政治的な二極化を乗り越える"パブリック・ワーク"に取り組んでいる[8]。

　市民政治は、関係的で、人々をエンパワーし、地に足をつけ、党派的対立ではなく問題解決を志向する。それはまた、市場や政府は資源ではあるが行動の中心ではなく、多元的な市民世界で非暴力的に生活し取り組むという、市民性の概念を向上し、再生するものでもある。ある意味で、それは非常に地域的で、草の根の民主的行動を強調している。また、困難を抱えた世界で最も重要な仕事は人々の市民としての体力を高めることであり、それは理想や概念レベルでの取り組みや、大規模な政治的同盟構築と草の根の市民的オーガナイジングを伴う仕事であることを強調することで、変革の戦略を組み替える。

　パブリック・ワークの考え方は、市民政治を組織変革や市民的修復へと翻訳しようとする中で生まれた。セント・キャサリン大学、ミネソタ協同普及事業、オーガスターナ養護施設、メトロポリタン地域協議会、ほかいくつかの機関によるグループは、単に市民的関与の行動を引き受けるだけでなく、これらの機関の市民的アイデンティティの復興を求めていた。私たちはじきに、機関が市民的アイデンティティを形作るには、"仕事（work）をよりパブリックな（public）ものにする"必要があることに気づいた。

　異なる人々の手で、長く市民的、あるいはパブリックな意義をもつものを作り出す、自発的で継続的な努力であるパブリック・ワークは、いくつかの異なるかたちで仕事をよりパブリックなものにする。仕事は、より開かれた、"パブリックな"形で行われ、多様な人々（= a pubic）によって取り組まれ、パブリックな目的で満たされる。パブリック・ワークは、市民が共通の世界に適合する投票者やボランティア、あるいはその世界に反対する抗議者にとどまらず、パブリックな世界を造る共同創造者であるという、市民性へのアプローチである。民主主

義それ自体が、単なる投票ではなく生活様式（way of life）であり、無数の市民的リーダーを通じて築かれるのである。

　このパブリック・ワークの概念は、大学や専門職を含む多くの場において強力な資源になることが明らかにされてきた。パブリック・ワークは、持続的な関係構築の重要性を強調する。これは、情報や活動、プログラムを基盤とする専門職文化やその他の文化の気質に逆らうものである。関係構築に基づくオーガナイジングを高等教育に持ち込んだ先駆者であった、メキシコ系アメリカ人のコミュニティ・オーガナイザーのマリア・アヴィラ（Maria Avila）は、こうしたオーガナイジングでは「人々が明確にもつ関心や情熱に基づいて築くこと」が必要であり、それは「関与を長く続かせるに十分で深さをもった、彼ら自身にとって重要なものでなくてはならない」と説明する。これは「過程や関係性を軽視し、［…］素早く具体的で予測可能な結果を求める支配的文化」とは一線を画す[9]。

　仕事をよりパブリックにすることは、大学、宗教集会、学校、会社、ユニオン、非営利組織、政府機関などで、仕事や職場の市民的責任を強調し、機関を外に開く助けとなる。パブリック・ワークでは、こうした環境を構築し持続させる市民専門家が必要とされ、また育まれる。そこでは市民が違いを越えて取り組むことを学ぶ、フリー・スペース（free spaces）が求められる。パブリック・ワークは、学校や公共空間、図書館を含む地域の財産を作り出し、音楽や健康的な市民的規範・価値を生み出す。それらはパブリックな有用性や美をもつコモンウェルスである。市民政治とパブリック・ワークは、絶望への対抗策である。これらは、市民を単に消費者として捉え、また彼ら自身もそう捉えることで生まれる無責任の文化に抗う。

　本書では、パブリック・ワークの物語や、パブリック・ワークがどのように教えられ、学習され、実践されるのか、またどのようにコミュニティの市民としての力を高めるのかについて、書き記していく。また本書では、パブリック・ワークが、パブリック・アチーブメントや他の名を冠した教育方法にどのように具現化されてきたかという例も示す。それはアメリカを飛び出て他の社会へと広がっている。今日では、パブリック・ワークやその教授法は、全米各地の地域に加え、海外でもポーランド、アゼルバイジャン、ガザ地区、さらには日本や南アフリカ共和国、ガーナなど数多くの国に定着している。パブリック・ワークは、初等中等学校に加え、専門職、大学、政府機関にも応用されている。アフリカでは、パブリック・ワークは、"民主主義国家"だけでなく"民主主義社会"のビジョンを生み出した。ブルンジでは、パブリック・ワークが、警察と村人の分裂

を架橋する全国的なイニシアチブに結びついた。

　パブリック・ワークは、私たちがともに作る世界、共通の生活の政治といった考え方を蘇らせるのである。

市民的修復への新たな資源

　今日、多くのアメリカ人が、二極化した政治と捉えられるものへの嫌悪感を抱いている。市民性それ自体―ここでは、法的地位ではなく、証明書類をもたない（undocumented）市民や難民が力を高め自らのコミュニティを構築する取り組みまで含みうる、公共の福祉のための行動を意味する―が、遠い過去からの残響に見える。こうした陰鬱な政治への見方は、世界中に広がっている。

　また社会的分断も大きくなり、政治的二極化に寄与している。「親友や腹心の友によるセーフティ・ネットは本当に少なくなっています」と社会的浸食を研究するデューク大学の社会学者リン・スミス・ラヴィン（Lynn Smith-Lovin）は言う。「人々が完全に孤立していると言っているわけではありません。彼らはフェイスブックに600人の友だちがいて、毎日25人にメールを送っているかもしれません。しかし彼らは、個人的に重要な事柄について議論はしないのです」[10]。過去10年でこの浸食は悪化している。マサチューセッツ総合病院の研修医であり、ハーバード・メディカルスクールの教員も務めるデュラーヴ・クーラー（Dhruv Khullar）は、孤独感を訴える成人の数が1980年代以降飛躍的に増えたと報告する[11]。ある研究によれば、ソーシャル・メディアで最も活発なネットワーカーである35歳未満の若年層は、最も孤独感の高い層でもあったという[12]。

　数十年に及ぶ市民的・社会的な解けの一方で、社会組織や市民生活を編み直す資源もみられつつある。故エリノア・オストロム（Elinor Ostrom）[訳注7]は、森林、灌漑システム、漁業などの共通資源における市民中心のガバナンスに関する研究の功績で、2009年にノーベル経済学賞を受賞した。彼女はまた、市民生活や市民行動の源泉の解明や普及に取り組む、シビック・スタディーズ（civic studies）という新たなフィールドの創設者の一人でもあった。パブリック・ワークと市民政治は、シビック・スタディーズの哲学的支柱となっている。

　シビック・スタディーズの精神にあるのは、党派的な闘争を越えて、市民的な組織の修繕と、共通の課題に違いを越えて行動するコミュニティの力である、市民としての体力（civic muscle）の向上に焦点を当てようとする、幅広い政治的スペクトルにまたがる再志向の兆候である。前大統領のバラク・オバマ

（Barack Obama）が創設した新しい財団も、こうした力点をもつ。オバマは2017年10月30日の財団創設に際して「私たちがいる今この瞬間から、［党派的な］政治は終わりだ」、「アメリカのみならず世界中において、私たちの政治の問題は、市民文化における何らかの問題の反映である」と述べた[13]。財団のウェブサイトは、財団の取り組みを「市民性の実験」と表現し、その使命を「世界を変えるために人々を鼓舞しエンパワーすること」と説明する[14]。ユーヴァル・レヴィン（Yuval Levin）、ロス・ドウザット（Russ Douthat）、デビッド・ブルックス（David Brooks）といった保守的な論者も、同様に市民的紐帯の修復に関心を寄せている。

　一部の人々は、市民生活を市場や国家とは異なる領域として長く擁護してきた。ミネソタ州バーンズビル市の市長であるエリザベス・カウツ（Elizabeth Kautz）は、1994年からこのテーマに焦点を当て、政府もパートナーとなり、バーンズビル市民に政治的党派の違いを越えてパブリック・ワークを行うよう呼びかけてきた。広範な課題への取り組みにおける同市の成功は、彼女を全米市長協議会の会長へと押し上げ、郊外の市長、そして女性市長でも初めてこの座に就いた市長となった。

　ケタリング財団（The Kettering Foundation）[訳注8]は、市民生活を「民主主義の湿原」と呼ぶ。これはデイビッド・マシューズ（David Mathews）が編み出したフレーズである。この財団は何十年にわたり、異なる視点の間の熟議という、市民学生が非常に有用と感じる方法を推し進めてきた。ケタリング財団は、二極化や制度不信といった民主主義の問題に取り組むことに焦点化している。彼らはこれらを民主主義における問題—銃規制から移民まで、パブリックな議論を支配する論争点—と区別する。パブリックな正義のためのセンター（the Center for Public Justice）という、キリスト教の観点から活動するグループもある。彼らは、政府機関の取り組みの範囲内で「人間の繁栄に十全に貢献できるよう他の機関や組織の力を支える政策や実践を促す」[15]包摂的なコモンウェルスを促進している。

　市民的修復への運動には、独立宣言で特に表現されている建国の理念も活かされている。現在はハーバード大で教えるアフリカ系アメリカ人の政治哲学者ダニエル・アレン（Danielle Allen）は、自身の著書『Our Declaration』において、かつてシカゴで労働者階級の学生に夜間講座で教える中で、彼女がアメリカの平等主義の理想と呼ぶこの物語の力にどのように気づいていったか説明する。「私の受けもった夜間学生が、独立宣言の哲学的議論や修辞的技法を代謝するにつ

れ、彼らの多くが、そして私自身も、自己の変容を経験しました」と彼女は思い
起こす。彼女の受けてきた広範な教育にもかかわらず、アレンは人生で初めて独
立宣言が「民主的市民が切に理解する必要がある［…］、政治的平等への適切な
哲学的問題を形作る」ことに気づいたという。こうした平等は、支配から自身を
守れるよう市民をエンパワーすること、さらにはそれ以上のものを要する。「政
治的平等は、［…］単なる支配からの自由ではない。支配されることを避ける最
善の方法は、世界の構築を助けることであり、［…］建築家のように、その型や
構造の決定を助けることである。政治的平等の要諦は、単に支配から自由な空間
を確保することにとどまらず、コミュニティのあらゆる構成員が、そのコミュニ
ティを作り、またたえず作り変える取り組みに関与できることである」[16]。

　平等、市民のエージェンシー、市民の構築物の理念は、アメリカに固有のもの
ではない[17]。しかし独立宣言は、それらを比類のない力で表現した。アメリカ人
はそれらをときに実践し、訪問者によって認知されてきた。フランス人の視察者
アレクシ・ド・トクヴィル（Alexis de Tocqueville）は、自身の 1830 年代の国
中の旅を振り返り、市民が政府や偉大なリーダーに頼っていたヨーロッパの国々
と、アメリカにおける市民の自己組織化の努力を対比した。彼は古典的な著書
『アメリカのデモクラシー（Democracy in America）』において、「民主的な国民
においては、アソシエーションが特定の強力な個人にとって代わらなくてはなら
ない」と書いた。「民主的な国家では、アソシエーションの科学が、母体となる
科学になる。他のあらゆる科学は、その発展に依存する」[18]。トクヴィルは「ア
ソシエーションの科学」を、党派的政治とは異なる市民政治の中に位置づけた。
それは、市民が議論し、交渉し、共有された生活様式を作り出す中で、市民とし
てのスキル、習慣、価値を学ぶことを通じた政治である[19]。

　ハーレム・ルネサンスの詩人でありアメリカの民主的想像力の巨匠であるラン
グストン・ヒューズ（Langston Hughes）は、1935 年の世界恐慌の最中に書か
れ、民主主義に命を吹き込む彼の詩「アメリカが再びアメリカたりえますように
（Let America Be America Again）」において、その精神を表現している。
ヒューズは、アメリカの不公正を含む "あるがままの世界（the world as it is）"
に、冷厳な率直さをもって立ち向かう。「私は馬鹿にされ虐げられた、貧しい白
人だ。［…］奴隷の傷跡をおった黒人だ。［…］土地を追い出された原住民だ。
［…］希望を潰された移民だ。そして見つけたのは、犬が犬を食らい、強き者が
弱き者を挫き、［…］金を奪い！［…］人を働かせ！［…］欲のままにすべてを
自分のものにする、昔と同じただの馬鹿らしいやり方だった」。共同創造的な政

治において、変化を生み出すための真剣な取り組みの出発点は、"あるがままの世界"に屈せず関与することである。だが人が行動するには、"あるがままの世界"と緊張関係をもちながら"あるべき世界（the world as it should be）"への希望を抱くことも必要である。ヒューズは、アメリカの民主主義の理想への信奉に基づく可能性の言語で、この仕事を鮮やかに成し遂げている。「アメリカが、夢見る者たちが夢見た夢となりますように［…］王や暴君が陰謀を企み、一人の手で人々を圧服させることのない、慈愛に満ちた力強い国でありますように［…］自由の国が偽りの愛国心の花輪で治められるのではなく、機会が現実となり、人生が自由であり、平等が私たちが呼吸する空気の中にある国でありますように」。平たく言えばヒューズは、悲痛な現実の認識と理想への行動への関与を結合させたのである。「平易に言えば、私にとってアメリカはアメリカではなかったが、それでも私はこの誓いを立てる―アメリカはアメリカになる！[20]」

　この結合は、パブリック・ワークを最高の状態で包み込む。以降の章は、その理由や様相を説明してくれる。また、ヒューズの精神のもと、成功だけでなく過ちや挫折についても描かれる。

本書のあらまし

　1章では、初期の PA の象徴的な取り組みとともに、私自身の解放運動やコミュニティ・オーガナイジングの背景や、市民行動や市民の構築物を表現するコモンウェルスの伝統に関する研究を詳説し、"市民政治の再構築"を描く。ここでは、市民的修復や市民的エンパワメントの政治であるパブリック・ワークが、"私たち対彼ら"という善対悪の枠組みを用いる市民運動とどう対比されるかが示される。

　アイザック・トランビックとの共著である2章では、教育者がどれだけテストを越えた豊かな教育の目的を切望し、教えることを高く尊重された仕事と捉えることを求め、人間がスマートマシンに置き換えられることを心配しているか説明する。パブリック・アチーブメントは、初等中等学校に変化をもたらす、希望をもてる実践的な一つの方法を提供する。3章では、パブリック・アチーブメントが、ミネソタ州セントポールの北端地域にあるセント・バーナード小学校にどのように拠り所を作っていったのか述べる。PA の教授法が真価をみたのは、まさにここにおいてであった。

　4章では、パブリック・アチーブメントがどのように全国的にジャズのような形で広がったのか述べていく。また2万人の若者が関わり、彼らの地域に残ろう

という意思を高めてきた、ミズーリ州郊外のハートランド財団のエンパワー・ユー（emPowerU）イニシアチブで、パブリック・アチーブメントが果たした役割についても説明する。タミー・リー・ムーア、マリー＝ルイーズ・ストロームとの共著である５章では、旧ソビエトの 16 の社会での事例や、南アフリカや東アフリカで適応した事例を用いて、パブリック・ワークが"海外にわたった"物語を述べる。ここでは、"民主的国際主義（democratic internationalism）"が提示される。それは、私が解放運動で経験したものと重なるような、大きな困難を伴う時代における民主化の変革の取り組みをグローバルなプロセスとして捉え、世界中にわたる新たな同盟と学習への可能性を生み出すものである。

　マリー・ストロームと再び共著で書いた６章では、パブリック・ワークを教えるアプローチが、４つの民主的な教授法にどのように根を下ろしているか述べる。スーザン・オコナー、ドナ・R・パターソンとの共著である７章では、オーグスバーグ大学の特殊教育の教育者とツイン・シティーズ^{訳注9}の学校が連携し、パブリック・ワークを用いて、障害学の領域からのテーマを実践に移し、特殊教育を変革している方法を詳説する。フランシス教皇の鮮やかな言い回しを章題に用いた８章「共通善の職人」では、高等教育でのパブリック・ワークの事例を説明しながら、市民文化の技能と習慣を教える教育者について述べる。ここにはアリやスティーブンが組織化を助けている市民学生運動、マリア・アヴィラが率いる辛抱強い関係構築に基づくオーガナイジング、そして市民的学習を持続させる市民の構築物の創造が含まれる。９章「民主主義を呼び起こす」には、"市民専門性（citizen professionalism）"と称される専門職や専門家育成の革新や、"市民科学（civic science）"と呼ばれる科学哲学と密接に結びつくものを含むシビック・スタディーズが含まれる。ここでは、家族療法や看護、またその他の科学分野での市民専門家の物語が語られる。そして最後に、ウィスコンシン州のオークレアでシティ・マネージャーのマイク・ハギンズによって行われた、コミュニティ、また地域の組織の中の市民によるパブリック・ワークの触媒として行政機関を位置づけ直す実験について詳説する。その成果である（オークレアの）クリア・ビジョン（Clear Vision Eau Claire）は、政府ではなく市民を中心とした地方民主主義の新たな最先端を指し示すものとなっている。クリア・ビジョンは、ビジネスや教育その他の専門家に、自身の仕事をよりパブリックに、またコミュニティ・ビルディングの観点から捉え直すよう方向づけ始めた。マイク・ハギンズとエリザベス・カウツは、本書で描かれる他のリーダーと同じように、ヘブライ人に自身のために仕事をさせるのではなく、エルサレムの城壁を再

建させるよう求めた、聖書のネヘミヤ記の物語を思い起こさせる。

　パブリック・ワークとはどのようなものであろうか。この問いは、次章の2つ
の遊び場の物語に結びつく。

訳注

1　1957 年に結成された、アトランタに本部を置くアフリカ系アメリカ人の解放運動
　　の組織。公民権運動で大きな影響力を発揮した組織の一つ。
2　有権者登録の試験合格を目指した識字学習など、民衆の政治参加への道を広げてい
　　くために展開された、成人教育プログラム。ハイランダー・フォークスクール
　　（Highlander Folk Schools）が母体となって 1950 年代に生み出された。アメリカで
　　は選挙権は自動的に付与されず、有権者登録が必要となっている。また 1965 年の
　　選挙法改正以前は、一定の識字能力などを求めて試験を行う州もみられるなど、登
　　録自体が煩雑な手続きを要するものであった。（参照：藤村好美「Highlander Folk
　　School における成人教育の展開― Citizenship School Program を中心に―」『生涯
　　学習・社会教育学研究』第 20 号、51〜60 頁、1996 年）
3　セプティマ・クラーク（Septima Clark, 1898-1987）は、女性活動家・教育者。ハ
　　イランダー・フォークスクール（Highlander Folk School）の指導者で、シティズ
　　ンシップ・スクールの創設に携わった人物で、公民権運動で活躍した女性としても
　　知られる。
4　エラ・ベイカー（Ella J. Baker, 1903-1986）は、公民権運動で活躍した黒人女性活
　　動家。
5　マイルズ・ホートン（Myles F. Horton, 1905-1990）は、オランダの民衆学校に示
　　唆を受け、1932 年にドン・ウエスト（Don West）とともにハイランダー民衆学校
　　（Highlander Folk School）を創設したことで知られる教育者。
6　アメリカの放送局。NBC、ABC と並んでアメリカ 3 大放送局の一つとされる。
7　エリノア・オストロム（Elinor Ostrom）は、アメリカの政治学者・経済学者。
　　2009 年にノーベル経済学賞を受賞している。
8　1927 年に設立された非営利の財団。民主主義や市民社会に関する調査研究を推進
　　している。
9　ミネソタ州の人口最大の都市ミネアポリス（Minneapolis）と州都セントポール
　　（Saint Paul）を合わせた呼び名。

1 市民政治を再構築する

ハリー・C・ボイト

　パブリック・アチーブメントとキング牧師は似ています。なぜなら、どちらも平和的に世界に変化をもたらしたからです。私たちはどちらも、人々を非難するのではなく、問題をみて、解決するのです。
―セント・バーナード小学校の４年生、マット・アンダーソン[1]

２つの遊び場の物語
建てられた遊び場

　パブリック・アチーブメントの象徴的な物語は、セントポールにあるセント・バーナード小学校の子どものチームが、プロジェクトに対する近隣地域の感情を転換させ、市の職員の支援を得ながら、５年にわたって遊び場の造設に取り組んだ話である。この遊び場の物語は、ニューヨークのブルックリンで遊び場造設を求めたティーンエイジャーたちの願望の挫折とは対照的であった。この違いは、市民政治（citizen politics）が多くの市民運動（citizen activism）とどう異なるかを描き出している。

　1998 年の秋の暮れ、ちょうど雪が降り始めたある日の早朝、遊び場造設のためにセント・バーナードのカトリック教会区から子どもたちに寄付された敷地は、多くの人で満たされた。子ども、教員、近隣住民、さらには大学生やミネソタ大学の何人かの教員も、遊び場に集まった。ある大人たちは子どもがブランコを組み立てるのを手伝い、別の大人たちは砂場を掘っていた。教会の女性は茶菓を提供した。その日の終わりには、猫の足の絵とともに "パブリック・アチーブメントは力を発揮する（PAWS：Public Achievement Works）" と刻まれた銘板を、皆で公園に献呈した。

　新しく州知事に就任したジェシー・ベンチュラ（Jesse Ventura）も、この新しい遊び場を２月 26 日に訪れ、翌週の施政方針演説において、チームの５人のメンバーに対して「良い取り組みを通じてミネソタの日常を変革した」ことを称え、「より良いミネソタのための州知事賞」を授与した。グループを代表して賞を受け取ったセント・バーナードの８年生ジョー・リンチは、ベンチュラ流のは

でやかな言い回しで、「大きな困難に打ち勝つ市民のヒーロー」と表現された[2]。

　パブリック・アチーブメントでは、子どもたち——一般的には小学生から高校生、最近では大学生もときおり含む——のチームが、年間を通じて自分たちが選択したイシューに取り組む。イシューは合法で、非暴力的に取り組まれ、パブリックな貢献を生み出すものでなければならない。セント・バーナードは、イシューを選択する際にしばしば用いられる型を作り出した。彼らは学年の初めに"イシュー・コンベンション（issues convention）"から始めた。生徒たちは、学校や地域、またより広い世界の問題について話し合ったのち、自分たちの優先順位を決定し実行可能なグループ数に落ち着かせるため、投票を行った。ミネソタ大学のジム・ファー（Jim Farr）の政治学の授業である"市民教育"の受講生が、コーチとしてやって来た。初期のセント・バーナードのチームは、スプリングフェストと呼ばれる教会区の祝祭の復活、セクシュアル・ハラスメントへの取り組みと防止のためのカリキュラムの開発、制服の校則の変更、近隣地域のギャングや暴力の問題への対応といったイシューを選択してきた[3]。1993 年に、一つのチームが遊び場のイシューに取り組むことを選んだ。

　遊び場がないことについては、子どもも大人も長く関心を寄せてきた。セント・バーナードの生徒は、休み時間を駐車場で過ごしていた。リンチはセントポール・パイオニア・プレスの記者に「たくさんの子が怪我するのを見ました」と説明した。「女の子が震盪を起こしたのを見たこともあります。駐車場は退屈でもありました。僕たちはキック・ベースで遊んでいましたが、ボールはよく近隣の庭に入ってしまいました」[4]。

　保護者たちは、数年前に遊び場を造設しようと試みていたが、破壊行為やギャングを引き寄せてしまうことを恐れた近隣住民の反対にあい、取り下げていた。子どもたちは自らこの仕事を引き受けた。「2 年目を迎える頃には、そうなるだろうと思っていた」とリンチは振り返る[5]。

　この物語の最も重要な点は、それがいかにして起こったのかということである。それは、実践を通じて市民的なスキルや習慣をエンパワーしたことと関わる。数年後、ジョーと同じく遊び場造設に取り組んだ妹のアライーナは、全体を通じた教訓を思い起こしていた。「古い駐車場の代わりに子どものために遊び場を設けることは"考えるまでもないこと"でしたが、だからといって、その実現が簡単に進むというわけでもなかったのです」と彼女は説明する。彼女は市の政治について学んだ。「パブリック・アチーブメントは、請願、市職員とのつながり、コメント、許可の取得といった、行政のプロセスに私の目を向けさせてくれ

ました。こうした機会がなければ、これらを 10 歳や 11 歳で考えることなどな
かったでしょう」。彼女はまた近隣地域の政治についても学んだ。「私は、すべて
の考えには複数の側面があると学びました。私には簡単に進むようにみえるもの
であっても、別の観点からみれば、負の影響が生じうるのです」。彼女にとって、
ギャングのイシューは「大きな心配事ではなかった」。近隣のギャングは空いた
駐車場で遊ぶだろうと思ったのだ。だが、他の人は異なる見方をしていた。「私
たちは、あらゆるリスクを緩和する計画があることを示さなくてはいけなかった
のです―フェンスを設け、一定時刻以降は遊び場を閉めるといったことです」。
彼女は、異なる観点や「妥協について」も学んでいた[6]。

　チームは、教会区の協議会を味方につけた。彼らは市の職員に土地区分の変更
を交渉した。彼らはノース・エンド経済協会に加盟する地域の事業やその他のグ
ループから、6 万ドル以上の資金を集めた。これらの仕事を達成するため、子ど
もたちは、人々にどのようにインタビューし、手紙を書き、スピーチをし、知ら
ない人に電話するかを学んだ。彼らは、はじめ敵対者と思っていた大人の見方を
理解することに取り組んだ。彼らはパワーをマッピングし、調査を行い、交渉し
た。彼らが遊び場の名前に選んだ "パブリック・アチーブメントは力を発揮する
（Public Achievement Works）" という言葉が示唆するように、全体を通じて、
自分たちの取り組みがパブリック・ワークであるという感覚をもっていた。彼ら
はまた、パワー（power）や利害関心（interest）、さらには政治それ自体といっ
た、政治的な概念も学んだ。「私は人生の大部分で、政治に関わりたいと思って
きた」と、パブリック・アチーブメントの先駆者であるジェレミー・カー
（Jeremy Carr）は語る。「パブリック・アチーブメントがやってきて、私が変え
たかったことができる、そして大人が私を真剣に接してくれると気づいたとき、
私は興奮しました」。これは、校長のデニス・ドノヴァン（Dennis Donovan）が
求めていた機会でもあった。「私たちは、子どもが市民性のようなことができる
のを望んでいました」と彼は述べた。「単に他の小さな子どもに読み聞かせをす
るといったこと以上のものを」と[7]。

　パブリック・アチーブメントの枠組みは、異なる種類の政治を強調する。それ
は、多様な市民のニーズや関心、能力を中心に展開され、互いに異なる人たちと
一緒に取り組むスキルや習慣を教える、共同創造的な（co-creative）政治であ
る。パブリック・アチーブメントで選択されるイシューには、地雷や児童労働、
LGBT の若者の権利といった不公正に関わるものもあれば、壊れたトイレの仕
切り壁のような具体的な問題に取り組むこともある。いじめやインターネット上

のいじめ、障害者への尊重の欠如、セクシュアル・ハラスメント、破壊行為、人種差別、マスメディアにおける若者のイメージなど、多くのイシューは学校や地域の文化を変えることに関係するものが多い。子どもたちは、歌や劇、学校のカリキュラムや遊び場など、パブリックなものを作り出すこともある。パブリック・アチーブメントでは、子どもは将来の市民（citizens-in-waiting）だけでなく、現在の市民（citizens today）でもあると考える。彼らは学校や近隣地域、社会に民主主義を築く助けとなる。

　数多くの評価研究で、子ども、大学生のコーチ、またときには教師や地域住民までもが、パブリック・アチーブメントを通じて、政治的なスキルや市民としてのアイデンティティを発達させていることが明らかにされてきた。その一部を挙げるならば、ミーティングの進行、インタビュー、熟議、関心の折衝、パブリック・スピーキング、ライティング、相互に責任をもたせること、イシューについての調査、自身の取り組みの評価などである。自身のミネソタ大学の授業の受講生をコーチとして毎週セント・バーナードに連れてくるようになった政治学者ジム・ファーは、学生にとっての重要な学びの機会をそこに見出していた。「市民教育について本当に考える唯一の方法は、実践することです」と彼は説明する。「もしあなたが大学で市民的で教育的な使命を有しているのなら、私がしているように、教室の外側に広がる、公共生活のより広い教室へと学生を連れ出し、彼らをパブリック・ワークに関与させ、より若い市民が自身の問題を発見し解決することを教える助けをさせると良いでしょう」[8]。彼は、自分の学生がコーチを務める中で市民的・政治的なスキルや習慣を学んでいることを見ることができた[9]。

　1999 年に、北アイルランドのパブリック・アチーブメントの若い大人のリーダーであるアンジェラ・マシューズ（Angela Matthews）は、3 年生から大学生までの若者を含めたツイン・シティーズのパブリック・アチーブメントの協議会で講演した。彼女は「この中でどのくらいの人が政治が好きですか？」と問いかけた。多くが手を挙げた。すると彼女は自身の主張をこう述べた。「これは、私たちが政治をしているからです。政治とは、単に政治家がするものだけではないのです」[10]。

　パブリック・アチーブメントの生徒はまた、市民性が行動的（active）なものであることも学ぶ。6 年生のチョウ・ヴァンは、「市民性とは、座って傍観するのではなく、行動するということです」と語った[11]。彼らは、市民性がパワーに関わるものだと学ぶ。それは、何かを支配するという "～に対するパワー（power over）" ではなく、"～へのパワー（power to）" であり、私たちがエー

ジェンシー（agency）と呼ぶ、自身を取り巻く世界を形作るために意図的に行動する力である。"市民的な"エージェンシーには、協同的で集合的な側面が加わる。「私はパブリック・アチーブメントから多くのエンパワメントを得ました」と、タミシャ・アンダーソンは 20 年後に語った。セント・バーナードのアフリカ系アメリカ人の生徒だったタミシャは、遊び場の問題や、学校での服装のルールを変えるチームの活動に取り組んだ。「私たちは、白い靴は得られませんでしたが、制服を変えることができました。人種や大きさ、年齢に関係なく、その人の声は重要だと知ることは、私たちをエンパワーするものでした」。この学びは彼女の中で残り続けている。「私は今日に至るまで、子どもと話すとき、"小さな機関車"訳注1 ［の例］を使います。私は、彼らがたとえ打ちのめされても、関わり続けるよう後押しします」[12]。

　ドイツ系アメリカ人の背景をもつザック・バウマンは、遊び場の問題に何年かにわたって取り組んだ。「私たちは近隣地域の方々との話し合いの場をもちました。私たちは、市と一緒に土地区分の変更に取り組み、資金を得られるよう地域のビジネスリーダーと会いました。郡政委員とも会いました」。ザックは、責任をもつこと（be accountable）について学んだという。それは「この年齢の人たちにとってとても大きなことでした。もしあなたがボールを落としたら、チームをがっかりさせてしまいます。物事を成し遂げるには、互いに頼りあわなくてはいけないと、私たちは知りました」。彼はまた、違いを越えて取り組むことも学んだ。「市民的参加は、多くのメディアでは、お決まりにリベラルな性質のものとされますが、起きていることに責任をもち、誰かにあなたのために何かしてくれるのを求めるのではなく、世界を改善するためにあなたがどのように貢献できるかという、保守的な価値に関わるものでもあるのです」。彼はリベラルな子ども、保守的な子どもの両方と活動した。「私は、移民についての他の誰かの考えは気にしませんでした。私たちは、遊び場を得ようとしていたのです。共通の目標のために、違いを脇に置くという力、これは、パブリック・アチーブメントがもたらす最も大きなものの一つです。実際、一緒に取り組むためにその人を好きになる必要はありません。立ち上がって部屋を出てしまっては、何も成し遂げることができないのです」[13]。

　タミシャとザックはどちらも、パブリック・アチーブメントがいかに学校を活力で満たしていたかを思い起こしていた。「ここの子どもたちが皆、何かを学びたい、何かを変えたい、何かを加えたい、何かを取り除きたいと思っているのをみられることは、実に素晴らしいことでした」とタミシャは振り返る。「私た

ちはパブリック・アチーブメントに我先にと参加し、夢中で取り組んだものです」。ザックは、「私たちは、多くの支援をいただく重要なことをしていると感じていました」という。取り組みの重要性は、彼らの生活を活気づけた。「それは学校にもっと関与することにつながりました。なぜなら、もし何かが間違っている、あるいは異なるべきだと思ったら、言うことができると感じたためです。自分の人生のあらゆる場面の中で、どんなかたちであれ、ここまでできたことはないと思います」[14]。

　現在では大人となったザックは、パブリック・アチーブメントで学んだことは、この国にとって重要だと信じている。「パブリック・アチーブメントが教える能力や与えるエージェンシーといった原理は、アメリカ建国の名残です。私たちを取り巻く政治的環境の多くは非常に分断的です。人々は、自分たちには声があり、自身が発することには意味があるという感覚を失ってきたのです」[15]。

　アライーナ・リンチは、パブリック・アチーブメントで学んだスキルや習慣を、セントポールからの女性国会議員ベティー・マクコロンのスタッフという自身の仕事に活かしている。「私は、地域のプロジェクトから国家の法律制定まで、教訓が何度も繰り返されていると気づきました。宿題をすること、論理的に主張すること、同じ考えをもった人とつながること、他者の観点を考慮すること、譲歩することなどです。物事を成し遂げ、その考えが前進する人たちは、あらゆる層の人々と協働することを障壁と考えるのではなく、その時間と努力を惜しまない人たちです」。ザックと同様に、彼女もそのような知識とスキルが今日では全体的に抜け落ちていると感じている。「これらはとても基礎的な概念です。しかし私は議会スタッフとして、これらの単純なチェックボックス—地域の支援を得ること、考えを支えるデータ、複数の観点を考慮すること、妥協に前向きであること—にチェックしないことで、どれだけ多くの人が自身の主張を損ねているかということに驚かされました。私がパブリック・アチーブメントを通じて、若い年齢でこれらの概念に触れることができたのは幸運でした」[16]。

　政治的なスキルや習慣、市民的な概念の喪失は、個人にとってのみならず、社会にとっても問題である。それは、人々が自らと異なる他者を尊重する力を発達させ、学ぶことのできる、機関や地域の環境の喪失によって悪化してきた。こうした市民としての体力の低下は、「人民の、人民による」ではなく、もっぱら「人民のために」サービスや便益を提供するという政府機関の役割の限定化を伴ってきた。政府機関は、市民的なパートナーとしてほとんどみられないのである。

得られなかった遊び場

　子どもの典型的な市民運動との経験は、セント・バーナードの物語とは著しく異なる。2つ目の遊び場の物語が、それを例示している[17]。

　ダニエル・メイ（Daniel May）は、大学卒業後、全米的なアクティビストの市民組織であるアコーン（ACORN）[訳注2] ニューヨーク支部で働いていた。彼は私の友人の息子でもあり、ミネアポリスで育ち、ユダヤ系の社会正義に傾倒していた彼は、セント・バーナードの子どものオーガナイジングについての私の物語の多くを聞いていた。彼が働いていたブルックリン地区の子どもたちから、遊び場が欲しいと聞いたとき、彼がアコーンの地域統括者にプロジェクトを提案したのは自然なことであった。彼女は懐疑的だった。「遊び場はパワーとどう関係するのですか？」と彼女は尋ねた。彼女は、革新主義的な主張に市民を結集させ、企業や右派の敵に対する意識を高めることに力を注ぐべきだと信じていた。彼女の結論は、ダニエルは一定の条件下においてのみ、ティーンエイジャーたちと活動して良いというものであった。それは、明確な敵を同定する、オーガナイジングの言語となるよう、革新主義的にイシューを"切る"ということであった。彼は、それが抗議活動にどのように使えるのか、見つけ出さねばならなかった。

　このアプローチは、ダニエルにとってあまり納得のいくものではなかった。もし仮に敵が誰かを明らかにすることができたとしても、遊び場を得られる可能性は低いためである。その夏を通じて、アコーンは市長選挙において活動的になり、遊び場のイシューは抜け落ちた。ダニエルは、"オーガナイジング"が投票者の動員を意味するようになり、安心した。「私たちのオーガナイジングの粘土は、この型に注ぎ込まれることで、突如意味が通るようになりました」と彼は言う。「ある種の仲間意識が、ほとんど毎日禁煙について話していた家の人たちの壁に、本当に忍び込み始めていました。選挙運動は数字がすべてで、支持母体を動員し、得意客を得票させるのです。私たちはリーダーを育てたり、何か持続的なものを築き上げたりしようとさえもしないのです」[18]。

　このエピソードは、若い人たちの、"政治"と呼ばれるものとの経験の典型的な一事例である。ひと昔前の世代において、市民一般、とりわけ若い人を政治的生活に向けて教育し、市民の参加とエンパワーメントを高め、応答的な政府を生み出すという趣旨をもった、活動家の市民グループが数多く生まれてきた。しかし彼らのアプローチは、アコーンと同様であった。彼らは時折オーガナイジング（organizing）の言葉を用いていた。だがその意味するところは"動員（mobilizing）"であった。

　今日の動員は段階的に発展し、デジタル革命で加速した。より良い環境を目指す市民（Citizens for a Better Environment）は、慣例的な方法を備えた現代的な戸別訪問（canvass）を 1974 年に編み出した。それは、報酬付きのイシューについての一軒一軒の訪問、資金調達、署名集めを含んでいた。それを成功させるための方法は、敵を同定し、徹底した還元主義の、善対悪で語る二元論的な政治でイシューを定義することであった。憎みや、その近親である怒りは、操作するには比較的単純な感情であるため、二元論的なアプローチは、大衆の活性化を効率的にできる。「私たちは、百科事典を売るように、革新主義的な政治をどのように家から家へ売り歩く方法を発見してきました」というのが、戸別訪問の考案者の自慢であった。一般的に訪問者は、さしあたってイシューをややこしくするような玄関先での議論をすることは禁じられていた。

　私は、こうした方法の普及の中枢となったミッドウエスト・アカデミーの創設者であるヘザー・ブース（Heather Booth）やスティーブ・マックス（Steve Max）と共著『アメリカン・ポピュリズム―暮らしを守り政治を変える市民活動（*Citizen Action and the New American Populism*）』を出すなど、長きにわたり、こうした戸別訪問を擁護してきた。1970 年代に、大企業の利害関係によって、環境・消費者・積極的差別解消の運動や累進課税、その他 1960 年代に制定された法律を後退させる大規模な動員に直面したとき、私たちが感じた切迫感をよく覚えている。私たちは、1960 年代後半の学生運動にみられたロマン主義や大げさなレトリックとは対照的に、自分たちを政治的リアリストとして捉えていた。私の最初の著書『*The Backyard Revolution: Understanding the New Citizen Movement*』は、企業による動員と、それについて私たちに何ができるかということから始まる。私たちは戸別訪問を、大規模な市民の活性化を通じた対抗策として捉えていた。戸別訪問は、レーガン政権の期間でさえも、環境問題や消費者問題、その他のイシューにおいて成功を収めた。1980 年代半ばには、戸別訪問は、年間約 1200 万世帯に届いていたと推定される[19]。

　過去 40 年にわたって、環境問題や消費者問題の組織、大学のキャンパスにおけるパブリック・インタレスト・リサーチグループ・ネットワークを含め、多くの戸別訪問が発達してきた。アコーンは、その初期の、また大規模な例の一つであった。しかし、ハンフリー研究所（Humphrey Institute）[訳注3] で私が知ったのは、私の学生の多くが戸別訪問の経験があったものの、彼らのほとんどが燃え尽き、またその台本通りの性質に幻滅していたことだった。ダナ・フィッシャー（Dana Fisher）による戸別訪問の効果に関する研究『*Activism, Inc.*』は、多く

のインタビューに基づいてその根拠を広げてくれる[20]。

　私はまた、別の問題にも気づき始めていた。二元論的な方法が、戸別訪問を抜け出て、南部のツル植物の葛のように広がっていたのである。それは市民生活を二極化し、"敵"を対象化し抽象化させ、市民性を蝕み、政治は福祉であると伝達し、そして政府機関を問題解決のパートナーではなく資源を得るための"ターゲット"に矮小化させる。新たなテクノロジーがその到達範囲を劇的に広げ、今ではロボ・コールやインターネットでの動員、トークラジオ、マイケル・ムーアのドキュメンタリーにまで活用されている。チャック・トッドとカリー・ダンによる ABC ニュースの報道「ビッグデータがどのようにアメリカの政治を破壊するか」は、過去 20 年でますます二極化してきたキャンペーンと政治を詳述している。「二極化は新しいことではありませんが、20 年前に比べて間違いなく悪化しています」と彼らは述べる。「そして、テクノロジーや人口統計データの巧妙な取り扱いによって、アメリカの政治の設定／再設定を担う人たちは、［…］この国を、より永続的に二極化した環境へと、舞台を整え、条件づけてきました」[21]。

　これらの型は、全米各地で色々なかたちに発展してきた。ウィスコンシン州の民主党の前座長であったリンダ・ホノルド（Linda Honold）は、労働組合や環境団体、女性団体等の 125 の革新主義のリーダーによって開発された戦略の導入を率いた。生活保護を受ける若いシングルマザーであった彼女は、貧困から抜け出すため、福祉や雇用のプログラム、さらには公立大学を利用してきた。ビジネスの世界で過ごし、組織理論で博士号を取得した後、彼女はこうしたプログラムを擁護したいという願いから、活動家の世界に参入した。だが、民主党の州座長としての彼女の在職期間は、もどかしいものであった。「そこでは、人々の参加を促さない、最小限での勝利へのアプローチが採られていました」。革新主義の同盟のグループの多くは、善対悪の方式を用いていた。戸別訪問をしないグループでさえ、人々を集会やタウン・ミーティング、記者会見その他のイベントに集めるような、動員のアプローチを使っていた。彼女の研究では、こうした方法が人々の政府機関への怒りを高めることが示されている[22]。

　私は 1987 年に民主主義のプロジェクトを始めるためハンフリー研究所に招かれた。後に 1994 年に民主主義と市民性のためのセンター（the Center for Democracy and Citizenship）[訳注4] となる機関である。このとき私は、若い人たちに向けた善対悪の政治への明確なオルタナティブとして、パブリック・アチーブメントを始めることに意気込んでいた[23]。プロジェクトの中に入っていった要素

を理解するうえでは、私のいくつかの "パブリック・ナラティブ（public narrative)" —解放運動やコミュニティ・オーガナイジング[訳注5]、また執筆や研究における私の経験—が役立つかもしれない。

あるパブリック・ナラティブ

　解放運動において、私は "動員（mobilizing)" と "オーガナイジング（organizing)" の違いを学んだ。デモや抗議運動、座り込みといった動員は、より目に見えやすかった。オーガナイジングには時間がかかり、パブリックな才能を育むものであった。両方とも、相手を悪魔化せず、敵の中にでさえ可能性を見出すことを教える、非暴力の哲学によって形作られてきた。これらの性質は、運動のパブリックな訴求力と政治的知識を生み出してきた。

　チャールズ・ペイン（Charles Payne）は、運動のリーダーたちが、動員とオーガナイジングをどのように区別してきたか説明している。動員のほうがよく知られているものの、南部中のコミュニティで、捕捉されることなく大規模に草の根のオーガナイジングが起こっていた。シティズンシップ・スクールや関連する取り組みが、ペインが「発達的な政治（developmental politics)」と呼ぶものの苗床を作り出した[24]。「コミュニティがその戦略的目的を達成したかどうかよりも、その人たちが自身の生活で何らかの主張をする権利と力があると自らのことを認識できるようになったかどうかのほうが、重要視されやすい」[25]。パブリック・アチーブメントのルーツは、この発達的な政治にある。

　この党派を越えた発達的な政治は、ときに政府機関とも協力しながら、人々がアソシエーションを作りコミュニティを構築する、自己組織化の努力の中で栄えた。20世紀を通じて、学校や大学、宗教集会、図書館、民族グループ、地域に根差したユニオンや事業といった市民的センター（civic center）が、訓練された専門家が人々を顧客として扱うサービスセンター（service center）に変わるにつれて、そのような政治は弱体化した。1930年代、世界恐慌の中で、ファシズムに抗し闘うため、党派の境界を越えて幅広い支持を募ることを求めた運動において、民衆政治が復興した。私は、イギリスの哲学者バーナード・クリック（Bernard Crick）のすぐれた著作『政治の弁証（*In Defense of Politics*)』が、この民衆政治を参照していると思う。クリックによれば政治とは、多様な利害関心の間の交渉と妥協の上に築かれる「すぐれた、洗練された活動」だという。彼は、イデオロギーの一元性の強調が、政治を特徴づける性質、すなわち多元性を破壊してきたという。クリックは、ナショナリズムやテクノロジー、大衆民主主

義、さらには保守・リベラル・社会主義のイデオロギーなど、多元性を消すものと彼が捉える力に対して、政治を擁護する[26]。

　エラ・ベイカー、セプティマ・クラーク、マイルズ・ホートン、ベイヤード・ラスティンといった解放運動のオーガナイザーも、1930年代の民衆運動に参加しており、彼らの政治はクリックのそれと似ていた。オリバー・ハーベイの政治もまた同様であった。彼は、何年にもわたり非学業系の職員をオーガナイズする成功した取り組みを率いた、デューク大学の用務員であった。彼は私に、白人と黒人の両方を投票から疎外する人頭税に抵抗する闘いや、ダーラムの繊維工場やたばこ工場での人種の垣根を越えた労働組合のオーガナイジングといった初期の運動について語ってくれた。彼はまた、メイドや用務員による取り組みと、学生や教職員による抗議運動の傾向とを対比していた。彼の見解では、機関に対する廉直な抗議運動が、デューク大学の教育ミッションに貢献する方法として自分たちの取り組みを枠づけていた、非学業系の職員の努力を損ねてしまっていたという。

　解放運動には、草の根の超党派の政治に加え、非暴力の哲学が浸透していた。それは、いかなる状況でも暴力を拒否する平和主義とも、非暴力を戦略上の観点で定義する今日の視点とも異なる[27]。解放運動における非暴力の伝統は、敵対者を悪魔化したり還元主義の視点で捉えたりすることを否とする、精神的・道徳的・心理的な規範を含んでいた。マーティン・ルーサー・キングは、『*Stride toward Freedom*』において、深い説明をしている。いわく非暴力とは努力であり、非行動ではない。それは相手を理解しようとすることであり、打ち負かしたり屈辱を与えたりすることではない。悪い行動と、その行動に関与する人々とは区別される。非暴力は、自分自身を変えることから始まる。キングは、「憎悪は[…]人格を腐食させ、きわめて重要な統一性を浸食する」と記す。「非暴力のアプローチは、[…]まずそこに関与する人たちの心や魂に働きかけ、彼らに新たな自尊心を与え、自分たちがもっていることを知らなかった力や勇気という資源を呼び起こすのです」。キングは最後に、ある種の愛を提示する。それは、個人的な愛ではなく、その人の友のみならず敵にも向けられる善意である。キングはこれを、私心のない愛を意味するギリシャ語から言葉を借りて、アガペーと呼んだ。私は、その人の敵対者のもつ、共通の生活への寄与の可能性への尊重を視野に入れた、パブリックな愛（public love）がより良い言葉だと思う[28]。このどこまでも大きな品位をもった哲学と表現、運動に活力を与えた普通の人々のパブリックな存在は、人種差別を支持する仲間や家族に鋭く批判的になりやすかっ

た、スコットランド系の怒れる若い南部人の私に大きな衝撃を与えた。

　非暴力と草の根の政治がしみこんだシティズンシップ・スクールでは、人々に自分自身を被害者ではなく変化の主体（change agents）と捉えることを教えた。自分たちの地域にどのようにシティズンシップ・スクールを作るか学ぶため南部のいたるところから人々が集う、ジョージア州のドーチェスター・センターで開かれた5日間のトレーニング・セッションにおいて、私のシティズンシップ・スクールでの指導役であったドロシー・コットン（Dorothy Cotton）は、最初の2日間、人々の苦難の物語を聴いていた。3日目になると、彼女は挑戦を求める。「あなたが被害者である限り、一級市民になれることはない」と彼女は言った。

　草の根の政治と非暴力に対する私の捉え方は、私に貧困層の白人のコミュニティ・オーガナイジングをすることを勧めたキングの提案で、さらに深まることになる[29]。私はノースカロライナ州ダーラムにあるエッジモントという、白人の製造所のコミュニティでオーガナイジングを行った。私はそこで、南部の労働者階級である、自分のスコットランド系アメリカ人の親類のことを思い起こさせる人々と、シティズンシップ・スクールで学んできた政治を試すこととなる。エッジモントの人々の一部は、クー・クラックス・クラン（Ku Klux Klan）のメンバーであった。ベイシー・ヒックスとダッグ・ヒックスのような他の人々は、人生を通じて人種的偏見と闘ってきた。近隣地域が少しパワーを得るにつれて、クー・クラックス・クランの影響力は顕著に低下していった。私はエッジモントで、すべてのコミュニティには民主主義を構築する資源があることを学んだ。

　1963年8月28日に開かれたワシントン大行進の広いパブリックな舞台にも、運動の市民性の思潮がはっきりと表れていた。行進は、実施前から様々なコミュニティで起きていた深い関係性のプロセスを活かしていた。デモ行進に詳しい研究者ゼイネップ・トゥフェックチー（Zeynep Tufekci）は、ニューヨーク・タイムズで、1963年のワシントン大行進と、2017年のトランプ大統領就任後のウィメンズマーチ（Women's March）を比較し、「[1963年の]行進では25万人を集めたが」、それはフェイスブックやツイッターのようなソーシャル・メディア、携帯電話やEメールを使える現代の世界で「同規模の抗議運動を行う以上に、はるかに多くの努力や関与、準備を意味する」と述べている。彼女は、今日の動員型のキャンペーンで起きていることとは違い、あらかじめ関係を構築し、行進の意味を議論する辛抱強いプロセスを強調した[30]。

　1963年の行進のプログラム・ノーツでは、たとえ行進を妨害しようとする人たちに挑発を受けても、品位と規律をもって行動するよう参加者に促していた。

「近隣地域での議論では、人目をひく行動や乱暴な言葉、激しい侮辱などがある
かもしれないが、人々全体が政府機関に訴えかけるとき、その行動と対話の質
は、その人々の価値と政府機関の責任を反映しなければならない。」行進者たち
は、政府機関に伝える「人々全体」として行進し、「[彼らの]行動と対話の質」
に責任をもち、彼らの「価値」を示し、品格ある自分たちの振る舞いで市民性を
体現していた[31]。行進のオーガナイザーであったベイヤード・ラスティンは、行
進の目標はすでに説得された人々を結集することではなく、アメリカ社会の「中
間層を説得し引き入れる」ことだと強調した[32]。これらの教訓は、パブリック・
アチーブメントにも織り込まれている。

　1970年代に、私は市民の行動の異なる潮流について書き始め、とりわけ、い
わゆる広域的な基盤のコミュニティ・オーガナイジングにおいて、市民政治が成
熟を得てきた様相に感銘を受けた。自身の1930年代にルーツをもつ、産業地域
事業団（Industrial Areas Foundation）訳注6と呼ばれるネットワークに代表される
ように、このようなオーガナイジングでは、ワン・トゥ・ワン（one-to-ones）、
パワー・マッピング（power mapping）、継続的な振り返りのプロセス、パブ
リックなスキルや習慣の発達への持続的な焦点化といった、いくつかの個別的な
実践を生み出した[33]。

　私はハンフリー研究所を通じて、これらの概念や経験を市民的関与の取り組み
に持ち込んだ。また、アメリカの政治文化の伝統における"コモンウェルス
（commonwealth）"にも関心を寄せた。数年にわたるPAや他の市民政治の取り
組みを通じて、パブリック・ワークの概念が立ち上がってきた。

コモンウェルス

　アメリカの歴史において、"コモンウェルス（commonwealth）"は、集中的な
経済力を求めて争うアメリカの急進派やオーガナイザー、小さな農場主、ビジネ
スオーナーによって、また女性参政権論者やフェミニストによって、そして人種
的抑圧に抗い闘う人々によって好んで用いられる慣用語であった。"協同的なコ
モンウェルス"、"母性的なコモンウェルス"、"自由のコモンウェルス"――あるい
は単に"コモンウェルス"――といった語は、私的な財産の追求と、共通の世界を
作り出し持続させることへの関心とを均衡させる、アメリカ特有の変革の言葉を
生み出した。アフリカ系アメリカ人の詩人フランシス・ハーパー（Francis
Harper）は、1875年に「アメリカ人が解かねばならない大きな問題はこのよう
なものだ。古い奴隷制度の寡頭政治から新しい自由のコモンウェルスへと近年移

された400万人の人々を憐れみ、公平に接するだけの十分な強さが民主主義にあるのかどうか、十分な美徳が私たちの文明にあるのかどうか、十分なパワーが私たちの宗教にあるのかどうか」[34]。

もし"コモンウェルス"が民主化運動の共通言語であったなら、それは党派を超えた訴求力も持ち合わせていた。この言葉は、あるときは政府と連携した、またあるときは自力での、市民生活を築く建設的な取り組みを表現するため、保守的な知識人、ビジネスリーダーや市民的・政治的リーダー、さらにはより一般的に、様々な党派的意見の人々によって用いられてきた。近代市場経済学を構築したアダム・スミス（Adam Smith）は、「コモンウェルスの最後の務めは、利益はいかなる個人や少数の人々の犠牲に報いることができないという性質にもかかわらず偉大な社会に最も有利かもしれないが、それでもそれらの公共制度や公共事業を築き維持することである」と述べる[35]。

コモンウェルスには、互いに関係する2つの根源がある。一つは、イギリスの"コモンウェルス"のように、君主政治に一時の間取って代わった民衆政治の伝統である。また、コミュニティ全体が責任をもち利用する権利をもつ、広く一般に有益な牧草地や川、森林といった"コモンズ（commons）"にも源流をもつ。私は、ハンフリー研究所を通じた市民的関与の取り組みを始める助けとなった著書『*Commonwealth : A Return to Citizen Politics*』において、市民政治が左派や右派の政治とは異なる伝統を示していると論じ、パワー・ダイナミクスへの焦点化を通じて市民政治とコモンウェルスの伝統を結びつけた。アメリカのコモンウェルスの伝統では、"市民的自治（civic autonomy）"が、左派の理論と実践の中核である、国家を通じた分配という政治観を置き換える。また、ときに政府とも連携しながら人々が管理を助けるコモンウェルスは、右派の市場を重視する見方も置き換える。これらの主題は、エリノア・オストロムや彼女の同僚が独自に発展させた、共同利用資源の市民中心のガバナンスの、より一層精緻な理論に示唆を与えた。

ジム・ファーが、20世紀初頭の協同組合のエクステンションにおいて一部で用いられていた言葉である、"パブリック・ワーク"という主題を提案した1992年、私たちはこの着想についてのカンファレンスを開いた。私は、パブリック・アチーブメントで若い人たちが行っていた"パブリック・ワーク"とコモンウェルスの伝統との間に、類似性を見出していた。私たちは、市民が中心である、コモンウェルスとパブリック・ワークを結びつけた。

アメリカの場合、学校、図書館、コミュニティ・センター、井戸、道路、橋と

いった公共財は、貴族や君主によって作られるのでも、いにしえから受け継がれるのでもなく、市民の手で作られた。デイビッド・マシューズが述べるように、「19世紀、自治とは、［…］集合的な意思決定と行動、特に行動に根ざした［…］汗を流す、実践的な問題解決の政治であった」。彼はこう続ける。「フロンティアへの移住者は、消費者のみならず生産者にもならねばならなかった。彼らは交易市場や道路、図書館を作るため協力しなければならなかった。［…］また彼らは、最初の公立学校も創設した。彼らの努力は、パブリックのためだけでなく、パブリックの手で成し遂げられた仕事という意味で、"パブリック・ワーク"の実例であった」[36]。歴史学者オスカー・ハンドリン（Oscar Handlin）とメアリー・ハンドリン（Mary Handlin）によれば、コモンウェルスの概念それ自体が集合的努力を伝えるものであったという。「農民や船乗り、漁師、職人や新しい商人にとってコモンウェルスは、［…］共同の行動の価値という、［…］彼らが教会や町の組織から得てきた教訓を重ね伝えるものであった」[37]。

　ミネソタ州の慣習は、市民によって作られた共和国の政府とコモンズの両方を例証するものとなっている。コモンウェルスは、民衆運動や、ビジネスリーダーや他の市民的リーダーによる市民的貢献によって、表現されるようになった。フロイド・オルソン（Floyd Olson）の知事選出やミネソタ州議会における政党の相当数の得票に結びついた、ミネソタ農民労働者党（Farmer-Labor Party）の"協同組合コモンウェルスプログラム（The Cooperative Commonwealth Program）"は、ポピュリストの農民や労働者、また協同組合の運動から生まれた、革新主義のビジョンにおける画期的な出来事であった。ミネソタ州では、コモンウェルスはエリートのみならず一般市民にも用いられる言葉であった。セントポール・パイオニア・プレスは、州の75周年に際し、ミネアポリス公園委員会の委員長を1883年から1890年まで務め、市の公園のシステムの設計者であったチャールズ・M・ロリングを、州のコモンウェルスへの貢献者として紹介している。「彼は記事を書き、図解を用いた講演をし、その他様々な方法で、公園と市民的関与の利点について州の人々に明確に伝えた」[38]。ミネソタ大学の学長を1920年から1938年まで務めたロータス・コフマン（Lotus Coffman）は、自身の就任の辞に「コモンウェルスの大学」という表題をつけた。

　小説家マリリン・ロビンソン（Marilynne Robinson）は、ニューヨーク・レビュー・オブ・ブックスで再版された、オバマ大統領との2015年秋の対談において、これらの考え方をそれとなく示している。「民主主義は、人々が集合的に作り出したものでした」と彼女は述べる。民主主義の創造は、相互尊重の文化を

生み出すものであった[39]。

　コモンウェルスにおける市民性の構築は、19世紀アメリカの地方に特有のものではなかった。世界恐慌のときには、市民による構築の連携役として政府機関が重要な役割を果たした。例えば、市民保全部隊（Civilian Conservation Corps：CCC）[訳注7] は、公共事業のプロジェクトに300万人以上の若者を関与させた。彼らは高い理想ではなく現実的な自己関心から行動していた。彼らは仕事を必要としていた。軍が運営するCCCのキャンプは、民主的な意思決定のモデルからはほど遠いものであった。しかし、彼らの活動には民主的な意思決定もみられた。財のコモンウェルスを作るにつれ、人々は市民のコモンウェルスとなっていったのである。

　CCCは、差異を越えて人々をまとめあげた。アル・ハンマー（Al Hammer）は、私たちの共著『*Building America：The Democratic Promise of Public Work*』に向けたインタビューで、ナン・カリ（Nan Kari）にこのように語っている。「CCCは、私のような人たちを、パブリックな場へと連れ出してくれました。CCCは、全米中から集まった自分とは違う人たちと出会い、一緒に活動する機会を与えてくれました―農家、都市部、山地の男子が、皆一緒に活動したのです」[40]。パブリック・ワークは、他の形でも教育的であった。C・H・ブランチャード（C. H. Blanchard）は、「CCCの参加者は、自らの手で取り組んだ仕事を通じて改善がみられた森林に、市民としての共同所有の感覚を抱いていました」と述べる。参加者はときにパブリックな目的への強い感覚を形作っていた。アメリカ森林局のスコット・リーヴィット（Scott Leavitt）は、「CCCの男子には、この国の福祉、またともすれば本源的な存在にさえもきわめて重要な、素晴らしいプログラムの不可欠な一部として参加できたという、満足でき鼓舞される事実への理解の兆しがみられました」と説明する[41]。

　過去数十年にわたり、パブリック・ワークの衰退とともに民主的尊重の文化は蝕まれてきた。スーザン・ファルディ（Susan Faludi）の『*Stiffed：The Betrayal of the American Man*』は、アフリカ系アメリカ人の造船所労働者からフットボール選手やテレビ局の役員まで、変化する男性のアイデンティティを探究している。21世紀初頭の男性は「セレブリティ主導の消費文化への参加でしか男性の価値が測られない、不慣れな世界」に置かれている。家族を支え、コミュニティに貢献し、国家の構築を助けるといった生産的な成功の尺度が砕かれた男性は、ベティー・フリーダン（Betty Friedan）のいう1960年代の「閉じ込められた主婦」に似ている。そこには「コンテクストが排除され、手仕事や効用

が奪われ、誰が最も多く、最善で、最大で、最速かをめぐる商業的価値に支配された、競争的な個人主義で満たされた」文化への不満を名付ける言葉もなかった[42]。

　私たちはパブリック・ワークを、コモンウェルスの伝統を蘇らせるだけでなく、消費者のみならず市民的な創造者としての人々のアイデンティティを再生させるものとして捉えるようになった。パブリック・ワークへの熱望と障壁の両方が、社会のいたるところでみられる。そして、その点を探究する上で、教育は有益な事例である。

訳注

1　アメリカの子ども向け絵本。故障した機関車に代わり、山の向こうの子どもに物を届けるために奮闘する機関車の物語。
2　ウェイド・ラスク（Wade Rathke）によって 1970 年に設立された、全米的なコミュニティ・オーガナイジングの組織。正式名称は Association of Community Organizations for Reform Now。
3　著者ハリー・ボイトが所属していた、ミネソタ大学の研究組織。正式名称は「ハンフリー公共政策研究所（Hubert H. Humphrey Institute of Public Affairs）」。後に「民主主義と市民性のためのセンター（the Center for Democracy and Citizenship）」となる。
4　現在は「民主主義と市民性のためのサボ・センター（Sabo Center for Democracy and Citizenship）」に改称している。
5　コミュニティ・オーガナイジング（community organizing）とは、普通の市民が結集し、自らの力で地域や社会を変えていくための方法や思想、またそうした取り組みを広く指す言葉である。もとは 19 世紀初頭にアメリカのソーシャル・ワーカーによって、移民や貧困層への支援活動を意味する言葉として用いられ始め、その後、都市部の貧困地区でのセツルメント運動、農民運動、労働運動などでも用いられるようになった。20 世紀以降は、公民権運動や女性運動など、特定の地域を越えた社会全体の変革のためのアプローチとしても普及してきた（小島（石神）圭子「現代アメリカにおけるコミュニティの組織化運動—オバマ「現象」の基層として—」『北大法学論集』第 60 巻第 2 号、2009 年、481-530 頁）。論者や実践者によって、その具体的方法や理念は異なるため概括することは難しい面もあるが、外部の専門家主導ではなく、住民や市民、当事者のもつ資源や力を結集して問題解決や社会変革を目指す点、またその過程において人々の関係構築やエンパワメントを図る点などが、基本的特徴として挙げられる。
6　コミュニティ・オーガナイジングの父祖として知られるソウル・アリンスキー（Saul Alinsky）によって設立され、その後オーガナイザーの教育機関として発展した、全米的なコミュニティ・オーガナイジングの組織。教会を基盤とした組織（Church-Based Community Organization）であり、「教会のネットワークを通じて

地域コミュニティに関わる諸問題を住民とともにイシュー化し、地方政府との交渉・妥協によって実質的な生活改善を実現する」組織である。(石神圭子「コミュニティ・オーガナイジングとリベラリズムの挑戦—産業地域事業団による生活賃金運動をめぐって」『東京大学アメリカ太平洋研究』第 18 号、2018 年、118 頁)。

7　1930 年代のアメリカで、失業対策の一環で行われたプログラム。職のない若者にキャンプをしながら公共事業等に従事する機会を提供した。

2 市民の問題としての教育

ハリー・C・ボイト、アイザック・トランビック

　アメリカにおける教育改革は、非難と処罰の組み合わせよって進められてきた。教育を鋭い視点で観察するマイク・ローズ（Mike Rose）は、『*Lives on the Boundary*』の中で、「私たちは、停滞という観点から批判の枠組みを構築しがちである」と書いている。「それは、アメリカ教育史の現実、つまり、教育機会をむしろ拡充し、あるいは教育に対する社会的・認知的な意味での需要といったものが剥がされた、粗暴で、破滅に紐づけられた、教育に対する攻撃である」と。ローズはこうしたトーンを想起させるために、古代の文法の神である「グラマティカ」のイメージを用いる。そのイメージは厳格なものであり、ハサミとメスをもって今にもけたたましく鳴き出しそうな鳥の首を右手で掴んでいるというものである。「なんと相応しいエンブレムの選択だろうか。－生き物が首を絞められていること、［…］そしてハサミとメスは、失敗することへの危機感を常に教師に想起させる」と彼は書いている[1]。

　今日においては、「データ」が新たな文法の神となった。アルゴリズムがもつ権威は、ローズが描いた教師の神のはるかに先まで及んでいる。生徒、教師、そして学校全体が、グラマティカのハサミとメスの間に捕らわれ得るのだ。教育方法やカリキュラム、そして評価に必要な情報は、生徒の成長や足りていないことに関する量的なエビデンスによって主にもたらされる。つまり標準化テスト（SAT）の結果によってたいていは測定されるのだ。採用、解雇、「学校の統合」については言うまでもないことである。基準値以下のパフォーマンスが数年続くことは、教師や学校・コミュニティ全体に悲惨な影響をもたらす。生徒が標準化テストで成績アップを果たせなければ、その責任を教師が負わされる。教師が生徒と一緒に前進できなければ、学校が警告を受けるのだ。そして学校は、定められた教育目標を達成できなければ、閉校することさえあり得る。ローズが本書を書いてから数十年がたったのち、このような避難と処罰の言説が隆盛しているのである[2]。

　たしかに、データの技術的移行や利用可能性が整ったことで教育界に多くの利益がもたらされている。現在の教室で生徒たちは、ほんの数十年前には限られた

エリート校にのみとどまっていた情報に、どこからでもアクセス可能になったのである。教師は、生徒たちの学習をリアルタイムで確認できる。技術のおかげで、創造的な授業計画や反転授業（flipped classroom）訳注1 も可能である。おそらく最も重要なのは、教師、保護者そして学校運営者が、生徒たちの学習において共通する考え違いや、生徒間の学習差を明らかにできるということである。つまり、生徒の学習が追跡され監督されるとき、生徒たちが見過ごされることはないということである。教育ツールとしての（それだけにとどまらないが）データや技術という観点にもとづいて行動するとき、デジタル革命は力強い資源になり得るのである。

　問題は、デジタル技術が、歴史家のロバート・カニゲル（Robert Kanigel）が「効率性信条（the credo of efficiency）」と称する考え方にもとづくサービスにしばしば採用されていることにある。つまり、目標とする「そこ」へと少しでも速く到達することにデジタル技術の利用を焦点化するのである。「そこ」が、目指すべき場所であるかどうかはほとんど議論しない。このダイナミズムが、社会のいたるところに現れている。1章で述べたように、政治では、反対意見をもつ者を、そこに存在する複雑さを完全に捨象して敵とみなす二元論的政治としてデジタル技術が動員される傾向が加速している。そして教育においては、教え、学ぶこととの関係性や、両者の核心にある大きな意味での目的意識というものを徐々に失わせている。

　スー・ハルパーン（Sue Halpern）は、『*New York Review of Books*』の中で、「あらゆるものをデータ化するということは、[…] 定量化できないものを置き去りにすることだ」という[3]。そもそもデータ化は、きわめて複雑な現実を表現するために、プログラマーが書き込む、バイアスがかったプロキシに依っている。今日、アルゴリズムは、誰が犯罪にかかわるかを予測し、量刑を決めるのに影響を与え、企業における採用を決定し、人の信用格付けに用いられている。こうしたアルゴリズムは、教育界においても存在感を増している。キャシー・オニール（Cathy O'Neil）は、『あなたを支配し、社会を破壊する、AI・ビッグデータの罠（*Weapons of Math Destruction*）』訳注2 の書き出しを、ワシントンの幼稚園教諭サラ・ワイソッキー（Sarah Wysocki）の話から始める。ワイソッキーは勤務する学校の校長そして生徒の保護者たちから優れた評価を受けたにもかかわらず、解雇予告を受け取った。なぜなら、教師の成長を図るシステムのアルゴリズムが定量化した彼女のスコアが、彼女が人々から得た評価よりも重視されたからである。マテマティカ・ポリシー・リサーチ（Mathematica Policy Research）が開

発したアルゴリズムは、生徒たちのテスト結果を、別の教師が教えていた1年前のテスト結果とうまく比較したのかもしれない。しかし、そのような分析は、多くの理由でおそらく間違っているといえる。かつての教師たちは、自分たち自身を守るためにテストの結果を上方に改ざんしたのだろうか。彼女の生徒の何人かは、試験を受けるのに不都合な日だったのだろうか（わずか数名のテスト結果が、劇的にワイソッキーの評価点を歪めることもあるだろう）。それは誰にもわからない。アルゴリズムは秘密のままなのだから。「評決は［…］アルゴリズムの神からの命令のようにやってくるのだ」とオニールは述べる[4]。

　加速するテクノロジーの変化への対応も相まって、21世紀の初めまでに、低所得、マイノリティ、そして他の不利な立場にある生徒たちの教育ニーズに対処するべきだという圧力が高まり、2002年には連邦議会で民主党と共和党両方の支持を得た「どの子も置き去りにしない法（No Child Left Behind （NCLB） Act）」が成立するに至った。ローズが述べるように、NCLB法は、連邦政府の役割を強化するためのアメとムチの手法に大賭けした。それは、地方教育行政の力を弱めることでもあった。NCLB法は、すべての学校に生徒たちの学習成果の責任を負わせ、学校の成果の大半はテストのスコアによって決められた。各州には、3年生から8年生、そして高校でもう一度、読解と数学の試験を課すことが求められた。特に特別支援を受けている生徒、人種マイノリティ、低収入を背景にもつ子どもたち、そして英語を母国語としない生徒たちの試験結果は、担当官に報告された。生徒たちの成長は「年次の到達進捗度（Adequate Yearly Progress）」報告書によって監視される。この報告書には所定の目標に到達できないゆえに一連のエスカレートする制裁に直面する学校の状況が添えられる。学校は自らが設定した目標に到達できなければ、「ターン・アラウンド校（turnaround schools）」[訳注3] として指名されるリスクを負うことになる。しかも、こうした学校の教師たちは、ほぼ「ターン・アラウンド」の対象にはならない。学校がこの指定を受けると、すべての教師たちは解雇されるとともに、政府が任命する管理者は、元の教職員たちの半分以下しか再雇用することができないのだ。オバマ政権の間に、2002年の法案採択後に設定された「習熟」目標の95％に到達した（95％の生徒が英語と算数・数学の試験において習熟したと認められるスコアをとったということを意味する）州は一つもなかったことが明らかとなった。多くの州には、最も過酷な罰を猶予するウェイバーの権限が認められた[5]。その代わりに、各州は標準テストにおける生徒のパフォーマンスにもとづいて、教師を評価することに同意しなければならなかった[6]。

　当初からの NCLB の熱心な支持者たちのなかにも、疑問を提起し始める者が出始めた。ジョージ・W・H・ブッシュ大統領のもとで教育次官補に任命され、のちに教育の進度を評価する機関である国家評価委員会（the National Assessment Government Board）に選ばれたダイアン・ラビッチ（Diane Ravitch）は、当初から NCLB を支えてきた。しかし彼女は、のちに考えを改めた。彼女いわく、NCLB モデルは、「生徒たちが常にテストされること、その結果が教育の最も重要な指標であり、成果であることが想定されている」[7]。より問題含みであるのは、「テストのスコアが学校の質を格付けするのに使われるだけではなく、生徒、教師、校長そして学校を罰するあるいは表彰するためにも使われ得るということである」。このアプローチの重大な問題の一つは、「どの生徒を受けもったかによって、その教師がある年は能力を発揮したように映り、別の年は能力を発揮できなかったように映るかもしれないことにある。障害をもつ生徒、英語を習得しているさなかの生徒、またその他の特別なニーズをもつ生徒を教えているどの教師も、テストで高いスコアをとる可能性は低く、「悪い」教師として評価される可能性が高いことが調査で明らかになっている。そのような見境のない基準を課すことによって、何人もの優秀な教員が解雇され、大してあまり目立たない教師がボーナスをもらうことになるのである」。結果として、教師たちには、往々にして、自分たちが過小評価され、批判を浴びたという感覚が残ることが多いのである。

　ラビッチの懸念は、教育のテクノロジーが進展する中でさらに高まっている。向上した計算性能やスマート・ラーニングのための機器は、かつてのどの時期よりも、評価という点で生徒のパフォーマンスを監督し、分析することを容易にしている。それゆえ、驚くべきことではないが、テクノロジー産業は、慈善そして営利目的の両面から、教育界に資金を注ぎ始めているのである。「ドリームボックス（Dream Box）」、これはリード・ヘイスティングス（Read Hastings）[訳注4]が起業したネットフリックス社（Netflix）が開発した数学プログラムである。このプログラムでは、個人ごとにレッスンを組み立てるために、生徒一人あたり1時間に5万データポイントを処理するアルゴリズムを使っている。マーク・ザッカーバーグ（Mark Zuckerberg）は、生徒自身が自分に教えるのを支援するテクノロジーの開発と促進を支援している[8]。アフリカで事業展開するシリコンバレーのスタート・アップ、ブリッジ・インターナショナル・アカデミー社（Bridge International Academies）は、一定の訓練を受けた教師たちを教室から外した。ブリッジ社の「教師たち」は、たいてい専門的なトレーニングを受けて

おらず、旧ボストンエリアのチャータースクールの教師たちが開発したスクリプトをそのまま、アフリカ人の生徒たちに読み聞かせる[9]。こうしたテクノロジーは、場所や起業家によっても異なるのだが、その一方で、標準化テストでの評価にもとづく、定量化可能な成長というものが最終目標となることが多い。

　ベテランの高校教師であるポール・バーンウェルは、このような技術開発によって、自分自身がすぐにでも時代遅れになるのではないかと不安に思い続けていた。生徒のニーズを明らかにして、ねらいを定めるためにテクノロジーを活用することに共感する一方で、彼はそうしたテクノロジーの誤用を心配してもいた。それは、「[個人化された学習]のための取り組みがソフトウエアやテクノロジーをベースにしたものになるということである。つまり、テクノロジーの使用者である生徒の能力やスキルのレベルを基準に調節されたデジタル「指導」である。それは、生徒たちの情熱にもとづくものでもなければ、真正なプロジェクトでもない。―それはすべて、特定のアカデミックスキルを是正し、測定することに関するものである」。したがって、テクノロジーはあらかじめ決定された、疑いようのない目的、つまり定量化可能という意味での成長をめぐるサービスに採用されるのである。「生徒のアカデミックスキルのニュアンスを理解することから、前向きな関係を形成し、数字が示す読解スコア以上の学習経験を構築するところまで、様々なレベルで生徒のことを知ろうと努める教師の代わりに機械が教育を引き取るとき、教育者は主役から外される。個人化された学習は、往々にして、はじめから非個性的なものとなる。それは、手間のかかる、複雑な教室運営にとって不毛なアプローチである」[10]。

　この章の共著者であるアイザック・トランビック（Isak Tranvik）は、若い教師にとって「スキルの獲得」に重点を置くことがいかに抗い難いものであるかを今でもはっきりと思い出す。テストのスコアの重要性は、特に低パフォーマンスの学校では、生徒の将来の繁栄について議論する余地や、教育や民主主義についてコミュニケーションをとる余地をいっさい残さない。試験とそれに合格するために生徒たちに必要なスキルは、ほとんどの教師が自分の生徒たちのために抱いている大きな展望のために取り組むべき眼前の目標よりもずっと大きなものへと変わる可能性がある。それ自体が巧妙に「目標」となるのだ。毎日、習熟すべきより多くのスキル、満たすべきより多くのベンチマーク、こなさなければならない練習用テストが用意される。すべての授業の一分一秒が計画され、どの生徒も自分が完了すべきタスクを知っており、そして最終的なアセスメントはすべて注意深く評価される。オバマ政権時代の教育大臣で、学校のパフォーマンスを評価

するために試験のデータを使用することを長い間擁護してきたアーン・ダンカン（Arne Duncan）は、大学進学適性テスト[訳注5]が意図しない結果をもたらす可能性があることを認めていた。2014年の政策メモに彼は、「テストをめぐる今日の問題が、多くの学校を息苦しくしている」と書いている[11]。ダンカンは、標準化テストを完全には拒絶していないが、その一方で「過剰なテスト主義は学校が楽しみを築き上げることを奪い去り、不必要なストレスを引き起こす」ことに気付いている。厳格なテスト体制は教師の力あるいは主体性の感覚（sense of agency）を弱めたり無視したりする傾向があることも加えてよいかもしれない。教師たちは自分たちがあたかも機械の歯車であるかのように感じるだろう。ダンカンのメタファーを使えば、効率性のみを強調することは、学校を死んだままにしておくということなのである。

　テストという点においてさえも、テクノロジーを答えとしてみるよりも、教えることをひとかどの技芸として支え、評価し、発展させることに焦点化するほうがよほど生産的である。例えば、フィンランドにおいては、罰を与えるのではなく褒美を与え、サポートするのが代替的な戦略である。フィンランドの学校は、テストの自己開発を含め、教師たちのコラボレーションを推奨する。国は教師たちに十分な給料を支払い、教育職に対して敬意を払う。「フィンランドの教師は、ボーナスへの期待ないしは解雇への恐れによってではなく、内発的動機の感覚によって突き動かされている。内発的動機は、彼らが自分の生徒たちに教えようとしていることでもある」とラビッチは述べる。標準化テストはフィンランドには存在しない。テストが存在しないことで、「教師は生徒たちの学びへの興味関心を高め、そこに訴えかけ、また頼らなければならないのだ」。興味深いことに、国際的基準テスト（international benchmark tests）[訳注6]において、こうしたフィンランドの生徒たちのスコアが世界で最も高いのだ[12]。

　生徒そして教師も、いまの学校の型に苛立っている。メリーランド大学ボルティモア・カウンティ校（UMBC）の学生関係事務担当の職員であるデイビッド・ホフマン（David Hoffman）は、パブリック・アチーブメントにおける市民政治のアプローチを学生自治会やキャンパスライフの他の面にも当てはめられるように、学生と職員のグループと何年も協働してきた。彼は、幼稚園から12年生までの経験について学生対象に行った反復グループインタビューに基づいて、自身の学位論文「本物になる（Becoming Real）」を著述した。議論を通じて、学生たちは最後までフィードバックを与え続けたし、この議論からたくさんの疑問が浮かび上がったのである。

　ホフマンのインタビューを受けた UMBC の学生は、大学入学前の経験を振り返ると、かつての経験を、かなり筋書きとして描かれたもの、つまり大人たちによってデザインされたものとして見ていた。そして、自分たちの仲間がしているのはたいていロール・プレイングであると観察していた。「自分がしたことすべてが現実ではないという社会で私は育った」と、合衆国で育ったイラン系移民のヤズミン（Yasmin）は述べた。「私はいつも、何かのために覚悟を決めているかのようだった」。もう 1 人の学生、ケイティは、学校がまるで権威主義的な親のようだったことを思い出していた。「自分の席に着きなさい、手を挙げなさい、話しかけられない限り話してはいけません、不満を言ってはいけません、そして権威に楯突いてはいけません」。彼女たちのことが、ホフマンに自分の生徒時代の経験を思い出させた。その経験とは、「大人たちを喜ばせたり、なだめたりするために本当の感情を覆い隠すゲーム、そして信用を積み重ねていくためにたとえ火の中、水の中でも進むゲーム」だった。この世界に活動的な主体として参加するという感覚にとっての二つの主な障害、それは外から押し付けられた役割、そして本物ではない横のつながりであるが、これらは大学に入ってからも残り続けた[13]。

　生徒たちの視点から学校が「どのように見える」のかを理解しようとする際、似たような観察をする者もいる。あるベテラン教育者は、幅広くシェアされているブログに、二学期にわたって 2 名の生徒を追いかけた自身の経験を描き、投稿している。彼女は、自分が受けもった学生のシンディに尋ねたことを思い起こす。「もし彼女が、クラスに対して重要な貢献を成したように感じたならば、もしくは、彼女が学校を休んだ時、クラスのみんなが彼女の知識や貢献の恩恵を受ける機会を逃して、そして彼女がそのことについて笑って否定するようなら［…］私はこれに驚くだろう［…］なぜならば、自立性をもつ生徒がどれほど少ないか、学びを自分自身で方向づける、あるいは選択する生徒がどれほど少ないかということを、私に気づかせるからである」[14]。教育者が言うには、誠実な生徒こそ、関わり続けるために奮闘しなければならない。「教師も一生懸命だが、私が思うに誠実な生徒たちのほうがもっと一生懸命に取り組んでいる」。

　かつての「誠実な生徒」も、これに同意する。ネイティブ・アメリカンの大学教授ホアキン・ムニョス（Joaquin Muñoz）は、ウォルドルフ学校に関する自身の博士論文の中で「私は学校を無事に卒業した一方で、特別居留地からきた友人とその家族（アリゾナのパスクアヤキ族）は、卒業できなかったことを目の当たりにした」と書いている。「それでも、このうまくいった修了においてさえ、私

は、自分が受けた教育が、完璧からは程遠く、必須の要素が欠けているという感覚に常に襲われてきた」。ムニョスは大学を卒業後の 2005 年にティーチ・フォー・アメリカ・フィラデルフィア（Teach for America in Philadelphia）^{訳注7} のメンバーとなり、プエルトリコ、キューバ、そしてドミニカ共和国から来たラテン系の学生たちと一緒に働いた。その学生たちの 50％以上が英語学習者であった。ムニョスは、教師として、以下のように書いている。「ハイ・ステークス・テストで得られる目標と展望がこれまで疑問視されることはなかった」。彼の中にはこれに対するいくらかの意見の不一致があったが「しかし、当時はそれを話すための言語を欠いていた」¹⁵。

　テクノロジーやテストに焦点化することは、別の目標を追うために教師そして生徒たちを狭い部屋に閉じ込めたままにすることだ。改革者たちの意図とはおそらく異なっているのかもしれないが、この視点は別の目的を推進する。学校自体の目的を問う質問は滅多になされることはなく、「テスト主義」よりも豊かな「民主的卓越性（democratic excellence）」という、かつての考え方は長きにわたって忘れ去られている。民主主義と市民性のためのセンター（the Center for Democracy and Citizenship）がケタリング財団（Kettering Foundation）や他のグループと一緒に、高等教育の目的についての議論をまとめるナショナル・イシュー・フォーラム（National Issues Forums）に参加した際、人々はその問題設定自体に驚かされた。ミネソタ州上院の共和党所属でマイノリティのリーダーであるデイブ・センジェム（Dave Senjem）は、以下のように述べている。「私たちが議会で一度も議論したことのない「高等教育の目的とは何か？」という問いは思慮深い質問である」¹⁶。

　市民政治（citizen politics）は、かつてアメリカの教育の中心であり、まさしく「コモン・スクール（common school）」という言葉で体現したものであり、学校は一般の市民が利用できたということを覚えておく価値がある。ローレンス・クレミン（Lawrence Cremin）^{訳注8} が『*Transformation of the School*』で描いているように、根本的に異なる興味と見解をもつ人々を幅広く集めまとめることによって、「教育についての政治は［…］過去1世紀を超えて独自の傾向を示した」。「ほとんどすべての州で、公立学校と戦うために市民が組織化された。人々が組織した政治的連合はしばしば、このようなことがなければ全く共通点のない、風変わりな関心を集め、結びつけた」。教育委員会や PTA のような人々の力のメカニズムをともなった学校のための運動は、人民の所有権や行為主体性に関する忘れられない跡を残した。クレミンは以下のように述べている。「素人

が取り仕切るための巧みな工夫のおかげで、人々には自分の子どもたちに教えられてきた公共哲学を継続して定義づけていくことが託されることになった」。「人々が学校の責任を定義するという政治的過程の中で［…］アメリカ教育史における決定的な力を見出すのである」[17]。

　今日の学校政策に関する討論は、コストをカットしてより迅速かつ効率よく情報を伝達する方法を開発するために、効率性の要請、集中する権力、侵食される市民会合の場としての学校を、具体化して見せている。教育長官のベッツィ・デボス（Betsy DeVos）[訳注9] らのようなバウチャー政策の擁護者は、学校選択を通じて「保護者をエンパワーしている」と主張する。しかしこれは、市場を資源配分のための最もよいメカニズムとみなすことを意味する。デボラ・マイヤー（Deborah Meier）[訳注10] が教育者の立場から観察したところによれば、「市場における保護者の気まぐれな選択に任せればよいという考え方には問題がある。良い保護者というのは、自分の子どもたちの当面の関心を最も優先してしまう傾向があるからだ」[18]。ここでいう「エンパワメント」という用語は、消費者の選択を意味しているのであって、お互いどうしや地域社会についての集団的な市民的関心事を意味するものではない[19]。

　公立学校の側に立つ政策立案者は、ダイバーシティやインクルージョンのような民主的価値を押し売りするが、ハイ・ステークス・テストのような、一般市民からのインプットをほとんどもしくは全く伴わない効率的に設計された手段に重きを置く。ルーク・ブレザートン（Luke Bretherton）は、市民主導の学校改革の取り組みについて描いている。「何度も遭遇するのは、「非専門家」が扇動する敵意である」と彼はいう。ブラザートンは、学校に対する支援の増大は、技術主義でトップダウンの考え方から、多様な市民を学校変革や学校生活に取り込んでいくアプローチへとシフトチェンジしていくことを求めると主張する[20]。そのようなオルタナティブが現れ始めているのだ。

市民の問題としての教育

　2007年7月15日、大統領選の序盤に、バラク・オバマはフィラデルフィアのセイヤー・スクール（Sayre School）で次のように話した。「今日、私たちの社会は、よりよい天使たちに訴えかけ、全てのアメリカ国民に向けてアメリカの民主的約束の実現のために協働するよう私たちを動機づける、希望の導き手を是が非でも必要としている」。オバマの見方によれば、セイヤー・スクールのようなコミュニティ・スクールは、地域社会における結節点としての役割を果たし、

「一日中、夕方も週末もすべての人々に開かれている」。このような地域社会の結節点は、「対面重視の施設、大学、地域に根ざした組織、健康やヒューマンサービスを提供する会社、労働組合、企業および政府機関を巻き込みながら、変革に向けた連帯を創造し、支えている」。これらの結節点は、「強いコミュニティは強い学校を必要とし、強い学校は強いコミュニティを必要とするという、力強いがシンプルな考え」を基盤としている。効率的な原則を実現することによって、学校政策に関する議論は、市民の会合の場としての学校という考え方を損なう[21]。オバマ政権は、アメリカのコモンウェルス・パートナーシップ（Commonwealth Partnership）と呼ばれる教育の公的・市民的目的を活性化するための短期集中の取り組みや、教育省による『*A Crucible Moment*』、これは教育において市民教育が「広くいきわたる」よう求める、全米カレッジ・大学協会（American Association for Colleges and Universities）がまとめた報告書であるが、これを通じて高等教育と K-12 の教育者たちに手を差し伸べた。これらは、市民教育を強化するための政策改革に関する教育省の報告書にも繋がった[22]。

　政策論争のほかには、教育の市民的な目的のための基盤が増えていることが挙げられる。例えば、コミュニティ・スクール連合（the Coalition for Community Schools）が、国をまたぐ何百もの学校や数十のパートナーと協働しており、ここには、全米学校委員会協会（National School Board Association）や全米 PTA 協会（National Parent Teacher Association）も含まれている。このコミュニティ・スクール連合は、教育は正課中のみならず放課後や夏休みにも行われるものと考える 5,000 以上の地域社会に起源をもつ学校を特定した。これらの地域志向の学校は「本質的な健康や社会的支援やサービスを提供する」。そして、これらの学校は「家族や地域社会を、子どもたちや青年たちの暮らしの資産として巻き込む」。コミュニティ・スクール連合は、「大学、就職およびシティズンシップ」に公式な関わりをもっている。これは「21 世紀型のスキルは、（生徒たちに）中等教育後および職業上のキャリアを導いてくれるだけではなく、民主的な社会において生徒たちをより良い […] 市民にする」というコンセプトに基づいている。さらに、コミュニティ・スクール連合やペンシルバニア大学コミュニティ・パートナーシップのためのネッターセンター（Netter Center for Community Partnerships at the University of Pennsylvania）によって組織される、大学支援型のコミュニティ・スクールのネットワークには 70 のカレッジと大学が含まれている。K-12 と高等教育機関のパートナーシップ構築の先駆者で

あるアイラ・ハッカービー（Ira Harkavy）は、「ここには新しい活力と成長がある」と述べた。彼はまた、ネッターセンターを設立し、コミュニティ・スクール連合の結成も支援した。1997年の設立以来、連合は「大きなテント」アプローチを採用してきた。そこには、公立学校、チャータースクール、教区立学校、そして私立学校が含まれる[23]。コミュニティ・スクールが市民的目的に焦点を当て、民主主義のための学校としてのアイデンティティを発展させることになったとしたら、それはどのように見えるだろうか？

　セイヤー・スクールでのスピーチで、オバマは、哲学者のジョン・デューイが1902年に全国教育協会で行った有名なスピーチ「ソーシャル・センターとしての学校（The School as Social Center）」を引用した。デューイの視点において、教育は民主的な生活様式（democratic way of life）の中心にあった。民主主義は「すべての世代において、毎日毎年の生活の中で、すべての社会形態や制度における人と人との生きた関係において、新たに規定されていかなければならない」。デューイにとって、教育は民主主義社会の中心であり、民主主義は教育の精神であった[24]。デューイは、非人道的で混沌とした世界で市民に民主的なシティズンシップのための資源を提供するために、ソーシャル・センターとしての学校という概念を発展させた。この概念には、核となる四つの要素があるが、それらは、民主主義のための学校になることを熱望する現在のコミュニティ・スクールとも関連している。

　デューイの1902年の講演において、彼にとっての範型はジェーン・アダムズのハル・ハウスにあった。彼はセツルメントを、シカゴのような都市における、多様な人々が交じり合う持続的で対面的な場と見ていた。そしてそれは、異なる人種や文化が非人間的で闘争的な設定の中でお互いに出会った時に起こるような、強制的で破壊的な「アメリカ化」が進行する場との対照の中で捉えられていた。デューイにしてみれば、子どもたちが工場のような学校において暗記を指示され、そして、交流のチャンスがほとんどないようなとき、子どもたちは「しばしば両者（移民文化と移民先での支配的文化）の間で浮遊し不安定になる。彼らは、両親の衣服や身のこなし、癖、言葉、そして信念を見下すことさえ学ぶのだ」。これと対照的に、ハル・ハウスでは「新しい労働のミュージアムが、［…］昔の世代がもつ技術や芸術、そして歴史的意味そのものを若い世代に対して示す。［…］そうやって、多くの子どもたちは、これまで知らなかった素晴らしい質のものを鑑賞することに目覚めた。デューイによれば、ソーシャル・センターとしての学校の第一の要素とは、「摩擦や不安定性を和らげ、より深い共感とよ

り広い理解をもたらすような方法で、人々そして自分たちの考えや信念を結びつける手段を創り出すこと」[25] にあった。

　教育における「関係的」アプローチが異常なまでに「情報的」アプローチに取って代わられている今日の文脈の中で、交じり合うこと、理解の進化、差異を越えた人間関係の構築のための場としての教育現場は、刷新された重要性を有している。そのような、場としての学校という考え方は、技術主義的な型に対する対抗として、コミュニティ・スクールの活気のある精神を、明らかなもので意図をもったものとすることができる。デューイの視点によれば、ソーシャル・センターとしての学校はまた、家族や宗教グループのような「かつての主体」の喪失に対する対策を提供することにもなった。モダニストであるデューイは、そうしたかつての主体の多くの欠点を理解していたが、一方で彼はそれらの欠点が、若者たちに「きちんとした、立派で、整然とした生活」を保ち続けさせたことも認めた。コミュニティに埋め込まれた学校は、若者たちに「失われた畏敬の念や権威の威光の埋め合わせ」を提供しなければならない。倫理的行動や価値観を生み出すために、デューイは「社交クラブ、体操、アマチュア演劇表現、コンサート」などのような学校活動などを提案した[26]。

　公共的な基準というものが徐々に失われていく時代において、このような倫理的な意味での市民的修復のプロジェクトは、これまで以上に重要性をもつ。そして、こうしたプロジェクトには、道徳上の広く多様な関心と視点が常に交わり合う場所が必要となる。パブリック・ワークというパースペクティブは、デューイのモダニスト的なバイアスを乗り越えていく。パブリック・ワークの枠組みにおいて、地域生活に埋め込まれた学校は、家族や集会などの仲介機関を「強化」し、学校を超えて市民生活を補強する。つまり、そのような仲介のための機関の代わりに学校を代用するということではない。

　加えて、デューイは、教育現場は子どもたちだけではなく、すべての年代の人々に開かれるべきと提唱した。彼は、「人生がとても専門的になり、分業はここまで及んでいるので、それ自体に対して何の説明も解釈もされない［…］ゆえに、教授するということや、意識経路を通じてもたらされる解釈に私たちは頼らなければならない」。そうやって、制度や社会の大きな働きについて何らかの感覚を得るのだと、デューイは考察した[27]。もし、20 世紀初頭が複雑に思えるとしたら、今日の世界は複雑さにおいて飛躍的な深まりを見せている。ハル・ハウスが新しく来た移民たちに全体的な知識を身につけさせたように、地域生活に埋め込まれた学校は、21 世紀における成人学習の中心となる可能性を秘めている。

　最後に、デューイは、ソーシャル・センターとしての学校において人々が、変貌していく労働の世界に対処できるようにする必要があるという。「人生を通してずっと勉強を続けなければならない」弁護士や医者のような例を用いながら、デューイは「弁護士や医者に当てはまることは［…］あらゆる階級や地位の人々にとっても［…］真実である。社会的、経済的そして知的な条件は、過去の歴史の中で思いもよらない速度で変化している。今では、教えることに関わる諸主体がこれらの変化に多かれ少なかれ沿ったかたちで維持されていないかぎり、かなりの数の人々が、自分たちが立ち往生したままコミュニティの負担となってしまうことに［…］気付くことになる」[28]。ロボットや高性能機器の時代において、変化を続ける労働の世界のなかで一世紀以上前にデューイが見た危険性は増大し続けている。これらの課題に接する地域生活の中にある教育現場は、人々が新しいスキルを最新の状態に保つことを支援する機会を提供できるし、人の配置転換に関係なく物事をこれまでよりも早くかつ低コストで行うことに焦点を置く今日の経済的効率性の論理を押し戻す可能性を保持することもできる。

　2016 年のいわゆるジョージア州の戦いは、市民によって運営された、市民センターとして再生する学校を広くアピールすることになった。人気ある共和党の州知事、ネイサン・ディール（Nathan Deal）は、「慢性的に失敗している」学校とそれらを支える税収の管理を自分が引き受けられるようにするために、憲法改正案を投票にかけた。彼の計画のもとでは、「失敗した」学校は新しい州政府の機関によって直接運営されるか、あるいは管理契約のもとでチャータースクールに転換され、利益を上げる事業にも開かれることになる。ディールは、憲法修正第 1 条（Amendment One）が「保護者に力を与え」、子どもたちを貧困と犯罪のサイクルに閉じ込めたままにする「容認できない危機」を終わらせると主張した。ディールが支持した 2012 年のジョージア州におけるチャータースクール構想に続いて、この改正は容易に可決されると期待された。

　この憲法修正第 1 条に反対するキャンペーンは身構えるように始まったが、そのキャンペーンが前進し、市民のオーガナイザーや地域の市民リーダーが加わり始めると、その枠組みは変化した。それは、地域力というポジティブなテーマを強調するものであった。反対派は、自分たちのグループを「ジョージアの学校を地元に引き止める委員会（Committee to Keep Georgia Schools Local）」と命名した。市民たちは、この改正案が権力の掌握を目論むものであることを描くとともに、よりよい指導方法、教師の指導、ないしはコミュニティのさらなる個別指導など、問題を抱えた学校を改善するための建設的な解決策を全く伴わない、間

違った解決策を提案していると指摘した。地域の学校連合は、労働組合のみなら
ず黒人聖職者やインナーシティのリーダー、ジョージア州 PTA、地方の教育委
員会—40 を超える改正に反対する決議案を可決した—、そして共和党の本拠地
を含む、多様なグループを惹きつけた。その結果、改正は 60 パーセント以上の
反対によって否決された。

　ベテランのコミュニティオーガナイザーで、産業地域事業団（IAF）南東地域
支部の前支部長、そして関係構築にもとづくオーガナイジングという IAF アプ
ローチの先駆者であるジェラルド・テイラー（Gerald Taylor）は、この地域の
学校連合のコンサルタントを務めた。彼は、一連の運動によって、今後さらにど
れくらい進むべきなのか明らかになっていることに気づいた。実は住民投票後、
ある保護者と教師のグループやその他の人々の間で衝突が起こった。しかし、そ
の運動が示していたのは、たいへん多様性に富む連合の可能性であった。その連
合とは、教育における地域力のテーマを用いて、人種に関わることや都市部と農
村部の格差など歩み寄りを見せることがないとみなされてきたことを架橋すると
いうものであった。それは、「良い政治」は「賢い政治」になり得ることを示し
た。テイラーの見方では、連合が成功するための鍵は、典型的な動員アプローチ
から地域の創造性アプローチへと転換することであった。例えば、運動中、ヤー
ドサインを許可するかどうかについての争いがあった。最初は選挙運動コンサル
タントに反対されたが、最後は地域コミュニティが勝利した。つまり、この運動
に、地域の文化や地域のリーダーシップを絡めたのであった。そして、テイラー
が「社会的知識」と呼ぶものと合わせて、テクノロジー、測定基準、そしてコ
ミュニケーションを文脈化すること、そして、より大きな学校のビジョンを描く
ことをこの運動は強調した。「私たちが主張したのは、学校は子どもたちを教え
る建物あるいは場所ということをはるかに超えたところにあるという点にある」
とテイラーはいう。「学校は地方コミュニティやインナーシティにおける集まり
の中心である。学校は地域経済のエンジンである。学校は地域の人々に所有権が
あるコミュニティの資産である」[29]。

　そのようなストーリーは、市民の問題として教育をめぐるオーガナイジングに
取り組むことの可能性を提唱する。それは、市場の選択や州の規定の問題として
ではなく、地域社会における市民学習を根拠とする。今後これを成し遂げるため
に、オーガナイジングによって、市民政治や「市民教師（citizen teacher）」を
再び生み出していくパブリック・ワークのアプローチを拡散することが必要とな
る。これが最初に現われたのは、1990 年代ミネソタ州セントポールにあるカト

リック系の学校であるセント・バーナード小学校だった。そこでは、自分たちの
遊び場を獲得するために生徒たちが自ら結集したのである。

訳註

1　2000 年代後半からアメリカの初等中等教育を中心に教育関係者の間で注目される
　　授業手法であり、説明型の講義など基本的な学習を宿題として授業前に行い、個別
　　指導やプロジェクト学習など知識の定着や応用力の育成に必要な学習を授業中に行
　　う教育方法とされる（山内祐平・大浦弘樹（2014）「序文」、バーグマン，J.・サム
　　ズ，A.『反転授業』山内・大浦（監修）、上原裕美子（訳）、オデッセイコミュニ
　　ケーションズ、3 頁）。
2　本書は、以下のとおり邦訳出版されている。キャシー・オニール『あなたを支配
　　し、社会を破壊する、AI・ビッグデータの罠』久保尚子訳、インターシフト社、
　　2018 年。
3　オバマ政権においては、いわゆる成績不振校を再建するための政策を「ターン・ア
　　ラウンド」政策として推進した。そこでは、学校の経営・ガバナンス、教育内容の
　　変更等を通じて成績改善を図ることが目指された。
4　ネットフリックス社の創業者、CEO。一方で、慈善事業にも多く取り組み、
　　チャーター・スクールを通じた教育改革を提唱する。
5　アメリカの非営利法人が主催するテストで、アメリカ大学入学の判定に用いられる
　　要素の一つである。
6　教育に関する世界有数の研究機関である ACER により、開発・運営されている、
　　生徒の学力を国際的に比較評価するためのプログラム。試験科目は、英語、数学、
　　科学、アラビア語、論理学からなる。2005 年から供用開始し、年々その対象範囲
　　を拡充している。https://ibt.acer.org/
7　ニューヨーク州に本部がある教育事業非営利団体ティーチ・フォー・アメリカ
　　（Teach For America：TFA）は、アメリカ国内の学部卒業生を、各地の教育困難
　　地域にある学校に常勤講師として派遣するプログラムを実施している。フィラデル
　　フィアは、その支部の一つである。
8　ローレンス・クレミン（Lawrence Cremin, 1925-1990）。教育史家として多くの著
　　述を残したほか、シカゴの教育調査団体であるスペンサー財団（the Spencer
　　Foundation）の理事長を務めた。
9　ベッツィ・デボス（Betsy DeVos, 1958-）。第 11 代アメリカ合衆国教育長官。政治
　　家、慈善活動家、教育活動家として活動。ミシガン州の共和党内の様々な社会的、
　　文化的、政治的活動で、指導的地位にあり、共和党の多くの役職に就いてきた。
10　デボラ・マイヤー（Deborah Meier, 1931-）。フィラデルフィア、ニューヨークの
　　公立小学校で教える仕事に 40 年以上従事。1970 年代から小学校、中等学校で教鞭
　　をとった後、ニューヨーク大学教授など、学界に入る。

3 パブリック・ワーク[訳注1]の文脈化[訳注2]

ハリー・C・ボイト

　旧約聖書の創世記にあるように、「耕す」という言葉の直後には「守る」という言葉が続くのである[訳注3]。両者はコインの表と裏の関係にあり、密接に結びついているである。すなわち、耕さない者は守ることをしない。故に、守らない者は耕さないのである。
——ローマ教皇フランシス　2015年の演説より[1]

文化の政治原則

　学校教育にパブリック・アチーブメント（Public Achievement）を導入する最初の試みは、セントポール市（Saint Paul）にあるハイランド・パーク高校（Highland Park High School）においてであった。その試みは、何年間も準備を重ねたものであったが、失敗に終わった。パブリック・アチーブメントの最初の大規模なパブリック・アクション[訳注4]は、二元論者的な党派政治モデルとは異なる市民政治の経験を若者に対して創造するというその意図とは異なり、怒りに基づく抗議行動であった。高校生たちは同校における「着帽禁止ルール」に対するストライキに乗り出していった。だが、このストライキは崩壊し、着帽禁止ルールだけが継続された。高校生たちは自分たちが考えていた以上に自分たちの活動がパワーに結びついていないことを悟ったのである。

　私たちのワーキンググループはこの試みが失敗に終わったことの根本的な理由に気付いた。それは、ハイランド・パーク高校における実験には文化という文脈について学ぶことも教えることも含まれていなかったことである。この十代の高校生たちは、自らの問題に終始し、高校という場所とその場所にいる人々が抱える複雑かつ対応が困難な状況に対し注意を払わなかった。パブリック・アチーブメントが若者に対し変化を起こしコミュニティに貢献するだけの自信とスキルを育む教授法として繁栄するためには、その実現には関係者全員が当該コミュニティの文化とその政治的要素に細心の注意を向けるようにする必要がある。

　簡単に言えば、ある場所の文化を理解するためには、偶然にまかせるのではなく、そのように意図することが求められる。学校の文化に身を置くことは呼吸に

似ている。すなわち、日常において当然のことになっているのである。学校の文化について考える際には、その規範、習慣、パワーを巡る関係を一定と仮定するために、過去を踏襲しがちである。それらは、変わりうるとしても、上層部によってしか変えることはできないであろう。ヨーロッパ系アメリカ人の場所特有の文化に対する知識不足（上流・中流プロテスタント白人階級（WASP）のアイデンティティがしばしば規範とされたために、特に英国からの移民の間において顕著であった）は、「前進」するためには文化的起源を無視する必要があるとの個人主義者の考えによって助長された。このことは 1890 年代の移民への助言にも見出せる。「汝の過去を、習慣を、理想を忘れよ。そして、進め、働け、行動せよ、そして汝自身の善を胸に刻め。これこそがアメリカにおける前進の方法だ」とある[2]。結局、学校とそれを取り巻く文化に対する知識不足は効率性を追求する姿勢により助長された。その結果、学校教育を取巻く文化は試験やスキルの習得の陰に隠れてしまったのである。

　対照的に、生徒に対するエンパワーメントの鍵は、学校や場の文化が継続的に変化することを学ぶことである。若者は、文化という文脈に特有な原則[訳注5]を理解すれば、その文化の変化を生み出すことができる。この種の市民政治は、今日のイデオロギーに支配された政治—"正しい側（グループ）"と"間違っている側（グループ）"との区別が重視される—に顕著な道徳的視点とは異なるアプローチを求めている。ハーバード大学大学院教育学研究科教授メイラ・レヴィンソン（Meira Levinson）は、ある黒人が多く通う都市部の学校で教鞭をとったが、そこで黒人生徒が疎外される様を目の当たりにし、文化という文脈に基づくアプローチを開発した。同校では、家族やコミュニティのネットワークを通じて形成されてきた黒人生徒の関係性に基づくアイデンティティが、学校の文化の中で競争主義的で個人主義的な規範と衝突していた。この衝突は、生徒は支配的な規範を当然のこととして受け入れるべきであるとの仮定から生じたものであった。そして、この仮定は、明示的・黙示的を問わず、黒人生徒の価値意識は"間違い"であるとのメッセージを伴っていた[3]。レヴィンソンは、自著『*No citizen Lete Behind*』の中で、"善"と"悪"の判断に依拠した文化的枠組みに代わる実践的な代替案を提唱している。彼女は、「パワー[訳注6]を関係的で文脈に根ざしたものとして」捉え、「エンパワメントを単なる個人の所有や地位を超えた集合的な状態として」捉えることを提起する[4]。彼女が戦略的言語転換と呼ぶものは、生徒に対し、学校の文化という言語を理解させ、「各々のコミュニティにはパワーとなる資源としての言語と文化があること」を学ばせるものである。すなわ

ち、「生徒たちは自分自身の考えを表現できるようになれば、多数派のメンバー
達も、少数派の子どもたちに対し間違った行動だと指摘するのではなく、彼らを
素直に理解し尊敬するようになる」というのである[5]。

　文化というパワーは、ある種の関係を構築するためのパワーであり、パワーが
有する生産としての側面を際立たせ、アイデンティティと文化を創造するための
パワーを包含している。そのような視点はまた、6 章で述べられているジェー
ン・アダムズとハル・ハウス（Hull House）のセツルメントの人々の伝統でもあ
る。ハル・ハウスでは、多様な背景をもつ人々がいかにして異なる文化を共存で
きるスペースが得られるかについて学ぶのである[6]。「アダムズ自身、若いころに
貧しい移民に対する優越感を有していたことは、部分的にではあるが、彼女のた
ぐいまれな教養に根拠づけられる。おそらく、彼女がそのような優越感を捨てた
ことほど、彼女の考えにおける重要な変容を劇的に示す出来事はない」とルイ
ス・ナイト（Louise Knight）はアダムズの伝記の中で述べている。アダムズが
書いているように、「教養のない人は狭い視野をもつしかなく、服装や習慣の違
いを克服することができず、その人の利害は徐々に限られた活動領域に押し込め
られるのである」と。対照的に、アダムズは教養のある人について「すべての
人々自身とかれらが有する多様な経験に対する理解を促進するようになる」と捉
えている。さらに、ナイトは「この教訓は彼女自身にのみ当てはまるのではな
く、［…］ハルハウスで働く多くの人々にもいえることである」と付言してい
る[7]。

　パブリック・アチーブメントはこのハルハウスの伝統を継承するものである。
それは、場の文化を含めた「ありのままの世界」を捉えることから始まるので
あって、生徒、コーチ、教師が理想とする世界を描くことから始まるものではな
い。パブリック・アチーブメントへの参加者は、変化を生み出すために、学校や
地域に実存する文化と関わるための知識、スキル、思考の習慣（habits of
mind）訳注7 を修得するのである。このパブリック・アチーブメントの政治や教授
法は、黙認や抗議を乗り越える道筋を提示するためのものである。

着帽禁止ルール反対運動までの道程

　ハイランド・パーク高校でのパブリック・アチーブメントの導入に先立って行
われた、広範囲に及ぶ対話、関係構築、オーガナイジングの取り組みが、パブ
リック・アチーブメントの実験の失敗を立て直すための基礎となった。その背景
となったのがミネソタ州政府教育局及びセントポール市市長室との連携であっ

た。この２つの機関はともに市民と連携することが政府の目的と捉えていた。

　私は、1987年にハンフリー研究所（Humphrey Institute）に赴任後、当時ミネソタ州政府教育局の局長補佐であったナン・スケルトン（Nan Skelton）とともに活動を開始した。私たちはユース・サービスに市民教育的側面を付加するよう試みた。当時スケルトンは、子どもの発達的アプローチに基づくユース・サービス・モデル（Youth Service Model）を州全体規模で組織していた。彼女は、若者の問題点ではなく、彼らの才能と能力に着目した教育政策を望んでいた。彼女はまた、コミュニティに対しても、教育と学びに対する視野を拡大し、教室を超えて多くの場所を教育や学びの現場にしたいと考えていた。彼女は、州全体から12のコミュニティを招き、単なる教科学習だけでなく、「子どもの全人格的な成長」に取り組むための戦略立案において州の教育局と協働した。スケルトンは2017年3月30日に行った私とのインタビューの中で次のように述べている。

　「各コミュニティは、自らが、子どもたちのために、そして子どもたちとともに、活動するための計画を立案してくれました。私たちは実業界、教会、学校、保護者、弁護士界を含むあらゆる人々を巻き込んでいったのです」[8]と。

　我々はこの計画に対し、「コミュニティの問題解決に若年層を巻き込むための行動計画を策定するという［…］生きた市民教育」[9]、すなわちシティズンシップとしての明確な特色を付加した。数年後の1993年には、パブリック・アチーブメントは軌道に乗り、私はホワイトハウスの大統領国内政策諮問委員会（the White House Domestic Policy Council）と一緒に活動するようになっていた。また、ナン・スケルトンもリリー・エンダウメント社（the Lilly Endowment）[訳注8]のプログラムオフィサーになっていた。私たちは全米のコミュニティ・サービス運動のリーダーたちやクリントン政権とともにシンポジウムを開催した。その後、ハンフリー研究所による設計支援のもと、アメリコー（AmeriCorps）[訳注9]がシティズンシップ教育課程を作成した。一方で、私たちはワーキンググループを組織し、独自の若年層向け市民教育イニシアチブを計画した[10]。

　我々はジム・シャイベル（Jim Scheibel）ときわめて重要な連携関係を醸成した。同氏は1989年に若年層に対するエンパワメントを公約に掲げてセントポール市長に当選していた。ジムは、非アングロサクソン系白人であり、労働者としての経歴をもち、私は1980年代初めから、短い期間ではあったが、市民財産センター（Citizen Heritage Center）において、米国の豊かな財産である民主主義に対する人々の意識を市民行動のネットワークへとつなげるために、彼と一緒に活動していた。ジムは自分自身を「市民政治家」と位置付けていた。高校時代に

は「カトリックワーカー運動（Catholic Worker movement）」の創始者であるド
ロシー・デイ（Dorothy Day）や、彼の高校を訪れたことのある反戦活動家ダニ
エル・ベリガン（Daniel Berrigan）といったカトリック教徒の活動家から啓発
を受けた。大学卒業後には、マクドノー市（McDonough）において公共住宅供
給プロジェクトの青年活動家となり、その後、西部地区においてコミュニティ・
オーガナイザーとなった。ジムは当時の経験について次のように述べている。
「私は自分が関わったコミュニティ・オーガナイジング^{訳注10} を通じて変化するこ
とと、オーガナイジングが生活を変えうることに気付きました」と。ジムは西部
地区組織（West Side Neighborhood Organization）が市当局に対し公園をつく
らせることに成功したことが重要な局面になったと回想する。同地区のリーダー
グループとの祝賀会において、ある女性が地元テレビのニュース番組に自身が
映っているのを見て言った。「歴史は読むばかりではなくて創るものだというこ
とが初めてわかりました」と。ジムは、この女性の発言から、人がみなコミュニ
ティの共同創造者になりうるという自信を得たのであった。そして、ジムは、セ
ントポール市長として勤務する傍ら、コミュニティ活動に熱心に関わった。「私
にとって市長の仕事は常に信用の共有でした。私が成し遂げたことは、コミュニ
ティ組織との協働によってなしえたものだったのです」[11] とジムは述べている。
1990 年にセントポール市は、ハンフリー研究所との間で、パブリック・アチー
ブメントを開始する旨の協定に調印した。当該協定書には次のように書かれてい
る。

　セントポール市は、よく練られたコミュニティの問題解決プロジェクトを通
　じて、多様な背景をもつ若年層に対し、[…] リーダーシップに必要な潜在能
　力の育成を支援し、[…] 市長の若年層育成に関する専門委員会は「パブリッ
　ク・アチーブメント」というモデルプログラムの試行に合意する。協定締結者
　であるパブリック・ライフプロジェクト（Project Public Life）、ハンフリー公
　共問題研究所、ミネソタ大学は「パブリック・アチーブメント」と称するモデ
　ルプログラムを開発する。[12]

　この合意が 1990 年 7 月 27 日に正式に調印されたことはまさに歴史的瞬間で
あった。
　私たちは、ティーンエイジャーが自分自身の考えを述べられるように、セント
ポール市とハンフリー研究所と連携して、彼らの考えを聴く場を設けた。著名な

黒人教育者の家系出身であるキャロル・マギー・ジョンソン（Carol McGee Johnson）と私が、これらパブリック・アチーブメントをコーディネートしたが、その際ケート・ホッグ（Kate Hogg）、レベッカ・ブロイヤー（Rebecca Breuer）、デニーズ・ビール（Denise Beal）の3人の青年が力を貸してくれた。このうちレベッカとデニーズの2人はクール（COOL）といわれる奉仕活動を組織した大学生のリーダーであった。私たちはセントポール市の10代の若者たち300人以上を対象に、彼らの活動場所に赴き、21回に及ぶディスカッションを開催した。ディスカッションを開催した場所としては、コモ公園高校（Como High School）の演劇クラスから4Hクラブまで、郊外から公営住宅や社会復帰訓練所であるトーテムタウン（Totem Town）にまで及んだ。このディスカッションの目標は、解放運動のもとでの市民学校に相当する「若年層エンパワメント・イニシアチブ」に対する関心を測ることであった。私はその運動（＝解放運動）で若い人たちがとても重要な役割を果たしたことを説明したが、このことは十代の若者のほとんどが知らない事実であった。

　私は10代の若者に、何か不安に思っている問題はあるかと質問を投げ掛けた。いずれのグループも多くの問題を訴えた。これらの問題は若者が抱えている背景[訳注11] によって様々であった。都市部の10代の若者は、走行中の車からの発砲、犯罪、強盗、学校による生徒の生活に対する無関心を挙げていた。一方、郊外では、家族団欒の不足、自殺、麻薬、過剰なまでの競争心が多くみられた。全体を通して、若者は自分を取り巻く環境や社会に出ることに対する不安を表明していた。しかし、次に尋ねた「抱えている問題に対し、自分が何かできることがあると思いますか」という質問には、全員が困惑した。若者たちが言うには、今までこのような質問をされたことはないとのことであった。ほとんどの若者が、それまで社会をどのように変えるかについて学んだことはなかったものの、ほぼ全員がそれを学ぶことには興味があると回答した。これらのことから、パブリック・アチーブメントは民主主義の意味を問い直す過程でなければならないことが明らかとなった。

　10代の若者たちは私たちがパブリック・アチーブメントを教授法上のアプローチとしてデザインする上で助けとなってくれた。例えば、彼らは“コーチ”というアイデアを提案した。ここでいうコーチとは、代わりに行ってくれる存在ではなく、「同じ現場に立ち」、子どもたちの努力に対し、課題を提示し、助言し、支援する大人（若者たちは特に大学生がもつアイデアを好んだ）のことである。子どもたちは自らが選んだイシューに対しチームとして活動するという考え

に大いに共鳴した。私たちがパブリック・アチーブメントを（政党政治や官僚とは）「異なる意味での政治」と捉えれば、政治に対する関心を生み出すことは難しいことではなくなった。では、パブリック・アチーブメントが政治教育であるというのはどのような意味においてであろうか。パブリック・アチーブメントは、政党や官僚ではなく日常の市民が中心であり、変化を起こす（問題を解決する）ためのスキルを教えるという意味において政治教育なのである。

　私たちは、既述したディスカッションに加えて、セントポール市のマーティン・ルーサー・キング・レクリエーションセンターにおいて若者と政治をテーマに２つの会議を開催した。最初の会議は、「若年層と民主主義：ルールの創造は可能か」と題して、1989年4月14日と15日の2日間にわたって開催され、州内の各地から150人の中高生をハンフリー研究所に集めた。若者たちは当該イベントのためのルールをつくったが、それらは、とりわけ他の人々の声に対する“傾聴”、“尊敬”、“譲歩”、“協力”、お互いに対する“賞賛”、“罪への動機抑制”、“怒りの抑制”、“偏見からの解放”といった若者らしい着眼であった。参加した若者たちが私の古くからの友人でフォーク歌手であるラリー・ロング（Larry Long）の支援を受けてつくった歌がある。この歌には若者たちが今すぐに立ち上がる必要があるとの思いが込められている。

　この歌は次のように始まる。

　壊れた家が立ち並ぶ通りで、こどもたちは予想以上に早く大人になっていく。
　サイレンが鳴り響く。
　君の家とぼくの家の間で。
　（そして、若者たちは次の節を繰返し合唱した。）
　これが私たちの思想なんだ。
　これが私たちの未来なんだ。
　これが私たちの声であり、生活なんだ。
　私たちは若いのであって、子どもではない。
　私たちは自らの生活のために立ち上がるんだ[13]。

　2番目の会議は、1990年5月17日に開催された。この会議において、パブリック・アチーブメントが正式に開始されることになった。その年の秋には、複数のグループが手を取り合って、いくつかのパイロットチームを結成し、市民政治を試行した。結成されたパイロットチームの中には、西部地区市民機構（the

West Side Citizen Organization）、聖アンソニー連合キリスト教会（Saint Anthony United Church of Christ）、エッジカム長老教会（Edgecombe Presbyterian Church）、都市間カトリック連合体（Inter-Urban Catholic Coalition）、エイトキン郡4-Hクラブ（Aitkin County 4-H）、レキシントン／ハムライン地域連合体（Lexington/Hamline Neighborhood Connection）が含まれていた。これらチームは、大人と児童・生徒間のコミュニケーション、民族間対立、10代の母をもつ子どもたちへのデイケア、学校における意思決定といったイシューを取り上げた[14]。

　このような準備段階を経て、我々はハイランド・パーク高校においてパブリック・アチーブメントを開始した。同校の校長は市民的な教授法の試行に賛同してくれた。私はミネソタ大学の授業で、大学生のコーチを集めた。私たちは毎週ハイランド・パーク高校に通った。大学生のコーチたちは同校の生徒たちと取り組むべきイシューを特定するための活動を始めた。私たちは毎週コーチの振り返りの場を設けた。しかし、生徒やコーチと活動するスタッフは、その学校と近隣地域の文化的規範や慣習について学べていなかった。すなわち、学校の歴史、ミッション、経験豊富な教師の信念、校長の立場[訳注12]やビジョン、教職員がパブリック・アチーブメントの試行に同意した理由、親やコミュニティと学校との関係といったことに思考が及ばなかった。

　その年の春に、同校の校長が生徒の着帽を禁止する新たなルールを発表したことに生徒たちは激怒した。その結果、"エンパワメント"という概念が緊急の課題となった。にもかかわらず、議論は即座に着帽禁止ルールの廃止を要求することに収斂した。校長がこの要求を拒否したことで、何百人もの生徒が授業をボイコットした。[訳注13] これに対し、校長はひるむことなく記者会見を開き当該ルールの継続を表明した。当時は帽子の色が不良グループのシンボルになっていた。記者会見の中で、校長は「（帽子をかぶることで）不良グループに対し校内で自らのグループの宣伝をさせるわけにはいかないのです」と述べた。授業ボイコットに対する世間の非難と不良グループによる宣伝活動防止に対する擁護に直面し、授業ボイコットは間もなく失敗に終わった。私は授業ボイコットのリーダーたちに今回のことから何を学んだかについて質問をぶつけてみた。すると、リーダーの一人が「考えていた以上に事態が悪化してしまいました。何も変えることができませんでした」と答えた。

根付くパブリック・アチーブメント

　授業ボイコットの失敗を受けて、私はオーガナイジングの実践について多く考えるようになった。このオーガナイジングこそ、生徒たちが特に利害の対立するイシューの解決に寄与しうる学校の規範について理解し、その解決を実現するために学びうる手法なのである。私たちのチームはまた、ミネソタ州におけるパブリック・アチーブメントを育んだエンパワメントの教育的基盤について意見を交わした。ジェーン・アダムズは、彼女が創設したハル・ハウスのセツルメントのアプローチがツイン・シティーズ（the Twin Cities）において強力な存在となって以来、パブリック・アチーブメントの重要な基盤となった。アダムズは、公式、非公式を問わずコミュニティの生活における市民センターとしての学校の重要性を主張した。

　ミネソタ州はハル・ハウスの経験に代表されるようにコミュニティセンター建設の輝かしい歴史を有している。1920 年代と 1930 年代には、ツイン・シティーズにある 11 のコミュニティセンターが移民に対し彼らの才能と教養[訳注14] を米国社会に統合するための場となった。ミネソタ大学の学生の中には当該センターの上階に住む者も多く、近隣地域の子どもたちに自らが学んだことを教える代わりに無償で部屋と食事が提供された。このコミュニティセンターは、ミネアポリス公立学区（Minneapolis Public Schools）初の黒人学区長となったリチャード・グリーン（Richard Green）を輩出し、1940 年代と 1950 年代にはその数がさらに増加した。ミネアポリス市の北側にあるフィリス・ウィートレイコミュニティセンター（Phyllis Wheatley Settlement House）はアフリカ系アメリカ人コミュニティの中心になったと、グリーンは回想している。彼はこのウィートレイコミュニティセンターをコミュニティの「コモンズ（commons）」と呼んでいる。ここでいうコモンズとは公共活動と教会、家族、地場ビジネスとの関係づくりを行うための市民センターのことである。[訳注15] このコモンズというある種のスペースは公立学校の在り方について模範事例となった。このウィートレイ施設のビジョンはミネアポリスの教育者と家族に影響を与えたが、それはグリーンが学校の校長を務めた 1980 年代のことであった。このウィートレイのセツルメントは勤勉、自律、説明責任、達成、譲歩を教育する場となった。グリーンは、「我々のコミュニティは、富を生み出すコミュニティではないとしても、協力で成り立つコミュニティであり、若者の健全な育成を支援するコミュニティといえます」と述べた[15]。（このグリーンの言葉を聞いて）私たちは、パブリック・アチーブメントについて、以前にも増して、学校がコミュニティにおける市民生活の一部となる

ための教育方法と考えるようになった。こうして、パブリック・アチーブメント
はセントポール市のノース・ライス（North Rice）にあるセント・バーナード小
学校において根付いていくことになるのである。

パブリック・アチーブメントの本拠地セント・バーナード小学校

　セント・バーナード小学校においてパブリック・アチーブメントが開始された
ときの校長であったデニス・ドノヴァン（Dennis Donovan）は、周囲の人々が
つられて笑ってしまうほどの笑いの持ち主で、あらゆる人々の中に可能性を見出
すことについて素晴らしく前向きな人物である。私はこれまで彼のような顔が広
い人物に会ったことはない。このデニスの才能は、宗教崇拝、祝福、互酬性に満
ち溢れたイタリア系コミュニティとアイルランド系コミュニティに広がる家族関
係に由来する。デニスはマイダス・タッチ（the Midas Touch）訳注16という音楽
バンドを率いており、マンシーニ・ナイトクラブ（Mancini's night club）で何十
年間もロックンロールを演奏している。マンシーニ・ナイトクラブは、セント
ポール市の西7番街にあり、多民族交流の場となっている。かれには、音楽界に
何百人もの知人がいるのに加え、何十年にも及ぶ教育者、カトリック学校校長、
パブリック・アチーブメントのリード・オーガナイザーとしての経験を通じ、さ
らに何百人の知人がいる。

　デニスはまた、ジェーン・アダムズ流の教育改革にも熱心である。彼のいう教
育改革は、古典的なやり方ではあるが、「引出し法」といわれるものである。そ
れは生徒がもつ才能と能力を公共に資するために解放するというものである。セ
ントバーナード小学校において、デニスは低所得の労働者階級が多い地区に住む
児童に対し、カトリックの社会的教育から学んだ価値に基づいて活動するよう望
んだ。彼はまた、生徒に希望をもってほしいと願っていた。彼にはコミュニ
ティ・オーガナイジングを通じて、変化に対する希望をより現実に近づけること
ができたという経験があった。デニスは教会を基盤とするオーガナイジング・グ
ループのリーダーとなった。このグループは、セント・ポール市全キリスト教同
盟（Saint Paul Ecumenical Alliance：SPEAC）といわれ、バラク・オバマ前米
国大統領をシカゴの若きオーガナイザーとして輩出した広域コミュニティ組織で
あるガマリエル・ネットワーク（Gamaliel Network）訳注17の一部であった。デ
ニスは、私と初めて会った時に、「コミュニティ・オーガナイジングから学んだ
のは、オーガナイジングの専門用語でいえば "ワン・オン・ワン" 訳注18 という利
害共通化の手法」であると述べた。このワン・オン・ワンにおいては、ミーティ

ングを始める人は、心を揺さぶられた生き方や熱意といった「相手が何に興味をもつのか」を引出すことが求められる。また、この手法のポイントは、ある人について深く知ることだけでなく、相手と共通の利害を見出すことでもある。デニスとのミーティングにおいて"ワン・オン・ワン"を通じて利害の共通化を図る相手は私ということになる。

　私は、デニスに対し、解放運動における自身の経験や、若者が世界において何ができるのか、なぜそれが重要なのかという意味での「公共心（public selves）」を身につけるにつれて、変わっていくのを目の当たりにしたことを話した。我々二人は、若者がこのような機会を得ることがまれであるということで意見が一致した。私はデニスに対し、カトリックがもつ社会に対する考え方を高く評価していると伝えた[16]。

　デニスは子どもたちの教育に対し熱意をもっていた。「私の学校にいる児童は希望を失っています。彼らに大人になったら何をしたいのと尋ねると、成功する展望がもてないとの答えが返ってくることがあります。私は生徒に希望をもってほしいと願っています。生徒たちには私が SPEAC で経験したのと同様の機会が必要です」と彼は語った。

　当時、デニスは教会を基盤とするコミュニティ組織の教育会議で座長をつとめており、公立学校と教会が設立した学校の双方をまとめ、セントポール市の教育政策に影響を与えるまでになっていた。デニスの視点からすれば、彼と仲間が経験した「説明責任の文化」における変化も同じく重要であった。この説明責任の文化とは、人々に対しパブリックと関わるうえでの才能を育成するための基礎となるものである。「パブリックと関わりをもつ中で児童の才能を伸ばすことが常に課題でしたが、これこそが私が生徒に望むことでした」と彼は回想した。さらに、彼は「私はかつて人前で話をすることや物事を書いて表現することが苦手でした」と打ち明けた。彼は、SPEAC のイベントにおいて教育に関する大きな講演を行うことになり、30 人の前で練習した。「聴衆からは、『最低だ！』とか『やる気あるのか！』といった率直な批判がありました。彼らの批判を受け、私はレヴァーランド・バトル（Reverend Battle）という同じ地区にいる SPEAC の雄弁な牧師に相談しました。その結果、教育を変革したいのであれば、その意味をしっかりと理解する必要があると悟ったのです。そこで、私は、レヴァーランド・バトルに学び、彼の話し方を観察しました。こうして、私はあえて苦手であったことに挑むようになったのです」[17]とデニスは述懐した。

　1990 年の秋、デニスは 16 のカトリック系の学校を組織して、マーティン・

ルーサー・キング牧師記念式典を次の年に開催する企画を行った。デニスは、その企画において、パブリック・アチーブメントと同様の手法を用い、生徒が主導して式典のために何をすべきかを決めた。1991年の着帽禁止ルールを巡る授業ボイコットの後、デニスと私はパブリック・アチーブメントがセント・バーナード小学校においてどのように機能するかを考えるようになった。私は、セント・バーナード小学校がコミュニティにおける生活の中心であることに気付いた。すなわち、この学校において、パブリック・アチーブメントは、子どもへのエンパワメントの教授法と、コミュニティと学校の関係を構築し強化するための方法の双方になりえると考えたのであった。

セント・バーナード教会とそれに付属する小学校は1891年に開校した。1900年代の初めまでは、生徒たちは「14の小さな教室にイワシの缶詰のごとくに詰め込まれていた」。学校と教区は北端地区のコミュニティにおいて主要な役割を果たした。「日曜日の朝には、セント・バーナード教会の鐘が屋根の上にこだまし、［…］その音の響き渡る範囲が一つの地域訳注19を形作っていたのである。それはまるでセント・メアリーボウ教会の鐘の音が聞こえる地域に育ったロンドン子のようであった。セント・バーナード教会の鐘の音が聞こえる地域に生まれたならば、その人はノースエンダー（North Ender）とよばれる地域の一員となるのである」[18]とある地元の建築作家が書いている。その後、北端地域には次から次へと移民の波が押し寄せ、ライス通り沿いに小規模な商店が立ち並ぶようになり、それはツイン・シティーズにおける商店街の一つとなった。ドイツ、オーストリア、ハンガリー、ルーマニアからの中・東欧系移民に続いて、ポーランド系、イタリア系、アフリカ系、ラテンアメリカ系、（東南アジアの人里離れた山岳村落に住む）フモング族系（Hmong）の移民がやって来た。いずれの移民コミュニティにはカトリック信者がいたため、移民間の衝突も起こった。古くからいるカトリック系移民グループは、新たにやって来た移民グループを競争相手とみなすようになったのである。

したがって、セント・バーナード小学校は自ずと文化のるつぼとなった。カトリック文化、移民文化、地域文化が混ざり合うことになったのである。その結果、セント・バーナード小学校は、異なる文化をもつ子どもたちが出会う場所となる一方で、民族間対立の場にもなった。デニスは、パブリック・アチーブメントには、子どもたちに対するエンパワメントと、学校を市民のためのスペースへと改善するだけの潜在力があると考えた。すなわち、パブリック・アチーブメントを通じて学校が市民のためのスペースとなることで、異なる文化をもつ人々が

相互に建設的な関係を築く方法を学ぶというのである。

　パブリック・アチーブメントの１年目には３つのチームが編成された。一つは７年生の少女たちからなるグループで、生徒たちは“セクシャルハラスメント”を取り組むべきイシューに選んだ。ハンフリー研究所で私の学生の一人であったメリッサ・バス（Melissa Bass）は、このチームのコーチになることを希望し、当該グループと一緒に活動するようになった。何人かの保守的なカトリック信者の教員は、カトリックの教育機関としてはふさわしくないとして、セクシャルハラスメントを解決すべきイシューとして取り上げることに反対した。

　男女同権論活動家としての経験を有するメリッサは、カトリック信者である教員の事なかれ主義に対し怒りをあらわにしたが、メリッサは生徒の少女たちが政治的な経験を積んでいくことに強い関心を抱いたのだった。デニスは、メリッサと一緒に「ワン・オン・ワンミーティング」を開催するという戦略を立てた。このミーティングにおいては、当該の女子生徒たちが、女子生徒と男子生徒との関係について多様な考えをもてるように、他の女子生徒、教諭、事務職員、他の学校コミュニティ関係者と協働するというものであった。その結果、ほぼ全員が女子生徒と男子生徒の関係においては緊張があることを認めた。当該チームは、セクシャルハラスメントから「尊厳の不足」へとイシューの本質を再構築した。異なる視点や利害をもつ人々の意見を取り入れることによる問題の再構築はそれ以来、パブリック・アチーブメントの典型的手法となった。

　取り組むべきイシューの再構築により、セクシャルハラスメントを取り上げることに懐疑的であった教員たちもこのプロジェクトに賛同した。当該チームは、その年度中にわたって、多様な要素をもつアプローチを開発した。それには、低学年の生徒向けに尊厳をテーマにした演劇を創作すること、学校内や市内において講演をすること、当該テーマに関するカリキュラムを作成することなどが含まれていた。この過程で、複雑な家庭環境で育ち、当該グループを立ち上げた女子生徒レイチェル（Rachel）は、成績が著しく向上し、立派なパブリック・リーダーとなった。私は、解放運動においても、問題を抱えた子どもたちが、自身の価値に気づき、社会における自分たちの活動の重要性を認識するにつれて、レイチェルのような変化を遂げるのをよく目の当たりにしていた。私は、解放運動のような市民運動を経験せずしてこうした成長が可能なのかわかりかねていたが、セント・バーナード小学校におけるパブリック・アチーブメントは初年度においてそれが可能であることを示したのであった。

　セント・バーナード小学校副校長のジェフ・マウラー（Jeff Maurer）は、デ

ニスがパブリック・アチーブメントにとって「右腕」とも「縁の下の力持ち」とも呼ぶ人物であるが、彼は次のようにレイチェルの変化を指摘した。

　「レイチェルは堂々としていたが、目的をもてず、勉強においても遅れや困難がありました。しかしパブリック・アチーブメントに取り組み始めた年は、1年を通じて、確固たる決意と意志をもち続け、目的意識をもつようになりました。彼女は他の生徒に対し私がそれまで生徒ができるとは思わなかったことをさせることができたのです」と。ジェフは、「生徒は取り組むべきイシューを特定し、その解決に向けて行動する過程に関わることにより変わりうる」[19] と自身が述べているように、レイチェルの成長に "驚きを隠せなかった"。

　セント・バーナード小学校におけるパブリック・アチーブメントの初期段階で、その後のパブリック・アチーブメントの教授法の核となる実践例や行動規範がつくられた。既述の「ワン・オン・ワンミーティング」に加え、私たちが「パワー・マッピング」と呼ぶ手法をすべてのチームが実践した。パワー・マッピングでは、取り組むべきイシュー（尊厳、リサイクル、いじめ、学校給食、地雷など）を用紙や黒板の中心に描き、「誰がこのイシューに利害をもっているか」という議題についてブレインストーミングを行う。このパワー・マッピングの中で、各チームは一般的な所属・身分（生徒、保護者、教諭、守衛など）にとどまらず、対話すべき具体的な人々を挙げることが勧奨される。パワー・マッピングは、パブリック・アチーブメントの利害関係づくりに向けた起点といえる。各チームは、新たな情報を収集しては "マップ" を見直すことになる。ワン・オン・ワンミーティングと同様に、パワー・マッピングは関係構築のための実践手法である。パワー・マッピングはまた、若者たちの "パワー" に対する認識を根本的に変えるものである。パブリック・アチーブメントへの参加者は、パワーを「誰かがもっていて、自分たちはもっていない」というような関係軸で抽象的に捉えるのではなく、パワーには多くの種類があること、いかなる課題にも多くの利害が絡んでいること、さらには問題に取り組むうえでは多くの潜在的な方法があることを見出すのである。

　パブリック・アチーブメントにおける第三の主要な実践手法は「パブリック・エバリュエーション」あるいは単に「ディブリーフィング」といわれるものである。これは、毎回のミーティング終了時の数分を使い、その日に起こったこと、どのように活動を行ったのか、参加者が活動に対して献身的に取り組んでいるか、といった課題について振り返りを行うものである。ザック・バウマン（Zach Bauman）が述べているように、このディブリーフィングは、仲間らがお

互いの言動に責任をもつことについて学ぶうえで、強力な方法であるといえる。さらに、この手法は失敗を恐れない学習習慣を醸成する。優れたパブリック・アチーブメントのチームワークにおいては、若者たちは、失敗とは、何事にもつきものであり、貴重な教材にもなりうることを学ぶのである。チーム・ディブリーフィング、それよりも長い時間をかけて行われるコーチ・ディブリーフィングによって補完される。コーチ・ディブリーフィングには、コーチをオーガナイズし、支援する「コーチ・コーディネーター」も同席する。セント・バーナード小学校におけるパブリック・アチーブメントでは、1章でも述べたように、ミネソタ大学政治学科のジム・ファー（Jim Farr）がこの機能の生みの親である。

　パブリック・アチーブメントはまた、それに関わる人々のネットワークに共通の行動規範を生み出した。チームは通常、自分たちのルールを設定することから活動を始める。そのルールはお互いに対する言動に責任をもつ姿勢を大いに促進するためのものである。かれらはチームに名前もつける。例えば、トイレをきれいにするチームであれば「バスルーム・バスターズ（Bathroom Busters）」という具合である。次に、チームのミッション・ステートメントを作成する。さらに、各チームは、進行、タイムキーパー、記録、ディブリーフィング・リーダーなどのメンバーが果たすべき役割を設定し、それらを交替で担当するのである。ある意味ジョブローテーションのように、チームのメンバーは多様なパブリックとしての活動を経験できるようになる。そのパブリックとしての活動には、ロール・プレーイング、プレゼンテーション、投書、相互のフィードバック、などが含まれる。

　ジェフ・マウラーは、パブリック・アチーブメントがセント・バーナード小学校において成長した時の課題と成果を回想している。それによれば、パブリック・アチーブメントは、より多くのコーチが関わるようになったことにより、3年生から8年生の生徒に対し参加する機会を創り出すことになったという。パブリック・アチーブメントにおいて、確固とした原則は、参加はあくまで本人の自由意思に基づくということである。参加を希望しない生徒には、自習時間のような他の選択肢も設けられる。セント・バーナード小学校においては、その多くの現場がそうであったように、過半数をはるかに超える生徒が自らパブリック・アチーブメントに参加した。

　生徒はこれらのパブリック・アチーブメントのプロジェクトに強く動機づけられていった。私は、多くのパブリック・アチーブメントの現場において、子どもたちや10代の若者たちが「パブリック・アチーブメントは好きなことをできる

機会です」と言うのを何度も耳にした。ベテランの教師たちは、このような動機
を教科の学習に結びつけるために活用した。ジェフは先述したレイチェルの例に
戻って、「パブリック・アチーブメントのプロジェクトが彼女の達成したいこと
であったために、彼女の書く・話すスキルは大幅に改善しました。私はパブリッ
ク・アチーブメントを私たちが教えたいと望む基本的スキルの教育に結びつける
例を多くみてきました。これが可能になるのは、生徒が基本的なスキルを現実の
状況の中で学び、それを実際の目的に活用するからです」と彼は述べている。こ
のように、パブリック・アチーブメントを基本的なスキルを育てるための教育へ
と結びつけることは共通のこととなったのである。

　ジェフはまた、パブリック・アチーブメントを実践するうえでの障壁を挙げて
いる。「パブリック・アチーブメントは素晴らしい響きがある反面、問題もあり
ます。それは、パブリック・アチーブメントと他の教育システムとのすみわけで
す。パブリック・アチーブメントは新たに付加された教育とみなされがちです。
すなわち、それは余分な仕事になりうるのです」と彼は説明している。さらに
は、業務運営上の困難も横たわっている。ジェフは常に時間、資源、教務のそれ
ぞれについてパブリック・アチーブメントと通常の教育との間で対立する要求を
調整しなければならなかった。最終的には、注目度とパワーの強さで優先順位を
決めるしかない。「パブリック・アチーブメントでは、教員ではなく生徒にス
ポットライトが当てられます。子どもたちはまた、当然と考えてきたことに対し
て疑問をもち始めます」。さらに 21 世紀になると、生徒、教員、あるいは校長に
重大な影響を及ぼすテスト重視の政策の広がりにより、これらの両立に向けて一
層大きな課題が加わることになったのである。

　セント・バーナード小学校では、生徒は教員のパブリック・アチーブメントに
対する懐疑心を克服するための戦略を立てることがあった。「ある教員はパブ
リック・アチーブメントに頑なに反対していました」とジェフは回想している。
生徒たちは当該教員を仲間として巻き込むことを決めた。「子どもたちは当該教
員のもとへ行き、書いたものを添削し、イシューに取り組むために作成した写真
やポスターを見てもらうよう頼みました。その結果、当該教員はパブリック・ア
チーブメントに引き込まれていきました。後年、私たちはパブリック・アチーブ
メントを高校に導入することになりましたが、その際この教員は教員の会議にお
いてパブリック・アチーブメントの代弁者となったのです」[20] とジェフは述べてい
る。

　その後数年間、生徒たちは 1 章で述べた「遊び場づくり」以外にも多くのキャ

ンペーンを行った。3年生のあるグループは、近隣地域を通じて何百人もの子どもと成人からなる「平和行進」を組織し、若者が車からの発砲により狙撃された現場を訪れた。彼らは、保護者、別の教会、そして警察を当該キャンペーンに巻き込んだ。1990年代半ばまでには、国中から多くの人々がセント・バーナード小学校を訪れるようになった。生徒たちはその訪問客を歓迎し、学校内を案内し、パブリック・アチーブメントの参加者によるディスカッションを組織し、かれらの取り組みについて説明した。かつて、子どもの発達分野における第一線の研究者グループがセント・バーナード小学校を訪れたことがあった。研究者たちは、こども達が平和行進について話すのを聞いたが、その話を信じなかった。ある研究者は、「すべての研究をみても、この年齢の子どもたちには平和行進のような活動は無理です」というのだ。当該研究者によるその時の発言は私に18世紀における医師の話を思い起こさせてくれた。当時、医師たちの理論では血液は流れるものではないと考えられていた。故に、当時の医師たちは血液が体内から流れ出ているとはまったく"考え"なかったのである。

　子どもたちはまた、地雷問題のようなグローバルなイシューを取り上げ、戦争終結から長い年月が経ってもなお引き起こされる破壊を懸念する米国中のグループと連携した。プロジェクトの中にはユーモアを取り入れたものもあった。チャールズ・シュルツ（Charles Schulz）は、著名な風刺漫画家で、続きコマ漫画であるピーナッツ（*Peanuts*）の創始者であり、セントポール市育ちである。彼はまさに地元のヒーローであった。彼の友人の一人が地元業界の支援を受けてセントポール市居住促進キャンペーンを始めた。そのキャンペーンには、スヌーピー犬を含むピーナッツに登場するキャラクターの彫像が使われ、その彫像はライス通り（Rice Street）に設置された。ある夜、破壊者がスヌーピーの頭を外して持ち去った。地域住民はこれに激怒した。セント・バーナード小学校の生徒たちは、スヌーピーの頭を取り戻すべく、即座にパブリック・アチーブメントの特別チームを結成した。活動を開始して間もなく、スヌーピーの頭は裏庭のような場所で見つかった。生徒たちは、これで活動を終わりにするのではなく、計画を改訂して、地域でスヌーピーの歓迎会を開催した。「この歓迎会には動物に関心のあるあらゆる人々が集まりました。私たちは体育館で鳥問題を懸念する鳥対策グループのメンバーと会合をもちました。そこでは警察犬が芸を披露し、市長と他の市職員も姿をみせてくれました。参加した人々はスヌーピーと一緒に写真を撮ったりもしました」とジェフは回想する。今回の結果は地域全体で理解されるようになった。「スヌーピーが戻った時、コミュニティに対して初めて怒りをも

たらした事件は、コミュニティにとって誇りに変わりました。スヌーピーの彫像は、図書室に常設されるまでは、暫時セント・バーナード小学校の玄関に置かれ、スヌーピーを愛する生徒たちによって守られていたのです」ともジェフは回想している。

　デニス・ドノヴァンはジェフに対しタミシャ・アンダーソン（Tamisha Anderson）がデニスとのインタビューの中で指摘していたパブリック・アチーブメントの原動力について尋ねた。彼女は「いわゆる"オタク"といわれる子どもたちがパブリック・アチーブメントにおいて活躍することがよくあります」とデニスとのインタビューで述べている。これに対しジェフは「オタクだけではないですよ」と付言した。彼によれば「学級というチームになじめない問題児とみられている子どもたちが、パブリック・アチーブメントに関わることによりリーダーとなりました」というのである。その一因は、その問題児といわれる子どもたちがこれまで人々に自身の声を聴いてもらえる機会がなかったことにある。かれらはすべきことを指示されることに慣れていた。しかし、今回はパワーをもつことができ、子どもたちは誇りと賞賛を得ることができたのである。

　パブリック・アチーブメントには多くの波及効果がある。「それは教師としての私を変えてくれました。私は、生徒たちが教育に対し当事者意識をもつように、彼らを教育に関わらせたのです。私の学級では、我々はどこへ向かうべきか。また、なぜそうしなければならないのかについて、他の学級よりも多く議論をしました。私たちは生徒たちを意思決定に引き込んだのです」とジェフは述べた。彼はまた、学校中で変化を目の当たりにした。その変化についてジェフは次のように述べている「パブリック・アチーブメントはますますセント・バーナード小学校の一部となっていきました。パブリック・アチーブメントは生徒に対し自身の考えを述べる機会を提供しました。私たちでさえ、教員の会議をパブリック・アチーブメントの方法に倣い、会の終了時には振り返りを行うようになりました。学級でも、教員たちは授業の進行状況や方向性を振り返るようになったのです。これは、生徒たちが教育に寄与する存在となったことを示しています。生徒たちは、パブリック・アチーブメントを通じて、大人と一緒に活動することにより目標を達成するための方法を学んだのです」と。

　1997年までには、セント・バーナード小学校の生徒たちはパブリック・アチーブメントを普及させるための戦略づくりを始めるまでになっていた。彼らは各地の若者に、パブリック・アチーブメントを広めたいと考えた。

さらなる舞台へ—ミネソタ州を超えて

　セント・バーナード小学校におけるパブリック・アチーブメントは新たな舞台を迎えた。ジョージア州選出の民主党議員サム・ナン（Sam Nunn）とレーガン政権下の共和党出身教育長官ウイリアム・ベネット（William Bennet）が設置した著名な全米市民性再生委員会（National Commission on Civic Renewal）^{訳注20}は、党派を超えた市民、宗教界、実業界、労働組合のリーダーからなるグループであったが、元々は私たちの民主主義と市民性のためのセンター（Center for Democracy and Citizenship）がクリントン政権とともに組織した「シティズンシップの再構築（Reinventing Citizenship)」のプロジェクトから生まれたものであった。当該委員会は、米国における市民社会衰退の根本的原因を分析しその解決方法を提案する任を負っていた。当該委員会は、この問題を扱うために、有識者や市民グループの証言に耳を傾けた。パブリック・アチーブメントは、これら発表を許される市民グループの一つに選ばれ、タミシャ・アンダーソンとベッキー・ヴィフラチュ（Becky Wichlacz）がその発表のためにワシントンに向かった。ワシントンに招待されたコミュニティ開発のグループ、若年層向けサービス提供組織、市民派ジャーナリスト、市民教育プロジェクトの中にあって、タミシャとベッキーの活躍が顕著であった。カルメン・シリアーニ（Carmen Sirianni）とルー・フリードランド（Lew Friedland）はその著書『*Civic Innovation in America*』において次のように述べている。

　「セントポール市内にあるセント・バーナード小学校パブリック・アチーブメントチームのベッキー・ヴィフラチュ（13 歳）とタミシャ・アンダーソン（11 歳）こそが、すべてのセッションの中で最も深遠で関心を引く発表を行っていた。［…］委員会の中には、父親の無い家庭を市民社会が抱える多くの問題の元凶と考えるものもいるが、彼女たちはその父親の無い家庭の出身であった。それにもかかわらず、彼女たちは、自らの生活におけるパブリック・ワークの遂行能力に関して、端的でありながらも論旨明快で感銘を与える議論へと当該委員会を巻き込んでいったのである」²¹ と回想している。

　1997 年の春には、ベッキーは生徒によるパブリック・アチーブメントの組織づくりを支援した。その生徒たちによるパブリック・アチーブメントのプロジェクトは、ワシントンにいる影響力のあるリーダーたちからパブリック・アチーブメントに対して賛同を得るためのものであった。そのリーダーたちの中には、ミネソタ州出身の下院議員ブルース・ベント（Bruce Vento）、上院議員ポール・ウェルストン（Paul Wellstone）、米国ビショップ協議会（the National Council

of Bishops）などの機関が含まれていた。「生徒たちは私のところにやってきて、
パブリック・アチーブメントの言葉を広めたいと言いました。彼らの中には、ワ
シントンが世界のハブであるとの考えがあったのでしょう。つまり、彼らは世界
の子どもたちにパブリック・アチーブメントを経験してほしいと考えていたので
す」とデニス・ドノヴァンは回想する。デニスの支援もあって、生徒たちはワシ
ントン市内の移動も含めワシントンまでの交通手段を提供するバス会社を見つけ
ることができた。生徒たちはこの旅行のために 15,000 ドルを集めた。生徒たち
は下調べをし、引率してくれる教員も見つけ、デニスと二人の教員とともに旅
立って行った。その二人の教員にはジェフが含まれていた。

　「生徒たちにとってワシントンへの旅行は良い勉強となった。生徒たちは影響
力のある人々と話す機会を得た。その中で生徒たちは勇気づけられる言葉をも
らった。その一方で、上院議員の秘書室からは相手にされないということがあっ
た」[22] とセントポール・パイオニア・プレス（*St. Paul Pioneer Press*）のワシン
トン特派員ビル・サリスベリー（Bill Salisbury）は書いている。生徒たちが社会
的弱者に対する支援者として広く知られるポール・ウェルストン上院議員に会い
に行った時のことであった。秘書室にいる二人が「議員には会えません。彼は議
会中で忙しいのです」と言って生徒たちを素っ気なくあしらった。生徒たち
（チーム）は、デニスと夕食に出た時に、その日に受けた秘書室の扱いに対し怒
りをあらわにした。そこで生徒たちはその日に起こったことを振り返り、自分た
ちが行うべきことを戦略化した。その結果、パブリック・アチーブメントのチー
ムは、上院議員に対し自分たちの考え方や意見をまとめた手紙を渡し、次の日セ
ントポールに帰ることを決めた。

　一方、サリスベリーが書いたウエルストン上院議員の秘書とのやり取りに関す
る記事が功を奏し、次の日生徒たちがウエルストン上院議員のオフィスに到着し
た時、秘書の反応は前日とは全く異なるものであった。秘書が議会中の上院議員
を呼んできてくれたのである。ウエルストン上院議員は、生徒たちに前日の対応
について謝罪し、生徒たちの声に耳を傾け、彼らにワシントン市内で開催中で
あったユース・サービスに関する国民会議において話す機会を与えてくれた。デ
ニスは、「生徒たちによる話は大変素晴らしかった」と回想している。デニスは、
「パブリック・アチーブメントによって、生徒たちはワシントンにおいて影響力
のある人々と一緒に活動するすべを知ったのです」[23] と回想し、セント・バー
ナード小学校の生徒が市民としての自信を身につけていく過程で、デニス自身の
中にも顕著な変化が生じていることに気付いた。

　ワシントンでの出来事以降、セント・バーナード小学校ではパブリック・アチーブメントの視察が日常のこととなった。訪問客の中にはカウフマン財団（Kauffman Foundation）訳注22 副総裁のジェリー・キツィー（Jerry Kitzi）も含まれていた。当時6年生であったジョー・リンチ（Joe Lynch）は生徒たちが運動場の寸法を測定するために数学を活用する方法とその測定に用いる器具について説明した。「これに対しキツィーさんが質問したところ、ジョーイは即座に質問に答えました。答えを持ち合わせていないときは、『わかりません』と答えていました」とデニスは回想する。ディスカッションの後、キツィーがデニスのところにやってきて、彼に自分のところにいる子どもたちにもパブリック・アチーブメントを経験させたいと伝えた。キツィーはさらに「カンザスシティーでもパブリック・アチーブメントを広めてくれませんか。資金は私が出します」と付言した。デニスはこのキツィーの言葉を「忘れることのできない願いが叶う魔法の言葉」と称している。

　それからほどなくして、デニスは当時、民主主義と市民性のためのセンターにいたナン・スケルトン（Nan Skelton）と私に対し、常勤としてパブリック・アチーブメントに関わらせてほしいと要望した。私たちはデニスをパブリック・アチーブメントのオーガナイザーとして雇用し、パブリック・アチーブメントのスタッフ、協力者、生徒たちからなる一団を伴ってカンザスシティーへ向かった。当地にはパブリック・アチーブメントに関心を抱く人々がいた。ここにパブリック・アチーブメントはミネソタ州を超えて広がりを見せ始めた。

訳注

1　パブリック・ワークについては訳者解説の p. *xix* 参照。
2　本章のタイトルにあるコンテキスト（context）は通常「文脈」や「前後関係」と訳されるが、思想や行動の根拠となりうる状況や背景という意味もある。本章で用いられている同語は「文脈」という意味で用いられると判断する。本章のタイトルの直後に引用されているローマ法王の演説も「耕す」と「守る」という両方の言葉が結びついてこそ意味を成すという「文脈」に関する内容である。本章のタイトルにある public work in context を「パブリック・ワークの文脈化」と訳す理由はハイランド・パーク高校における着帽ルールに対するパブリック・アチーブメントの導入が学校やコミュニティの文化に対する理解不足から失敗に終わった記述に見いだせる。この失敗、すなわち問題を解決できなかったことは、高校が決めた着帽禁止ルールに対する生徒たちの疑問という資源がパワーではなく怒りに結びついてしまったことにあった。これを既述のローマ法王による演説になぞらえるならば、問題を解決するためには、「資源」という言葉の後には「パワー」という言葉が続か

なければならないということになろう。このハイランド・パーク高校での経験を踏まえ、パブリック・ワークをエンジンとするパブリック・アチーブメントがセント・バーナード小学校に根づいたことは、パブリック・ワークを通じて児童がもつ資源をパワーに変える教育がまさに学校やコミュニティにおいて文化という「文脈」になったことを意味していた。したがって、本章のタイトルにある public work in context は「パブリック・ワークの文脈化」と訳した。また、本章中で使われている context という用語についても、上記の理由により、断りのないかぎり「文脈」と訳している。

3　旧約聖書創世記第 2 章 15 節「主なる神は人を連れて来て、エデンの園に住まわせ、人がそこを耕し（cultivate）、守る（care）ようにされた」とある。出所：一般財団法人日本聖書協会ホームページ（聖書検索ページ）〈https://www.bible.or.jp/read/titlechapter.html〉

4　直訳すれば「公共行動」となるが、日本語で言うところの「公共」は一般的かつ包括な意味において社会をさすが、本書の "public" は他者との関係構築という文脈で用いられていると考えられるため、あえて「公共」とは訳さずパブリック・アクションとする。

5　当該箇所にある politics については、the politics of として使われていることに注意が必要である。the politics of にはある空間や行動に特有な原則（principles）という意味があることから、ここでは politics を「政治」と訳さずに「原則」と訳している。

6　power については訳者解説の p. *xix* 参照。

7　原文は habids of mind となっているが、正しくは habits of mind であると推察する。

8　イーライ・リリー社のホームページに依れば、同社は、米国インディアナ州インディアナポリス市に拠点をもち、1937 年に J.K.リリーとその二人の息子によって設立された社会奉仕団体である。当該団体の設立には製薬会社から株式譲渡が資金源となったといわれている。〈https://lillyendowment.org/about/〉

9　アメリコーは生活改善と市民参加の促進を目的とする奉仕プログラムの全米ネットワークである。会員は、学修成果の向上、若年層への指導、貧困問題への取組み、国立公園の維持、災害対策といったコミュニティの重要なニーズと取組むために奉仕している。〈https://www.nationalservice.gov/programs/americorps/what-americorps〉

10　1 章訳注 5 参照。

11　当該箇所にある context は、著者の意図を伝えるために、文脈ではなくあえて「背景」という訳を当てている。

12　interest は「関心」とも「利害」とも訳せるが、このパラグラフに続く「着帽禁止ルール」の記述に依拠すれば、校長が置かれていた「立場」と訳すのがふさわしいと判断した。

13　walk out on strike は直訳すると「ストライキを行う」との訳になるが、生徒のストライキとは、生徒にとっての work の拒否、すなわち授業ボイコットを指すと判

断した。

14 ここでの cultures は、才能（talents）と並列されていることから、ideas に近い意味でつかわれていると判断し、「教養」と訳すこととした。

15 「コモンズ」の定義を巡っては、雑駁に言って、「資源アプローチ」と「制度アプローチ」に分けられる。Garett Hardin がその論文「コモンズの悲劇（the Tragedy of the Commons）」において述べたコモンズとは所有権が設定されていない「資源」そのものであった。これに対し、ボイトの著作において頻出する Elinor Ostrom や、David Feeney、Fikret Berks はコモンズを資源の利用・管理「制度」として捉えている。すなわち、資源アプローチは、コモンズが資源を平等かつ持続的に利用・管理するためルールであることを教えている。これに対し、ボイトが引用するように、グリーンはコモンズをコミュニティの問題解決を通じて変化を創始する「場（space）」と捉えているところが興味深い。コモンズの定義を巡る整理については次の文献を参照した。平木隆之「コモンズ論に関する一考察—資源の所有・利用・管理」『北海道東海大学紀要人文・社会科学系』第 13 号（2000 年）、199-214 頁。

16 ギリシャ神話に由来する。ギリシャ神話の王様、ミダス王は、触れたものを何でも黄金にしてしまう魔法の力をもっているといわれ、そこから、"ミダス　タッチ"（The　MIDAS　TOUCH）は、ビジネスの用語としても、「お金を獲得し、投機的事業を有利にする能力・管理する能力」「ビジネスで成功を勝ち得る力」をあらわす言葉として使われている。

17 ガマリエル・ネットワークとは 1986 年に設立されたコミュニティと宗教上のリーダーを対象とした訓練組織であり、政治的パワーの構築と多様な信仰と民族からなる組織の創設を目的としている。当該組織のホームページには、そのミッションとして、民衆が政治、環境、社会、経済に関する意思決定に効果的参加できるための「エンパワメント」を掲げている。https://gamaliel.org/about-us/

18 one-on-one meeting を指す。あえて日本語に訳すと、「1 対 1 のミーティング」となる。日本でもビジネスの現場では、組織（部署）内のコミュニケーション促進の手段として導入されており、「1 オン 1」ともよばれている。この "one-on-one" については、日本でも「ワン・オン・ワン」の呼び名で訳書が出版されていることもあり、ここではあえて「1 対 1 のミーティング」とは訳さず、「ワン・オン・ワン」とした。ビジネス現場における one-on-one に関する訳書としては次のものが挙げられる。Andrew S. Grove 著（小林薫訳）『One-on-One with Andry Grove（ワン・オン・ワン―快適人間関係を作るマネジメント手法）』1990 年、パーソナルメディア、292 頁。

19 "neighborhood" は「近隣地域」や「地元」とも訳せるが、この文脈では「教会の鐘の音を結節点とするつながり」という意味で「圏域」という意味での「地域」と捉える。

20 「全米市民性再生委員会（National Commission on Civic Renewal）」が発行した最終報告書によれば、当該組織は、米国のボランティア精神の伝統を受け継ぐ非営利組織である「ピュー慈善信託（Pew Charitable Trust）」からの無償資金提供によ

り創設・維持され、公的資金による支援を受けず、政府としての立場をもたない組織であるとされている。National Commission on Civic Renewal （1997） *A Nation of Spectators : How Civic Disengagement Weakens America and What We Can Do About It* （Final Report of the National Commission on Civic Renewal）, p.6. https: //files.eric.ed.gov/fulltext/ED424174.pdf

21　カウフマン財団は 1960 年代半ばに企業家であり慈善家であった故ユーイング・マリオイン・カウフマンによって設立された。当該財団は、米国カンザスシティーに本拠地があり、概算で 20 億ドルの試算ベースを有する米国最大の民間団体といわれている。当該財団の目的は教育と起業家精神を結びつけることにより、米国内のコミュニティと協働し、国内外の問題に取組むこととしている。〈https://www. kauffman.org/who-we-are〉

4 世界を築く、生活を変える、歴史をつくる

ハリー・C・ボイト

　人間は、心地よいと感じることに自分が取り組んでいると分かっているとき、はるかに大きな熱意と勤勉さで働く。人は、自分自身の手によって耕された土地を愛することを学ぶのである。

—教皇レオ 13 世、『資本と労働の権利と義務』、1891 年。

　［目標は］自分の近隣や地域社会を気にかけながら、よき市民であることについて、これらの若い心にいくつかの種を植えることである。コミュニティの誇りと責任。それこそが、私たちがこのコミュニティの生活の質を向上させる方法である。

—ミシュカト・アズーズバイール、ネイバーフッド・コープス所長、
ミズーリ州カンザスシティ市[1]。

　カウフマン財団、ブラッドリー財団[訳注1]、ケロッグ財団[訳注2]、その他の支援を受けて、私たちは 3 章で述べたセント・バーナードをはじめとする学校に調査に入った。多くの公立学校、教区学校、コミュニティの現場において、私たちはパブリック・ワークと市民政治の実験に意欲的に取り組もうとする教師、校長、市民の協力者、そして何千もの若者に会った。パブリック・アチーブメントが育つにつれ、民主主義と市民性のためのセンター（Center for Democracy and Citizenship）は、ネットワークのコーディネーターそして研修のリソースとしての地位を確立した。私たちは、そこでは、若者と教育者が、パブリックな目的を共有して多様な人々と一緒に活動するという、私たちがパブリック・ワークと称する考え方を強調した。

　パブリック・アチーブメント（Public Achievement）は、実行するのにそれほどお金はかからない。例えば、コーチはたいていボランティアであるか、もしくは大学の授業の一部としてコーチングを行っている。ハートランド財団がパブリック・アチーブメントを改作したエンパワー・ユー（emPowerU）（後述する）では、「ファシリテーター」に対して日当を払っているが。また教育者は、

自分たちがすでに進めている仕事にこの教育方法を統合する。しかし、いくらか
のランニングコストはかかる。学校と大学の間のつながり、コーチの日常的な資
源をつくりだすこと、研修を実施すること、大規模な会議やネットワークのため
の会議を開くこと、学校の教職員と協働すること、そしてその仕事を世間に広め
るためには、ささやかではあるがまとまった財政資源を要する。

　その後、1998 年から 2005 年にかけて、民主主義と市民性のためのセンター
は、私たちがミネソタ、ミズーリ、カンザス、そしてウィスコンシン各州の学校
と協働することを可能にしてくれる出資者とのパートナーシップを構築した。そ
の他の学校も、自力で支援財源の当てを見つけて、コロラド、フロリダ、ニュー
ハンプシャー、そしてカリフォルニアの各州でネットワークに加わってくれた。
3 章で取り上げたセント・バーナード小学校のセクシュアルハラスメント対策チー
ムのコーチだったメリッサ・バス（Melissa Bass）が率いたプロジェクトにおい
て、4-H訳注3 はパブリック・ワークの考え方にもとづいたカリキュラムを開発し
た。2008 年以降、センターが「アメリカン・デモクラシー・プロジェクト」（全
米カレッジ・大学協会の構成員である州立大学によるコンソーシアム）を通じて
大学と協働を開始したことで、教育者たちが、ケンタッキー、アリゾナ、テキサ
ス、ジョージア、コネチカット、ミシガン、そしてニューヨークの各州におい
て、パブリック・アチーブメントを試行するようになった。その教育者たちは、
名称を違えて用いることもあったが、ともかく、パブリック・ワークのアプロー
チを取り入れたのである。

　パブリック・アチーブメントは、プログラム的な要素（チーム、コーチ、子ど
もたちが問題を選択すること）や、調査、パワー・マッピング、そして関係構築
のためのミーティングといった実践を伴うが、決して標準化された「プログラ
ム」ではない。パブリック・アチーブメントは、現実的で、実践的で、解決志向
である。独立宣言の平等主義、3 章で述べた文化的多元主義、そして豊かなコ
ミュニティと民主的な社会を構築するために人々の潜在力を開発すること、とい
う三つの価値がパブリック・アチーブメントの哲学を生きたものにする。そのこ
とは、パブリック・ワーク、市民政治、共同創造者としての市民、フリー・ス
ペース、市民的エージェンシー、そして人間関係に関する力といった、中心的な
概念の議論に関わっている。パブリック・アチーブメントはある一つの標準化さ
れた方法では実行されないし、特定の主義やテストの得点を基準とした成功とい
うものを教えるといった、あらかじめ決められた目標があるわけでもない。

　私たちはよく、パブリック・アチーブメントは、一曲の音楽というよりはジャ

ズのようなものだと言うことにしている。その共同創造的なパブリック・ワーク
は、予め決められた目的に向かう直線ではなく、ときに論争的であり、ときに融
合して調和のとれた、多様な関心やものの見方の共演や折衝として理解するのが
もっともよい。パブリック・アチーブメントは、まるでジャズのように、特定の
所や文化の中で形作られる。ウィントン・マルサリス（Wynton Marsalis）訳注4
が、民主主義をケン・バーンズ（Ken Burns）訳注5 の PBS シリーズのジャズ訳注6
に例えるようになったのは、彼の政治意識のおかげだった。「アメリカの生活で
は、アジェンダは一人ひとり異なります。対立もあります。そして我々は対立を
通じて調和を達成しようとしています。それは、ジャズ音楽がそうであるよう
に、何かをやり遂げるという意図を伴った議論のようなものです。それはまさに
民主主義のようなものです」。マルサリスは、これを一組の曲と対比する。「ジャ
ズの本当の力は、一団の人々が集まり、即興できる［…］つまり、お互いに自分
たちのアジェンダについて交渉できるということです」と彼は言った。「バッハ
は即興で作曲しましたが、その際彼は第 2 ビオラのことを顧みようとはしません
でした。しかしジャズの場合、ミルウォーキーに行けば、午前 2 時 30 分でも
バーには 3 人のミュージシャンがいます。彼らが何を演奏するのかは分かりませ
ん。だから、私たち 4 人は、音楽の言葉で会話をするのです」[2]。ミズーリ州、
ネブラスカ州、アイオワ州、カンザス州の農村でシティズンシップ運動の誕生を
支援したハートランドのオーガナイザー、シェリー・ロバートソン（Shelly
Robertson）は、国境なき医師団のアナロジーを使用する。「市民政治は国境の
ない政治です」とシェリーは言う。「人々を決して箱の中に押し込むようなこと
はしません」[3]。

　政治に参加する者が選択し、即興するためには、私たちが「フリー・スペー
ス」と呼ぶものが必要となる。フリー・スペースは、人々が、対面で出会い、自
分たちを組織化し、アイデアを話し合い、知的な想像やアイデアを発展させ、そ
して関係構築のスキルを学べる環境である。サラ・エバンス（Sara Evans）訳注7
と私は、1960 年代の解放運動における経験にちなんでフリー・スペースの概念
を開発した。フリー・スペースには活気のある知的生活があることを発見し、
デューク大学のメソジスト学生センターのような場所を通じて政治のスキルを学
んだ。黒人教会や学校、美容院やその他の企業、そして「眠れる車ポーターの兄
弟会」（Brotherhood of Sleeping Car Porters）訳注8 に至るまで、大きな運動とい
うのは、どれもフリー・スペースと呼ぶにふさわしい空間に満ちていた。それら
の運動の中で、白人社会の規範や権力関係から自立した自治が、自由を創り出し

ていた。民主主義的な意味からみて、その自治の質は、「公共性」、すなわち多様
な見解や利害・関心の相互作用に由来していた。1880 年代と 1890 年代における
南部・中西部でのポピュリスト運動の基礎となった、女性参政権の基盤を築いた
女性組織、コミュニティに根差した労働組織、農民協同組合など、アメリカの歴
史における幅広い民主的運動の中心には、開かれた知的生活や市民的・政治的学
習のための空間があった。私たちは『*Free Spaces：The Sources of Democratic
Change in America*』の中でこれらについて著した。パブリック・アチーブメン
トの出発点は、若者が自己組織化し、スキルや公共心を身に付けるための空間の
必要性である。

　パブリック・アチーブメントの即興的な性質には、新たな課題も伴う。カウフ
マン財団の支援によりパブリック・アチーブメントの 4 年間にわたる評価を行っ
たマイケル・ベイザーマン（Michael Baizerman）、ロバート（ラウディ）ヒル
ドレス（Robert（Roudy）Hildreth）、ロス・ロホルト（Ross Roholt）は、「（パ
ブリック・アチーブメントのように）教室や「プログラム」のモデルにフィット
しない、革新的な哲学と実践は、日常の慣行、規則、手続き、方針、個人の嗜好
や気まぐれなどとの間に摩擦を起こす」と述べた。そして、そのような難題は、
若者が関わる少しの時間だけでも強まるのである。三半期制の学校では、生徒が
ミーティングに参加するのはせいぜい 10 回のみである。しかし、パブリック・
アチーブメントを年間通じて行う学校では、最大で 30 回程度のミーティングに
出ることになるかもしれない。すなわちパブリック・アチーブメントでは、10
時間から 30 時間で、コーチが、チームメンバーあるいはメンバーどうしで互い
に知り合いになり、必要なワークを成し遂げ、チームの活動内容をまとめなくて
はならないということになる。ベイザーマンのチームは、一方で驚くべき結果も
発見した。チームは、評価の 4 年目にあたる年に、7 校にいる 282 名の参加者、
204 名のコーチ、25 名の教師、24 名の校長、およびその他関係者にインタ
ビューを実施した。彼らは「不可視化されず、沈み込まず、ねじ曲げられず、妨
害されず、ということは、支えてくれる人や指導者を引き込む、生徒が本来もっ
ている健全性と活力の証です。若者たちが、効力感を感じ、声を出し、スキルに
富み、意味のある仕事をやり遂げ、そして多くを学ぶ場所としてパブリック・ア
チーブメントを経験していることが分かりました」と結論づけた。パブリック・
アチーブメントは「日々の小さな、私的な世界を広げること」、そして学校や地
域社会に貢献することへと、ほぼすべての人を「招待し、そのための機会」を提
供したのである[4]。

　パブリック・アチーブメントが、成長と改変を経てきた年月における、以下で
紹介するいくつかの逸話から、パブリック・アチーブメントの場所や生徒、教
員、コーチ、その他の市民的リーダーの範域の広がりを掴むことができる。

アンダーセン小学校（ミネアポリス）

　1997 年の秋学期に私は、ハンフリー研究所が所管する公共政治論という大学
院クラスにおいて、パブリック・アチーブメントでのコーチ経験を、パブリッ
ク・ワーク関連の必須活動の一つとした。私は、市内の低所得層の児童の割合が
最も高い、児童の大半が黒人・ヒスパニック系を占めるアンダーセン小学校の副
校長ジョー・グローブズ（Joe Groves）に、コーチの募集を手伝ってもらうよう
依頼した。ジョーの反応は冷ややかだった。「私たちに宣教師など必要ありませ
ん。アンダーセンの生徒を助けたいというのなら、立ち去ってください。これま
で彼らは「良いことをしようとする人」にいやというほどの支援を受けました。
彼らが本当に必要としているのは、自分たちに寄り添って、学ぶことにいつも
オープンな大人の存在です。あなたにも学ぶことが多くあると思いますよ」。

　ジョーは、学校や私のクラスで、若者たちに問いかけ、刺激を与えた。セン
ト・バーナードを訪問し、教師と生徒たちと話をしたのち、彼はパブリック・ア
チーブメントが、必要なスキルや自信をアンダーセンの子どもたちにもたらして
くれると確信した。「パブリック・アチーブメントへの情熱は、私がシカゴのヘ
ンリー・ホーナー・プロジェクトで育ったときの経験から来ています」と彼は説
明した。「そこでの条件は非常に過酷であり、何かを為すということはほとんど
できませんでした。私も含め、人々はその恐ろしい状況に慣れてきたか、単に何
かをする自信やスキルをもっていなかっただけでした」。私が、彼がパブリッ
ク・アチーブメントに何を見出したのかを尋ねたところ、彼は「生徒が、自信、
リーダーシップ、そして問題解決のスキルを身に付けていることです。生徒たち
は、自立して、そしてグループで取り組むことを学んでいます。自分自身を表現
し、自分たちの声を聞いてもらう機会があります。それが生徒たちに目的意識を
与えていました」と答えた。「そのような自信がないと、子どもたちは社会の
様々な歪みの犠牲になってしまいます。変革の主体となるどころか、単に犯罪、
貧困、そして無学の循環を永続化するだけです」と彼は付け加えた[5]。

　多様な背景をもつ 7 名の学生のグループが、その秋のコーチとなることを選ん
だ。学生の最終レポートには、自分たちの希望が込められていた。「パブリッ
ク・アチーブメントを広く成功させるためには、セント・バーナードの成功を補

完するような公立学校のモデルを開発する必要があります。アンダーセン小学校
は、南ミネアポリスでトラブルの多いフィリップス地区の公立学校で、多様性も
極めて高い学校です」と学生たちは書いた。そして「アンダーセンでの成功は、
パブリック・アチーブメントが、どのような近隣地域のどのような学校でも機能
することを実証するでしょう」というのが彼らの見解であった。学生も、これま
でと違う子どもたちとの関わり方を学んだ。「チームメンバーを行動に駆り立て
るのではなく、指示を与えたいという誘惑は非常に強くなるものです。しかしな
がら、コーチはファシリテーターの役割を果たすことが非常に重要です。［…］
そのことが、タスクを識別し、チームが行動を起こすための触媒となるのです。
私たちは、リーダーシップのスキルを磨いたうえで、生徒たちが自分たちの行動
に責任をもつよう動機づけます。世界には無力さや絶望があり、わが国の多くの
若者は社会を諦観しています。しかしパブリック・アチーブメントの開発が進む
につれて、その思いは希望の感覚へと変わり、生徒は社会に対するオーナーシッ
プとその価値を感じるようになります」。そして、「これなら、民主主義は機能し
得るのです」と、学生たちは付け加えた[6]。

　アンダーセン小学校が「パブリック・アチーブメントはどこでもうまくいく」
ことを証明できなかったにもかかわらず、生徒たちは、この教訓を学んだ。パブ
リック・アチーブメントを始めてから数年後、校長のバーブ・シン（Barb
Shinn）は異動になった。彼女は、教育の市民的な目的を再生し、生徒間の異文
化間交流を促進することに尽力した。彼女の異動とともに、パブリック・アチー
ブメントは、アンダーセン小学校と、アンダーセン・オープン・スクールの両方
で終了することとなった。しばしば目にすることではあるが、アンダーセン小学
校の経験は、ビジョンと実践に寄与する組織的リーダーシップなしに、学校でパ
ブリック・ワーク型の政治を維持することの困難さを例証している。しかし、ア
ンダーソンの学校でパブリック・アチーブメントが運営された数年というのは、
パブリック・ワークが関係者に与える影響をよく示していた。

　最初の年の各チームは、十代の妊娠、暴力の防止、コンピュータの活用強化、
警察と十代の関係、熱帯雨林の保護、地域清掃をテーマに取り上げた。私は毎
週、コーチの振り返りの主宰や、学校のスタッフや教員のことをもっとよく知る
機会づくりなど、コーチたちのコーディネートをした。そして、これに加えて、
時々「熱帯雨林グループ」のコーチをサポートした。熱帯雨林グループは、問題
を調査する中で、アマゾンの熱帯雨林の1エーカーを購入するために資金を集め
ていたブラジルの自然保護区が、商業開発による土地の荒廃を防いでいたことを

見つけた。これを受けて、グループのメンバーは、広大なモール・オブ・アメリカの買い物客から募金を集めようと決心した。その頃、モール・オブ・アメリカのナイトクラブでDJをしていた私の息子、クレイグは、黒人の客を惹きつける「クロスオーバー・ミュージック」を演奏できるかをめぐり、モール経営者とずっと闘っていた。私はクレイグの経験をチームに語り、「モールの経営陣は、人種差別主義者かもしれない。君たちが彼らを同意させるのは無理だろう。もっと寛容な運営をしているショッピングセンターを見つけてはどうだい？」と伝えた。

　6年生のチームメンバーで、政治的中立の立場をとるジェナヤは、「ボイト博士、失礼ですが、それは違うと思います」と答えた。そして、「モール・オブ・アメリカの運営担当者たちは、黒人の子どもたちをどう扱ったらよいか、広報面での問題を抱えています。このことを利用して、私たちのチームが支援を得られるように話をもっていきたいのです」と言った。彼女の洞察のおかげで、チームはコミュニティ・リレーション・ディレクターと会って議論するアポイントを取り付けることができた。チームメンバーは、熱帯雨林の消失が世界的な危機を引き起こした理由をめぐる様々な主張を頭に入れ、何を訴えるか練習した。しかしその数分後、ジェナヤは「このままでは誰の話も説得力がないよ。彼らに対して、なぜこのことを自分たちにやらせるべきと思うのか説明できていない。なぜ彼らが自分たちにそれをしてほしいのか、はっきりさせなければいけないんだ」。ジェナヤは、経営陣にとっての自己利益、すなわち多様な子どもに見映えのするプロジェクトに取り組んでもらい、そこからよい宣伝効果を得ることは、チームの自己利益とは同じではないが、チームの目標を達成するという意味では有益だということを他のチームメンバーに納得させた。

　コミュニティ・リレーションズ・ディレクターは、生徒たちがモールで資金を集めることに同意してくれた。彼らはある店舗に動物の着ぐるみを貸す取引を成立させ、一日をかけて買い物客から寄附を集めた。彼らは、4エーカーの土地を保護区が購入することに貢献した。スター・トリビューン紙は、このプロジェクトを記事にした。そこでは、ゴリラの衣装に身を包んだ元気いっぱいのジェナヤの写真が添えられていた[7]。

　同じ建物にあるアンダーセン・オープン・スクールでは、アメリコー（AmeriCorps）のメンバーがコーチを務めた。ジェイミー・マイナー（Jamie Minor）は当初は懐疑的だった。「これを子どもたちが実行するのかと。そのあと、教育の現場に入って、自分の思考プロセスがどれほど狭くなっていったかを

理解するのに約 1 年かかりました。私はどんどん否定的になりました。大きいこ
とを考えることなどしませんでした」。しかし、若者たち、とくにスペイン語を
話す移民の子たちが興奮するのを見て、彼女の考え方は変わった。「一日中をか
けて彼らが理解するのは、いま起きていることの 10% くらいでしょう。それで
もパブリック・アチーブメントがある日は、彼らが自分たち主導で何かをできる
日でした。パブリック・アチーブメントは、彼らを学校に行かせ、そこで楽しく
過ごせるようにしたのです」。彼女はまた、生徒一人ひとりが他の生徒にとって
重要な意味をもつようになっていることに気づいた。「彼らは、家族以外の誰か、
近所以外の誰かにとって重要な存在でした。これが、パブリック・アチーブメン
トについて最もインパクトのあることのひとつでした。子どもたちは自分の環境
を使いこなせるということだけでなく、仕事というものが重要で、大人が自分た
ちのことを気にかけていることも分かっています。この子どもたちが育んだ自信
はかけがえのないものです」[8]。

　メキシコの移民、ネイティブ・アメリカン、ヨーロッパ系アメリカ人を含む 8
名の男子からなるチームは、自分たちのトイレの状態に怒りを表明した。トイレ
の個室にはドアがなかった。トイレットペーパーやその他の備品も不足してい
た。猥褻な落書きが壁を覆っていた。彼らは自分たちを「バスルーム・バスター
ズ」と名づけ、混乱を改善することに決めた。二人のコーチは、生徒たちが問題
の本質を、トイレの問題それ自体よりも広い視野で、理解できるよう手助けをし
た。議論の後、コーチは、問題は二つあると結論づけた。それは、生徒たちが学
校の共有財産を尊重していないこと、そして、学校システムが生徒たちのことを
尊重していないこと、の二点である。コーチは、問題をめぐるパワーや政治を
マッピングする手助けもした。生徒が扱っていた問題は、いわば、とても非効率
的な官僚主義の問題だった。校長は、4 年もの間、中央学区の学校トイレの塗装
について対応できなかった。組合の承認が必要だったし、資金も探さなければな
らなかった。さらにグループは、自分たち自身の活動をどう理解してもらうかも
学ばなければならなかった。実際、メンバーの半分が英語を話すことに困難が
あった。それでも、若者たちは、優れたコーチと交わりながら下した決断によっ
て、それまで多くの大人が不可能と考えていた行動に出た。チームは学校の管理
者、教師、そして親たちと協力関係を結び、その地区の役職者に接触した。その
結果、トイレの壁は塗装され、個室も修理されたのだ。

　翌年、再び壁に落書きが現れ始めた。前年にプロジェクトに関わったシーザー
は、再びこの問題に取り組むことにした。彼のチームは、他の子どもたちと出

会った。チームのメンバーは「トイレは自分たちの財産だ。落書きを防ぐために僕たちにできることは何だろう？」と子どもたちに尋ねた。多くの子どもたちのアイデアや提案から、チームは壁画を作成する計画を立てた。壁画が形になったことで、トイレは落書きなしの空間になった。そしてそれが学校の誇りの象徴となったのである。その年、一連の訪問者—マーティン・サボ（Martin Sabo）[訳注9]議員、クリントン政権当時の奉仕・サービスに関する全米委員会（the Commission on National Service ）副総裁のジム・シャイベル（Jim Scheibel）[訳注10]、そしてその他の政治的指導者や市民のリーダーたちがその学校を訪れた。その全員がトイレに連れていかれたのだ。彼らは、その雄弁さで知られるシーザーから「これは僕たちの財産です。だからこそ、それを大事にしなければならないのです！」という言葉を聞いたのだった[9]。

　一方、ミネソタ州マンケートのダコタ・ミドル・スクールでは、生徒、コーチ、教師、そしてマンケート州立大学教授であるジョー・クンケル（Joe Kunkel）がパブリック・アチーブメントを始めた。

ダコタ・ミドル・スクール（マンケート市）

　「ミネソタ州ノース・マンケートにあるダコタ・メドウズ・スクールでは、木曜日の昼食が終わると何百人もの７年生と８年生が午後の授業に戻ります」と、マンケート州立大学教授のジョー・クンケルとクラーク・ジョンソン（Clarke Johnson）、そしてダコタ校の教員であるヘザー・バック（Heather Bakke）とジェイソン・ミラー（Jason Miller）は続けてこう書いている。「大型バンから、数十人の大学生と政治学の教授が降りてきます。事務室で到着の手続きを簡単に済ませたのち、彼らは校舎のあちこちに散らばっていきました。次の40分間、大学生はそれぞれ受け持ちの生徒チームを指導します。彼らは自分たちのことを「コーチとチーム」と呼んでいるが、これはゲームなどではなく、実践的な民主主義の活動なのです」。

　チームはそれぞれ、ランチのごみのリサイクルプログラム、ティーン・エイジャーの妊娠問題、花火の合法化など、計12種類の問題に取り組んだ。「「タバコ・ハッカー」チームは、禁煙制レストランを褒賞する証明書を廊下の一角でデザインしています。「児童虐待防止チーム」は、「虐待意識啓発デー」と銘打ったポスターを掲示しました。「人種差別を終わらせよう」チームは、校長と一緒にテレビの公共サービス放送に提供する動画を撮影しています。一方、「ペット・パトロール」チームは落ち込んでいます。というのも、誰も人道協会のサプラ

イ・ドライブに寄贈品を持ってきてくれないからです。「ペーパー・ピクシーズ」
グループは、学校にはなかった学校新聞を作成しています」と語った。クンケ
ル、ジョンソン、バック、そしてミラーは、全米社会科協議会の紀要で、それぞ
れのパブリック・アチーブメントの活動場所を、「中西部の 30 ～ 40 か所で PA を
実施あるいは改善しようとしている、先見性のある活動家や教育者たち」に結び
付けた。彼らは、それを「全米的な運動」と表現した[10]。

　ダコタ・メドウズのパブリック・アチーブメントは、ジェーン・シャック
（Jane Schuck）校長と、政治学のジョー・クンケル教授の協働により始まった。
当初、パブリック・アチーブメントは 7 年生のみを対象に実施されていた。マン
ケートでの取り組みは、90 マイル離れたミネアポリスにある CDC[訳注11] からの
派遣による研修、およびいくつかの地域および全国レベルのパブリック・アチー
ブメント会議への参加などを取り入れながら、ほぼ自立していた。

　初年度の終わりに、ダコタ・メドウズの教師は、パブリック・アチーブメント
の対象を 8 年生に拡大するようにシャック校長に請願した。しかし 2 年目は、参
加したいと思っていた多くの生徒に対応できるだけの十分な人数のコーチがいな
かった。1999 年以降は、コーチの人数は 26 名から 30 名とし、参加者数は 180
名を上限とした。ダコタ・メドウズのパブリック・アチーブメントは話題を呼ん
だ。「生徒がパブリック・アチーブメントに熱中することで、他の選択科目の時
間割にも影響が及びました。教師と校長は、こうした問題を解決するために、創
造的にスケジュール調整に取り組みました」と、クンケルたちは書いた[11]。

　クンケルと彼の同僚は、民主主義と市民性のためのセンターが開発した市民教
育のさまざまなパラダイムを説明する表にパブリック・アチーブメントを載せ
て、これが公民科や奉仕活動とは異なる市民教育の取り組みであることを示して
いる。

　クンケルらは、「市民教育とは通常、生徒が憲法、立法過程、そして利益団体、
政党、選挙の役割を学ぶことを意味します」と説明した。しかし彼らの本当の見
方は、次のようなものであった。「市民教育のこうしたモデルは価値のある情報
を伝達するという点では良いのですが、民主主義が公務員や少数の強硬派の政治
活動家の仕事であるという含みをもつという点に限界があります。ボランティア
やパブリック・サービスは、もう一つのシティズンシップの形態です。そこで
は、ボーイスカウトやガールスカウトには、まさに「日々の善い行い」が奨励さ
れます。教会グループは奉仕プロジェクトを行い、伝道旅行に出かけます。多く
の学校が奉仕活動を必要なものとしています。これらすべての努力は、私たちの

文化の中の利己性を克服することを目指しています。たしかにこうしたことを通じて、善良な市民が責任を負い、思いやりがあるという貴重な教訓を得ます。しかし、様々なことに参加することはたしかに奨励される一方、それらは政治や論争を避けるという性格を帯びており、この点がこうした取り組みの限界なのです」。

　それとは対照的に、クンケルらはパブリック・ワーク・モデルでは、「市民は集合的にコミュニティの構築と維持に取り組んでいます。［…］それは重要かつ困難であり、学ばなければならないスキルを必要とするのであり、それはまさにワークなのです。このワークは、目に見えるかたちで公開され、より多くの人々が関わっています。つまり、公務員や政治エリートではなく、一般の市民がこれを担っているのです」という。そして次のように説明する。「パブリック・ワーク・モデルは、公民科の科目と、公共的な問題解決のための技芸との間に存在するギャップを埋めます。［…］生徒は公共的な問題および自分の経験や関心から生起する問題を選びます。生徒たちは、やるふりをしたり、練習をしたりしているのではなく、本物のパブリック・ワークに取り組んでいるのです。それゆえ、生徒たちは著しい情熱を示し、たいてい非常に高いモチベーションを保ちます。生徒が実際に取り組むことが、本物だと感じられることが重要なのです。生徒たち自身が変化を作り出すのです」[12]。

　ダコタ・メドウズの2名の教師は、生徒の学習がどのように変化したか説明した。ヘザー・バックは、「初めは、古代文化を調査する「人類の遺産（Human Heritage）」という科目に、パブリック・アチーブメントが関係するなんで思ってもみませんでした。多くの生徒にとって文明の発展は問題ではありませんでした。文明は常にそこに存在していたので、それがいつ、なぜ起こったのかなど疑問に思わなかったのです」と書いた。生徒がパブリック・アチーブメントに参加したのち、バックはある変化に気づいた。「「コミュニティ」や「所有すること」といった言葉を使う生徒たちがいるのを見て本当に驚きました。生徒たちは、メソポタミアに住む人々はいくつかの共通の課題と資源をもっていると指摘しました。人々は食物を栽培する方法を考え出さなければなりませんでした。そして、人々は二つの川の近くに住んでいましたが、その水を飲用にする必要がありました。こうした共通のニーズや資源、そしてそれらに人々がどう反応したかが、文明化につながったのです」。後に授業でギリシャ民主主義を学んだ際、生徒はギリシャの民主的政府とアメリカ政府を明確に分けることができた。「興味があるので、私は生徒たちになぜ政府のことをどうしてそんなによく知っているのか尋

ねたところ、多くは「パブリック・アチーブメントのおかげ」と答えたのです」[13]。

　ジェイソン・ミラーは、ミドル・スクールの生徒たちを教えるうえで多くみられる課題に、パブリック・アチーブメントが役に立つと考えた。「ここの生徒たちは、むらがあります。しかし、個人的に何か意味があるプロジェクトにはきちんとコミットすることができます」と彼は言った。ミラーは、理解のための教育は、生徒が自らに挑戦する環境の中で取り組むときに生じるというハワード・ガードナー（Howard Gardner）の主張を引く。ガードナーは「重要なプロジェクトへの参加や仲間との対話は、自分の固定観念あるいは誤解というものを疑い、より現実的で包括的な視点が浮上し始める可能性を高めます」と述べる。ミラーは、「パブリック・アチーブメントを通じて学んだスキルは、生活の他のことにも引き継がれ、将来にわたってずっと自分の中に残るもの」と信じていた[14]。

　より大きな傾向としては、ダコタ・メドウズの7年生と8年生は、郊外の他校と同じような問題を選んでいることがわかった（例えば、2001年の同時多発テロ以降、2002年にかけて、八つのチームが十代のうつ病と自殺について取り組んだ）。クンケルは、生徒のスキルと政治観を探る二つの評価方法を用いた。彼は、子どもが実践する政治的・専門的スキルと彼が称するものについて調査した。それによると、2001年から2002年にかけて、生徒の54％が、その道の権威に電話をかけ、80％がインタビューを行い、43％が連絡先を突き止めるためにパワー・マップを使用し、50％が会議を主宰し、72％が公の場で声明を発表したのである。

　マンケートでのパブリック・アチーブメントは、まるでジャズのような市民政治の力を示した。パブリック・アチーブメントがミズーリ州とカンザス州に広がる中で、ミズーリ州メリービルの小さな田舎町にあるカトリック学校、セント・グレゴリー・バルバリーゴ・スクールはその先駆的存在だった。その存在は北米大陸の中心部を横切るシティズンシップ運動の誕生にも寄与したのであった。

セント・グレゴリー・バルバリーゴ・スクール

　カウフマン財団は、カンザスシティ地域にパブリック・アチーブメントを普及するのを支援した。カンザスシティの北の町、メリービルにあるセント・グレゴリー・バルバリーゴ・スクールも、パブリック・アチーブメントを始めたのだ。時間が経つにつれ、同校でのパブリック・アチーブメントの取り組みが、地域全

体のシティズンシップ運動の源泉になっていることが分かった。1998 年の終わりに、セント・グレゴリーでは、幼稚園の子どもたちが学校の校庭に設置した新しいブランコの祝賀を行った。^{訳注12}「私は児童たちが事務室に来た時のことを決して忘れません。彼らは非常に憤慨していました」と、スー・ドレル（Sue Dorrell）校長は当時を回想する。「彼らは、時間が足りない、遊び場が十分ではない、ブランコも足りないと言いました」。幼稚園生の一人、デクスター・バーマン（Dexter Barmann）は付け加えた。「ブランコが 2 台しかなくて、いつも順番待ちの長い列ができているよ」。

　幼稚園の生徒たちは団結した。「僕たちは、お願いする紙を持って学校を一周したよ。ブランコが欲しい子に署名をお願いしたんだ」とデクスターは言った。カウフマン財団の支援による録画番組「僕ら（若き）人びと：パブリック・アチーブメントとこれまでにない変革（We the（Young）People：the Changing Face of Change）」は、カンザスシティ、セントポール、ミルウォーキー、メリービルの各チームの物語を紹介した。その一つがこの幼稚園生たちだった。学校の周りで呼びかけを行った子もいれば、年上の子たちがブランコをどれくらいの時間使っているかを測る子もいた。グループで募金活動もした。そうして彼らはブランコを一式手に入れたのである。「到着した日は素晴らしかったです。彼らは使命感をもっていました」とドレル校長は語った。デクスターは、「僕たちは小さかったから、大人たちは僕たちがこれほどのことをやってのけるなんて信じられなかったと思うよ」と付け加えた。

　セント・グレゴリーでのパブリック・アチーブメントは、ドレル校長そして息子が同校に通っていたシェリー・ロバートソンが、全国カトリック教育協会の会議でデニス・ドノヴァン（Dennis Donovan）の講演を聴いたことをきっかけに、1996 年に 8 年生から始まったのだった。彼らはコンセプション・セミナリー・カレッジ、ニューイングランド・ビジネス・システムズ（NEBS）、そしてノースウエスト・ミズーリ州立大学から学生コーチを募集した。シェリーが学生コーチのコーディネーターを引き受けた。現場統括のコーディネーターはスー・ドレル校長が担当した。校長は、セント・バーナードと同じような行動文化を創った。例えば、幼稚園の子たちが彼女のオフィスにやって来ると、「それで、その問題についてあなたたちは何をするつもりがありますか？」と訊き、教員や保護者に対しても、何か問題が挙げられたら、その問題に対して自分たちに何ができるかと、同じ質問を投げかけたのである。セント・バーナードのデニス・ドノヴァンがそうしたように。校長は、生徒たちがそのような過程の中で、どう変

わったかを目の当たりにした。「パブリック・アチーブメントに参加した生徒た
ちは、必要なスキルを伸ばしていきます。彼らは大人にも問いを投げかけます
し、大人たちが子どもたちでなんとかするよう求めてくることを恥ずかしく思う
でしょう。ただ座っていても、このようなことはできません。大人になったと
き、パブリック・アチーブメントは自分の一部になるでしょう。彼らは変化を起
こすことに関わり続けるでしょうし、私たちにも何かをしなければならないと言
います」[15]。

　地元紙の『*Nodaway News Leader*』は、1999 年 2 月、児童集会で表彰された
ブランコの取り組みを記事に取り上げた。カンザス州ワイアンドット郡のユナイ
テッド・ウェイからミシュカト・アズーズバイール（Mishkat Az-Zubair）がそ
うしたように、デニス・ドノヴァンと、カウフマン財団の支援を通じて任用され
たオーガナイザーであるエリザベス・バッド（Elizabeth Budd）が来校した。ミ
シュカトは、自身の確固たる現実主義を次のように表現した。「多くの人が、パ
ブリック・アチーブメントが好きと言うでしょう。そのとおり、何かをしている
ふりをするだけの人を一掃しなければなりません」と。

　デニスとミシュカトは、各チームに祝辞を送った。プロジェクトのリストに
は、以下が挙がった。遊び場に対するコミュニティ支援を構築する「インドア・
レクリエーション・センター」；メリービルからモジンゴ湖までの散歩道とバイ
カーやジョギングコースのトレイルを整備する「ユース N' アクション（Youth
N'Action）」；環境美化に取り組む「エコロジー・チーム」；安全な遊び場づくり
に取り組む「アウトドア・レクリエーション」；喫煙の危険性に関するコミュニ
ティへの啓発や企業に対する禁煙奨励活動を行う「シグニファイド・ライター・
ファイターズ（Cignified Lighter Fighters）」；コミュニティと学校とのコミュニ
ケーション強化に取り組む「ファルコン・プレス・イン・ザ・ネスト（Falcon
Press in the Nest）」；動物虐待と闘う「K-4 アニマルズ」；生徒を盛り上げるチ
アリーディングチームを創始した「スピリット」。なかでも「シグニファイド・
ライター・ファイターズ」は、数年間にわたり活動を継続し、それがミズーリ州
で最初の禁煙条例の制定にもつながった。

　そして、例の「キンダーガーデン・チーム」である。「幼稚園児が参加したパ
ブリック・アチーブメントの事例は他にない」とデニス・ドノヴァンは言った。
ミシュカト・アズーズバイールは、幼稚園児一人ひとりと握手した。ドレル校長
は、園児のグループがオーガナイジングのスキルを習得するのを助けたシェ
リー・ロバートソンを祝福した[16]。

　2001 年、この地域の市民教育のリーダーであるベティ・ブッシュ（Betty Bush）は、ハートランド財団最高執行責任者ジュディ・サバート（Judy Sabbert）に対して、セント・グレゴリーでのパブリック・アチーブメントの取り組みを調べるよう勧めた。このハートランド財団は、ミズーリ州北西部およびカンザス州、アイオワ州、ネブラスカ州それぞれの隣接する郡に、「コミュニティと地域の持続可能性の新しい道筋を築く」ことに市民が参加できるよう 1994 年に始動した団体である。この目的のために、財団は治療や予防よりはるかに広い意味の健康を展望して「健康なコミュニティ」イニシアティブを立ち上げた。それは地域リーダー、一般市民、そして若者たちを集めた連続コミュニティ・フォーラムから始まった。「若者たちは、自分たちは本当に違いを生み出せると信じていましたが、コミュニティからその権利を奪われているように感じていたことがはっきりしました」とサバートは説明した。4 名のうち 3 名の若者は、卒業後すぐにこの地域を去ることを考えていると言った。財団のリーダーたちは、パブリック・アチーブメントのプロジェクトを、若者が農村コミュニティに対するある種のオーナーシップや、誇りを高める方法として考えていた[17]。

　ベティの夫であり、ハートランド財団の健康コミュニティ事業のディレクターのボブは、パブリック・アチーブメントをまず体験しようと、セント・グレゴリーでのコーチに志願した。2003 年、シェリー・ロバートソンは、ハートランド財団と共同で、地域全体のパブリック・アチーブメントのオーガナイザーとして働き始めた。

　シェリーは、11 年間にわたってパブリック・アチーブメントを主催した。その過程でハートランド財団、ノースウエスト・ミズーリ州立大学、およびミズーリ・ウエスタン大学を含むパートナーシップを構築し、パブリック・アチーブメントを強化するために、さらにコンセプション・セミナリー・カレッジとのパートナーシップを構築した。パブリック・アチーブメントは、11 郡の 25 に及ぶ学校およびコミュニティ団体に広がった。プロジェクトは広範に及んだ。そのことが、公正さについて若者が抱いている懸念を証明し、そして世界を知るということへの熱心さを示していた[18]。

　セント・ジョセフでは、子どもの安全に関する共同プロジェクトに、カトリック学校、セント・パトリック校、公立ニーリー小学校の児童たちが集まった。プロジェクト・チームは、タイ・コーポレーション（Ty Corporation）から動物ぬいぐるみ「ビーニー・ベイビー」詰め合わせの寄付を受けた。チームメンバーは、児童養護奉仕団（Child Protective Services）との協力により、虐待にあっ

てきた子どもたちに、動物のぬいぐるみを渡した。そのぬいぐるみに、「あなたは
かけがえのない存在です。決して君のせいではないです」のメッセージを添えて。

　もう一つ、これはいくつかの全国ユース会議で承認を得たものだが、アクセシ
ブル・ヘルスケアの実現、RAH‼ と称するプロジェクトだ。手ごろな費用のヘ
ルスケアに関心のあるパブリック・アチーブメント・チームの2名の7年生が、
スープ・キッチンの活動場所とホームレスの避難所を訪問したことをきっかけに
RAH が始まった。彼らは、スープ・キッチンにいる人々を対象に、ヘルスケア
についての考えを質問した結果、手頃な価格自体が懸念ではなかった。なぜな
ら、地域には無料の診療所があったからだ。ほとんどの人が、医療制度を信頼し
ていなかったので、これまで医療をすすんで求めることはなかった。プロジェク
ト・チームは、ハートランド・ヘルス（Heartland Health）訳注13 に連絡を取り、
健康チェックのために学校に出張する移動診断車が週一日は空白になっているこ
とを発見した。チームは、社会福祉委員会（the Social Welfare Board）、ハート
ランド・ヘルス、オープン・ドア・フード・キッチン（Open Door Food
Kitchen）訳注14、救世軍（the Salvation Army）訳注15、そしてホームレスの避難所
と提携し、隔週でホームレスの人々が住む場所を訪問した。無料診療所の救急隊
員と実地看護師がケアを提供する間、女子生徒が患者の受付を行い、関連する物
資を配付した[19]。

　さらにもう一つの革新的な取り組みとして、ハートランド財団は2009年およ
び2010年に、ブキャナン第5巡回裁判所との間で、平均年齢15歳の47名の少
年犯罪者がパブリック・アチーブメントに参加することを許可することで合意し
た。これをきっかけに、シェリー・ロバートソンは、パブリック・アチーブメン
トでの経験が参加者にもたらした影響に関する研究で、ノースウエスト・ミズー
リ州立大学にて修士号を取得した。守秘義務を守るために、研究にはハートラン
ド財団の市民調査を使用した。かつての参加者の中にはすでに引っ越したり、裁
判中であったり、家族が参加を望んでいないという場合もあり、いくつもの問題
があった。それでも十代の若者たちが、かなりの成果を上げていること、そし
て、それがもたらす好影響は明らかだった。彼らはより安全な遊び場を作り、改
良された遊具を設置した。そして彼らは、学校の自動販売機に健康度の高い代替
食品を扱ってもらうことにも成功した。そして自分たちで、ホームレスの若者を
付きっきりでサポートする若年層ホームレスの支援プログラムを構築したのであ
る。

　シェリーの論文「Effect of Public Achievement on the Resilience of School

Aged Youth at Risk」は、パブリック・アチーブメントの理論と、健全な若者の発達とレジリエンスの理論、そして若者の才能、強み、関心、潜在能力を強調する領域を組み合わせたものだった。「レジリエンスとは、人間の強みに基づく構成要素です。それは、失敗を促すような要素を削除することよりも、むしろ発達支援やあるいはそのための機会（ポジティブな要素）の提供に焦点を当てています」。彼女は、パブリック・アチーブメントは、自分がエンパワーされているという参加者の感情を高めるだろうと仮定した。この調査結果は、この章の終わりで説明する[20]。

　ハートランド財団は、さまざまなパブリック・アチーブメントのチーム参加者とともにパブリック・アチーブメント・デモクラシー協議会（Public Achievement Democracy Council）を設立した。その目的は、パブリック・アチーブメントのプロジェクトを支援するために、同財団資金の割り当てを支援することにあった。2007 年に、同カウンシルは、貧困研究のために、七つの郡にわたってプロジェクトを実施した。各プロジェクトは、カメラを配り「写真の声」と呼ばれる方法を使って貧困を可視化しようとした。それから、調査結果を政策立案者に伝え、ミズーリ州セント・ジョセフで開催された「健康コミュニティ・サミット」で調査結果を数千人のコミュニティ・リーダーに紹介した。コミュニティ・リーダーと PA メンバーの態度は大きく変わった。プロジェクトに参加した子どもや十代の若者の中には、低所得者層の背景をもつ者もいる。シェリーによると、このプロジェクトはコミュニティの汚名をそぐのに役立った。「彼らは、貧困に陥っていたことについて自分たちの何が問題だったのかということよりもむしろ、人々の物語について考え始めました」。シェリー・ロバートソンは、パブリック・アチーブメントの参加者も自分たちのコミュニティを違うように見ていたと信じている。「彼らは自分たちのことを、貢献者、共同創造者と見なすようになりました。彼らは、協働する方法を大人のためにモデル化した。それらはこの地域全体にとっての模範であった」[21]。ニーリー小学校を閉鎖から救う闘いを主導した市民活動家、キャシー・マッキンリー（Cathy McKinley）が、セント・ジョセフにおけるパブリック・アチーブメントのコーチ・コーディネーターになった。彼女は「尊敬」そして実用的な政治的スキルを、若者の学びの核心とする。「彼らは、イシューについて単にまくしたてるのではなく、調査をして計画を立てる必要があるのです。仲間や地域社会の人々に敬意を払うことを学ぶのです」と彼女は言う[22]。ボブ・ブッシュ（Bob Bush）は、パブリック・アチーブメントを経験することが、コミュニティでの暮らしに

対して、より強い所有意識と責任感を創り出すと確信している。「私は今では、シティズンシップのこうした教訓を自身のキャリアに取り入れたたくさんの大人を見ています」と彼は述べる[23]。

　一方、ハートランド財団のジュディ・サバートらは、このアプローチをどう拡大し、地域社会と地域の若者たちの関係に違いを作り出すか戦略を立てた。財団は、エンパワー・ユー（emPowerU）と称する継続的な市民教育活動を立ち上げた。「パブリック・アチーブメントは、もはや単発のプロジェクトではなく、そのコンセプトはハートランド財団のあらゆるプログラムやイニシアティブに織り込まれています」と彼女は『*Come Together, Think Ahead!*』の中で書いている[24]。

　私がジュディにインタビューしたとき、彼女はプロジェクトがもたらしたネットワークについてこう説明した。「私たちはパブリック・アチーブメントを愛していましたが、一年に数百人の子どもたちとしかつながることがありませんでした。私たちは、ミズーリ州北西部とその近隣のカンザス州、ネブラスカ州、アイオワ州の各郡で活動しています」。ジュディは、その中に経験学習の要素、つまり「市民とは何たるかを学ぶプロセス」を含めた。「これが、若者が地域社会に貢献しなければならない機会を理解するのに役立っています。私たちは、若者のことを信じており、若者たちにはここで未来を見つめてもらいたいのです」[25]。エンパワー・ユーの取り組みは、エンパワメントの概念と公共的な貢献としてのシティズンシップを促進する。同イニシアティブは、これまで20以上の学校で展開されてきた。そこでは生徒たちが、自分たちが特定したイシューについて行動を起こすための計画を開発するために、地域を越えて集まってくる。生徒たちは、政治関係者、ビジネスマン、大学教職員、聖職者など、地元の市民リーダー会議に出席する。「カウンシルは、反響板として機能します。カウンシルは生徒たちに対して厳しい質問をします」とジュディは言う。彼女の見解では、何千人もの若者が自分自身をチェンジ・メーカーとしてイメージするのにこれが役立った。

　パブリック・アチーブメントと同様に、エンパワー・ユーには学校やコミュニティの拠点でのチーム別ファシリテーターと称するコーチの仕事がある。ハートランド財団は、エンパワー・ユーをカリキュラムに取り入れたい学校を対象に、教員養成やその他支援を提供している。初期のパブリック・アチーブメントの取り組みがそうであったように、エンパワー・ユーのチームにも、大規模プロジェクトの財団補助金の申請機会がある。サバートは、どの場合でも、若い人たちが身につけるスキルや能力は、彼らが成し遂げようとすることを実際に達成するか

どうかと同じくらい重要なものと信じている。効果は劇的だった。「過去10年間
で、私たちは2万人以上の生徒に関わってきました。若者たちは、コミュニティ
にとって自分たちは価値があり、重要な存在であることを理解するようになって
います」。彼女は、エンパワメントあるいはエージェンシーというものは、声
（voice）に通ずるものと考えている。「最初の評価と調査で、私たちは若者たち
に「大人は話を聞いてくれる？」と尋ねました。大半の答えは否定的なものでし
た。このことを知るにつけ、私たちは若者たちに自分たちの声がもつ力を見出し
てもらいたいと思いました」。後の調査では、エンパワー・ユーを完遂した生徒
としなかった生徒を比較した。ハートランド財団は両者に決定的な違いがあるこ
とに気づいた。「生徒たちは、人々が自分たちの話に耳を傾けてくれていると語
り、3人に2人は、コミュニティに残ることに関心があると答えたのです」ジュ
ディは、エンパワー・ユーがシティズンシップ、教育、そして将来のキャリア形
成に関連しているとみている。「私たちの使命は、教育を推進し、人々をエンパ
ワーすることです。私たちはこれをある種の職能開発としても捉えています。こ
れらは、企業が非常に重要と考えるスキルでもあるのです」。

　マリー・シュタイヘン（Marie Steichen）は、ハートランド財団のユース・エ
ンパワメントの取組みを10年以上にわたり評価してきた。彼女は、その取り組
みが、若者のアイデンティティを市民的側面まで含むものに広げていると考察す
る。「彼らはずっとただの子どもだと言われてきましたが、自分が市民であるこ
とを学ぶのです」[26]。彼女の評価は、カウンシルにプレゼンテーションを行うと
いう一日体験の時と比べた、生徒たちの大きな変化を示している。評価チーム
は、サーチ・インスティテュートが開発した青少年育成のモデル「発達度評価プ
ロファイル」の40項目に対する、エンパワー・ユー参加生徒の回答をベンチ
マークした。ハートランド財団の取り組みの参加者は、著しく異なる結果を示し
た。全国調査では28％だったのに対し、ハートランド財団参加者の80％が家族
間のコミュニケーションが良好と回答した。また、58％が「相互に助け合いのあ
る近隣地域」、63％が「相互に助け合いのある学校風土」と回答したと報告して
いる（全国調査では、それぞれ37％と29％）。学業目標に関しては、ハートラン
ド財団参加者の57％が宿題にきちんと取り組み、驚くことに64％が読書好きで
あると報告されている。これに対して、全国調査の数値は、「宿題」が47％、
「読書好き」が22％である[27]。

　毎年、「地域の生活の質向上に寄与した」若者を称えるために、パブリック・
アチーブメント、パブリック・アチーブメント・デモクラシー協議会、およびエ

ンパワー・ユーの修了生にエンパワー・ユー奨学金が授与されている[28]。

　他方、コロラド州ボールダーのナロパ大学の仏教インスティテュートでもパブリック・アチーブメントが始まった。

コロラドへの広がり

　エリック・フレッツ（Eric Fretz）は、2004年にナロパ大学でパブリック・アチーブメントを開始した。アメリカを代表する仏教大学であるナロパは、「黙想的な教育に専念する大学」を自称する。学長のトーマス・B・コバーン（Thomas B. Coburn）は、『*Naropa Magazine*』に次のように書いている。「知恵から、思いやりのある行動へと動くことは、いまそこにある平和と、平和の不在の間を結ぶ（the linkage of peace within and peace without）というナロパ大学のミッションの中心にある」。同号は、ソウル・アリンスキー（Saul Alinsky）[訳注16]のコミュニティ・オーガナイジングの伝統に触発され、社会正義の信奉者となったフレッツを特集した。「私は、生徒たちの才能が花開くフリー・スペースを教室に設置したいのです」と彼は説明した。彼は、そのプロセスを容易にするためには、創造的対立が重要であると主張する。「対立がなければ、一緒に取り組んでいることにはなりません」[29]。

　フレッツは、ナロパのコミュニティ・スタディ・センターのディレクターとして、「民主主義、教育、そして社会変革」という名称のクラスを作った。学生たちは、コロラド州ラファイエット近くのセンタウルス高校でコーチとなった。ナロパはボールダーの中心地にある。これに対してセンタウルスは別の世界だ。2004年にパブリック・アチーブメントが始まったとき、生徒の4分の1がラテンアメリカ系だった。英語学習者は12%だけで、多くは移民家庭の出身だった。また、生徒の30%が無料・割引価格の昼食の対象者だった[30]。

　2006年、ナロパの学生コーチは、パブリック・アチーブメントの学生ガイド『*We are the Ones We've Been Waiting For*』を制作した。短い本ながら、豊富な洞察が学生の関心と経験へと生かされている。

　スージー・アキリナ（Susie Aquilina）は、学生ガイドの紹介の中でコーチとしての出発点について書いた。「私たちのアカデミック・ライティングが、どうしたら公共的な目的を体現できるか」。コーチは、教授向けではない文書を書きたがっていた。代わりに、「パブリック・アチーブメントに参加して高めたスキルを、［…］文化創造の実践者になりたての学生のためのツールキット」として描いた。アキリナはまた、ナロパでの黙想的な教育と大学の外の世界での政治的

な取り組みとの間の繋がりも作った。「「ナロパの旅」の大半は、己を知るという内面的作業から成り立っています。ナロパのパブリック・アチーブメント・プログラムは、その内面的作業を活用する最適な手段として機能します［…］さらに、コミュニティとの関わりを通じて、その作業を有用なものにします」。彼女は、「文化の違いを乗り越えるというのは容易な仕事ではない」と気づいた。「慣れ親しんだ快適さから抜け出し、学生たちと一緒に仕事をすることは、たくさんの機会に満ちていました。学生が自分たちの情熱、希望、能力を理解するのにこのガイドが役立つことで、地域社会で文化の作り手として役割を果たすための関心や能力がどういうものか、多くのことが分かりました」[31]。

　ガイドは、7つの問題群を取り上げている：それは、「人種差別との戦い」、学校でのバイリンガル教育の欠如の問題を扱う「Raza Helpers」、宗教上の断絶を超えた理解不足が敵意や暴力を引き起こすという信念から、各宗教指導者の講演を計画する「Anti-War in the Middle East」、構内駐車場の利用に運転免許証を必須とするケンタウルスの方針変更を受けて立ち上げられた「無免許学生のための駐車場」、学生の自発的な隔絶に対する懸念を受けて立ち上げられた「多様性を通じた断絶への終止符」、職員の二言語運用能力の限界に対する問題を扱う「ケンタウルス校内のバイリンガルサポート」、「郡内の『裕福な学校』と比較してケンタウルスが世間の目には良い学校ではないと映っている」という誤解に対処する「Public Perception of Centaurus」である。

　リーン・バード（Leanne Bird）は、「新たなパブリック・アチーブメントのコーチとなるあなたへ」の執筆を担当した。彼女の見解では、コーチの役割は、「自分たちにとって重要な問題を扱う活動に参加する機会を生徒に与え、生徒たちがパブリックな声を見つけるよう導くことにある。学生はパブリック・スキルを磨き、パブリック・ワークに取り組める空間を創造することを通じて、これを行うのである」。私がハンフリー研究所時代に指導した学生コーチと同じように、彼女は生徒が自ら主導し、独自に進めることの重要性を強調した。「次々と起こる出来事に生徒が率先して対応することが非常に重要です。これがうまくいけば、自らプロジェクトを発展させたという経験をもつことになるからです。パブリック・アチーブメントのユニークな点はここにあります」。これは放任主義的なアプローチではない。「新しいコーチとしてのあなたの役割は、生徒たちに責任をもたせながら彼らをコーチすることです」。しかし最終目標は生徒の自立であり、「コーチから独立してパブリック・ワークに必要な自信とスキルを高めることができようにすることです」。産業地域事業団（Industrial Areas

Foundation：IAF）が「アイアン・ルール」と称するものを引き合いに出して、彼女は「決して、他人のためだからといって、その人自身が自分でできることを手助けしてはいけません」と強調した。彼女は「学期を通してこの考えと葛藤しました」。しかし彼女の考えでは、特に今日においてこのことは、エンパワメントのために重要であるという。「今日の社会変革は一般的に、何をすべきか、どうすればよいかを「専門家が」他人に伝えるというモデルに基づいている」。彼女は、コミュニティ・オーガナイザーのアーニー・コルテス（Ernie Cortes）を引用して、「人々にカリスマのようなリーダーがいて、人々が考えていることをその人がすべてやってしまうのであれば、人々はそのリーダーに依存するようになります。受け身になります。そして率先するということを欠きます」。

　彼女は二つのグループでコーチを担当した。一つは運転免許証に関する学校の方針変更に取り組むグループで、もう一つは学校の多様性についての対話と理解を深めることに取り組むグループである。後者のグループには、アルメニアからの移民、アフリカ系アメリカ人、ラテン系生徒、トルクメニスタンからの移民、三名のヨーロッパ系アメリカ人学生、そのうちの１名は同性愛を公表したレズビアン、そして障害を持つ学生がいた。両方のグループで、学生の自己関心（self-interest）こそが情熱への鍵だと彼女は言った。彼女は、生徒一人ひとりの強みを知りながら、弱みにも対処することが重要であると感じた。「どちらのグループにおいても、自分の希望を実現するスキルや自信を養うことに比べれば、生徒が自分の問題を首尾よく解決することはそれほど重要ではないと指導しました」。彼女は、参加者が異なる様々な役割を順次回していくことの利点に気づいた。その役割というのは、記録者（メモを取る）、タイムキーパー、ファシリテーター（グループが議題に責任をもつよう支える）、奨励者（士気を高める）、および評価者（改善可能なことを見極める）を含んでいた。

　バードは、当時のIAF理事長だった故エド・チェンバース（Ed Chambers）訳注17の考えを引き合いに、「パブリックな関係性」を構築することの重要性を強調した。チェンバースは、愛とパワーを組み合わせ、バランスをとる必要性を強調した。「愛は、自分自身と他人の関心の相互依存性というものを認識し、尊重するような関係を維持することを意味しています」。力とは、行動する能力である。「愛を欠いた力は専制政治であり、力を欠いた愛は感傷です」と、マーティン・ルーサー・キングを引用して、チェンバースは言った。バードは、生徒一人ひとりのことを知るようになった。「生徒との関係を深める簡単な方法は、生徒たちに質問することです」。実際には、彼女と彼女のコーチである

レイチェル・ペイン（Rachel Paine）は、自分たちのことについて話すことのほうに時間がかかってしまった。そして彼女は、生徒が強力な立場にある人々とパブリックな関係性を取り結ぶことの重要性を強調した。「私たちが、最初のグループでパワー・マップを制作したとき、この問題に対して最も力をもっていると生徒が感じたのは校長のピルチ先生でした」と彼女は言った。そこで、生徒たちは学期中、3回にわたってピルチ校長と会合を行い、真剣にパブリックな関係づくりを進めた。「これらの会話を通して、生徒と校長が、同じ関心を抱いていることに気づきました。つまり、在留許可のない生徒たちに疎外感をもってほしくないという共通の関心を」。生徒と校長は協働して、その結果、ピルチ校長は学校の方針を変えることに同意した。リーン・バードは、新しいコーチに対して、人生を変える経験に対して心を開くことを奨めて話を締めくくった。「私は私の学生をいたく尊敬しました。私は彼らが学校に通っていなかったときのことを考えました。そして、毎週水曜日に彼らに会うようになってみて、私はとても興奮しました。私は、次の言葉をあなたがたに託します。コーチをしながら楽しむこと。生徒との間に信頼関係を築き、そして一緒に過ごす時間を大切にすること。［…］とにかく楽しむこと！　パブリック・アチーブメントは信じられないほど素晴らしい旅なのですから」[32]。

　ナロパ・コミュニティ・スタディ・センターのディレクターを引き継いだのは、エレイナ・バービアー（Elaina Verveer）だった。彼女は、パブリック・アチーブメントやそのコミュニティ・オーガナイジングの伝統とのつながりに興味を惹かれたのだった。国の進歩的な政治の中心で育った彼女は、社会的正義に対してエリックがどのような寄与を果たしたのかについて共有していた。ワシントンでの彼女の経験をもとに、彼女は言った。「文字通りどの街角にもある根深い不公正、目を向けさせることは不可能でした」。

　エレイナは、若者はオーガナイジングのスキルと習慣を学ぶことができるというパブリック・アチーブメントのアイデアをこれと結び付けた。彼女は、自分が担当していた仕事に、パブリック・アチーブメントの方法と概念を統合し始めたのだ。ナロパのコミュニティ・センターの暫定理事を務めたのち、彼女はコロラド大学ボールダー校で、パブリック・アチーブメントのカリキュラム・理論・実践に焦点を当てた1年間の実習コースを開発した。このコースでは、何年にもわたって、500人以上の大学生を地域の学校における若者たちのチームと一緒に取り組むコーチとして訓練したのである。

　これまでエレイナは、多様な人種や経済的背景をもつ若者たちが、移民問題か

らホームレス問題まで様々な問題に対して効果的な行動を起こすために、互いの違いを超えて働く姿を見てきた。それらは、常に他人の期待を上回っただけでなく、時には彼女自身の期待をも上回った。彼らは官僚的な障壁があれば交渉をもち掛け、その問題に関するパワーをマッピングし、多様なグループとのパートナーシップを築き、そして熟議した。彼女はまた、例えば、ラファイエットの青年諮問委員会に、パワー・マッピングの手法を教えるなど、至る所にパブリック・アチーブメントの方法と概念を広めた。「2007 年に委員会は、ラファイエット・スケートパークを設立するキャンペーンを開始しました。正直なところ、「私たちは 90 万ドルの事業について話しているのだ。18 人の若者のグループがこれにどう取り組めるというのだろうか？」と思いました」と彼女は回想する。しかし彼らは、パワー・マップを用いて、なんとスケート・パークに必要な支援先を見つけたのだ。そのスケート・パークは、それから 1 年半で竣工した。

　2016 年にエレイナ自身の政治観を尋ねたとき、決まった解のない方法で世界を形作る能力というものを高めていくことの重要性を彼女は強調した。彼女は、多様な党派的見解や背景をもつ人々と働くスキルを学ぶ市民政治が、政治の両極化や抵抗運動よりはるかに効果的と確信するようになった。

サービス主義そしてイデオロギー主義的政治を超えて

　パブリック・アチーブメントは、青少年の参加と市民教育を再構築する。それは、異なる種類の政治を推進することを通じて、若者のアクティブラーニングやコミュニティへの参加における「奉仕」アプローチと「政治的」アプローチと呼ばれるものの間の論争に対処する。

　この論争は、民主的な価値を育むことを目的とし地域に根差した経験に若者を参加させる全米的に認知された 10 のプログラムを取り上げた、ジョセフ・カーン（Joseph Kahne）とジョエル・ウェストハイマー（Joel Westheimer）訳注18 による有名な研究の中で詳述されている。奉仕プログラムとサービスラーニングのプログラムの多くは、あらかじめ若者が成功するように設計されていると彼らは考察する。これらはまた、若者のコミュニティへの参加の取り組みの圧倒的多数を占めている。住宅都市開発省（the Department of Housing and Urban Development）が行った 599 の大学でのサービスラーニングのプロジェクトの調査によれば、それらの 50％が直接的な奉仕サービス（個別指導、食事提供、衣服整理など）を提供するものであり、42％がコンピューター・トレーニングなどの技術支援、そして 7％が植樹などの物理的環境の改善を主眼とする内容であっ

た。「立法案の起草や借家人協議会の設立などの政治的アドボカシー」に関与した学生は、わずか1％にすぎなかった。奉仕活動のプロジェクトは一般的に非政治的である。それらは「改革を求める人々に対し、主要機関がどのように対応するかという場面において、権力、利益団体、そして政治がどのような役割を果たしているのか」ということには関知しない。学生たちは、自分たちが違いを生むことができるという気持ちから離れ、「シティズンシップには、政府、政治、または社会的行動は必要ないと学ぶ」。これとは対照的に、学生を直接的に権力システムや政治に参加させるようにデザインされた少数のプログラムは、彼らの公共的な事象への関心を高めることもあるものの、学生に無力感や皮肉な感情を抱かせてしまうことも少なくない。カラは、女性保健センターで行動を起こすことには失敗してしまったのだが、そのことについて「何にでも役立つことをやり遂げるのは本当に難しいと思う」と説明する。カーンとウェストハイマーは、トビー・ウォーカー（Tobi Walker）が生み出した「サービス／政治」の分割という概念を用いて議論を展開する。ウォーカーは、多くの関与の経験は「奉仕の仕方について多くのことを教えるが、政治的変革にどのように影響を及ぼし得るかについてはほとんど教えていない」と結論づける[33]。

　ダーウィン・ファーマン（Darwyn Fehrman）とアーロン・シュッツ（Aaron Schutz）は、パブリック・アチーブメントを、自身が公立のチャータースクールに務めていたミルウォーキーに拡げることに携わった。彼らは、パブリック・アチーブメントを次の二つの間に位置づけている。すなわち、「パブリック・アチーブメントは、慈善と非政治的なサービスラーニングと、学校を拠点としないユース・オーガナイジングでの政治的な社会行動との間のどこかに当てはまるようだ」と彼らは記している。1章で述べた動員型運動の伝統を背景にもつファーマンとシュッツは、パブリック・アチーブメントには批判的である。パブリック・アチーブメントが政治を「おおよそ協調的な性格をもつもの」として表象しているというのがその理由である。彼らはミルウォーキーで、パブリック・アチーブメントのプロジェクトを、彼らが「ユース・オーガナイジング」と呼ぶ、政治的で論争的な経験ができるように形作ろうとした。「ユース・オーガナイジングは、より直接的な形で抑圧と対峙し、アリンスキーによって開発された戦略を用いて立ち向かう。オーガナイジングの中心的な命題は、力をもった者が弱者に対して真に価値あるものを自発的に提供することなどめったにないということにある。それほど力をもたない者たちは、集団的な行動、衝突、そして対立を通じてのみ、自分たちは決して無視できない勢力であること、エリートから譲歩を勝

ち取ることができると証明できる」[34]。

　パブリック・アチーブメントが対立に取り組んでいないとする、ファーマンと
シュッツの批評に相対するものとして、政治的には逆の立場をとる保守系の「全
国学術協会」（NAS）の報告書がある。2017 年 1 月に発表された報告書
『*Making Citizens：How American Universities Teach Civics*』の著者デイビッ
ド・ランドール（David Randall）によると、報告書は「高等教育における大き
な新しい運動」の中心にパブリック・アチーブメントを描いているという。ラン
ドールによれば、この運動は、サービスラーニング、コミュニティ参加プロジェ
クト、インターンシップ、その他の教室外での教育経験によって構成される。
「私たちは、この運動を「新しい公民科（the New Civics）」と称する」とラン
ドールは書いている。「昔ながらの公民科を装って、公民科教育に充てられるは
ずの大学の膨大な資源と学生の時間を奪い取った」とランドールは主張する。ラ
ンドールは、「新しい公民科」には隠されたねらいがあると主張する。「この運動
は、アメリカに革命を起こすための過激な左派活動家による最も成功した 1960
年代以後の戦術のひとつです」。NAS の観点から見ると、パブリック・アチーブ
メントはこの先端を示す存在であり、報告書は「高等教育に、ソウル・アリンス
キーの考え方が侵入してきた」という。「パブリック・アチーブメントを通じて、
1980 年代後半から 1990 年代初頭にかけて最も深刻な転換が起こった」。パブ
リック・アチーブメントは、サービスラーニングやその他のコミュニティ参加型
学習よりも小規模ではあるが、「強固な政治的激しさを伴っている」という。
サービスラーニングは一般的に、革新的な政治目標を前進させるように機能す
る。パブリック・アチーブメントは、アリンスキー流のコミュニティ・オーガナ
イジングの手法を用いて、焦点化や組織化を伴って、政治的な目的に向かって機
能する。アリンスキー主義の戦術モデルは、「新しい公民科」を恐るべきものに
している」。パブリック・アチーブメントは、「偽装されたアリンスキー主義」で
ある。それは、「権力というものを重く見るアリンスキー主義に依拠しながら、
敵対者を打ち負かすための力の行使に政治を矮小化している」と主張する[35]。

　ファーマンとシュッツ、そしてランドールの双方とも、パブリック・アチーブ
メントの市民政治を誤って理解している。パブリック・アチーブメントは、反企
業の進歩主義のように特定のイデオロギーを志向するものでもなければ、政府機
構や NAS が支持するような公民科の内容を重視しているわけでもない。パブ
リック・アチーブメントが依っているパブリック・ワークのアプローチは、1 章
で描かれた、民主的であるが非イデオロギー的な意味の政治という文脈におい

て、政治的なのである。それは、立場や意見が異なる人々が、建設的に、非暴力で、敬意を伴い関与するものである。もちろん資源として、パートナーとしての政府の重要性を認識しているが、政府の中だけに政治を位置づけるのではない。つまり、その結果として、「共同創造者としての市民」という概念は、政府との垂直的関係を軸として展開するわけではない。パブリック・アチーブメントでは、パワーを、他の人に命令するような一方向の能力として示さない。例えば、パブリック・アチーブメントの中心的な実践の一つ、「パワー・マッピング」は、複数の源泉をもった、複数の種類のパワーを描き出す。最後に、市民政治というものが不平等のパターンというものを注視しつつ、パブリック・ワークにおけるコモンウェルスの創造を重視する考え方によって、階級、人種、信仰、党派的信念の違いを超えた協調的なプロジェクトがいかに重要か表面化させる。これが、幅広い支持や当事者感覚を伴った解決策、さらには公共善の共創へとつながっていくのである。

　パブリック・アチーブメントでいう政治は、「通常の政治」という観点からだけでなく、資金提供者の観点からも非伝統的なものである。2001年3月、パブリック・アチーブメントの主な資金提供者であるカウフマン財団、ピュー慈善信託財団、サードナ財団、およびブラッドリー財団が、「寄附者の奉仕」のモデルによって立ち上がった全米の10財団によるラウンドテーブルをカンザスシティで開催した。これは、イニシアチブを支援する寄附者を探し、彼らの関心を反映したプロジェクトと結びつけるというものであった。このコンソーシアムの目的は、パブリック・アチーブメントの全国的拡大の可能性を探ることにあった。参加したコミュニティ財団の代表者たちは、パブリック・アチーブメントの参加者（子ども、コーチ、教師）から選ばれた登壇者の取り組みの話に耳を傾けた。民主主義とシティズンシップ・センターのスタッフが、地域社会におけるPAの推進と支援にどのようなインフラが必要になるか、その概要を説明した。しかし、パブリック・アチーブメントは、「プログラム」というより、むしろ市民政治やパブリック・ワークを行うグループを活気づける「ネットワーク」に近く、伝統的に資金調達に使用されてきた論理モデル（ある投入量がどれだけの成果を生み出せるかを線型的に予測する）は、これには当てはまらなかった。私たちへの関心はあまり得られなかった。振り返ってみると、私たちはパブリック・アチーブメントを広めていけるよう、コミュニティの各財団と協力する方法を作り出す必要性と同時に、しかし、それは決して「複製」できないということにも気づいた。イシュー、プロジェクト、パートナーシップ、成果、そして文化はそれぞれ

の場所で異なるからだ[36]。

　こうした斬新で予測不可能な性質の一方で、パブリック・アチーブメントには、若者にとって望ましいと広く考えられている市民的・政治的能力、知識、そして価値を養うという相当の証拠がある。RMC リサーチ・コーポレーションは、2005 年と 2006 年に、カーネギー・コーポレーションの支援を受けて、2 年間にわたりパブリック・アチーブメントの評価を行った。ツイン・シティーズ、ミズーリ州北西部、ミネソタ州マンケートの 556 人の生徒、55 人のコーチ、8 人の校長、および 12 人のサイトコーディネーターを対象に、定性的および定量的方法を用いて情報を収集した結果多くの良い効果があることを明らかにした。「パブリック・アチーブメントへの参加は、生徒の世界への視野を広げ、他人と協働するスキルを向上させた。それはまた、根拠をもって自分の意見を正当化するためのより良い方法を、学生たちに与えたのと同時に、異なる意見に耳を傾け多様なニーズを釣り合わせてプロジェクトを完成させ、自分たちの行動がコミュニティにどのような影響を与えたかを理解するのに役立ったのである」。RMCは、異なる学年のそれぞれに特有の効果を発見した。「パブリック・アチーブメントに継続的に参加している小学生は、同年代の小学生と比べて、市民としてのスキルをより多く身につけ、そして若者が世界に変化をもたらすことができると信じる傾向がより強かった。パブリック・アチーブメントへの継続的な参加は、市民の特質、市民の技能、および市民的関与の成果の尺度の大幅な増加と結びついていた」。ミドル・スクールの参加生徒たちは、他校の生徒たちと比べて、「自分たちの学校がよりよい学習環境になることを手伝う責任を、より多く負おうとしていました」。高校生は、「口頭での説得力と傾聴スキルを含む、複数のコミュニケーション技能を身につけました」。学校関係者たちも、肯定的な見方を示した。「パブリック・アチーブメントに参加した生徒たちは［…］コミュニティにより深くかかわり、振る舞いを改善し、コミュニケーション技能を磨き、問題解決者となり、他者が必要とすることを支援し、そして自信を深めていました。そのことに気がづいたのです」。パブリック・アチーブメントは、それぞれの学校への評価を高め、学校－企業－コミュニティの間のパートナーシップを発展させることに役立った[37]。ミズーリ州で裁定を受けた「リスクのある」若者に対するパブリック・アチーブメントの効果に関するシェリー・ロバートソン（Shelly Robertson）の研究においても、同様の結果が得られた。こうした若者のうち、パブリック・アチーブメントに参加した者は、「エンパワメントを受けている感覚、自分たちの社会貢献を持続しようとする感覚をもっていると報告した。彼ら

は、地域社会の問題を解決するのに自分たちが役に立てると信じている。[…]
彼らは、学校や地域の活動に参加することの重要性に対する関心が高まっている
と報告した」。シェリーは、次のように結論づけた。「パブリック・アチーブメン
トのプロセスに参加した若者は、衝突を解決し、意思決定し、チームを編成して
取り組むという、一連の能力に自信を深めた。彼らは、多くの視点が存在する問
題について、理解を深め、共通の土台をつくるために傾聴する能力を高めたと報
告してくれた」[38]。

　ベイザーマンの評価チームの一員であるラウディ・ヒルドレスは、パブリッ
ク・アチーブメントがフリー・スペースの概念をより豊かなものにすることを発
見した。そして、ジョー・クンケルが何年にもわたって集めてきた、学生のペー
パーを読めば、パブリック・アチーブメントの学習の中で、政治や民主主義が共
通言語として語られることで、いかに学生の認識というものが変容しているかが
分かる。

フリー・スペース

　ラウディ・ヒルドレスは、もともと民主主義とシティズンシップ・センターの
大学院生で、当時は数年間にわたりパブリック・アチーブメントに密接な関わり
をもった。彼は、パブリック・アチーブメントの評価の中で、「[パブリック・ア
チーブメント]というグループは、若者が自分自身を新しい方法で「創作」でき
る空間であり、場所」となっていたことを明らかにした。それは、「ある決まっ
た型の生徒としての、あるいは仲間の一員としてのアイデンティティや役割とい
うものの外側で」という意味においてであった。学校では、若者は、成績によっ
て非常に制約を受けていると感じるのと同様に、学校のクラスや人種、家族、そ
して生徒に対する教師の能力観によっても制約を感じる。彼は「パブリック・ア
チーブメントは、オルタナティブな社会心理学的・政治的な空間として経験され
る。そこでは、自分たちの評価や信用に根差した社会的役割を果たす必要はな
い」と観察した。生徒たちからよく聞かれたのは、「「パブリック・アチーブメン
トは、違うものになれる機会だ」「自分が自分らしくいられる」「パブリック・ア
チーブメントでは、自分のマスクを外せる」「他人が自分のことを、これまでと
は違うように見たり、接したりしてくれる」」といったコメントであった。ヒル
ドレスは、パブリック・アチーブメントを「自由の空間」と呼ぶ。そこでは、問
題行動をする子や低学力の子とレッテルを貼られた子どもたちがしばしば大きく
成長する[39]。ヒルドレスはまた、若者のコーチにも大きなインパクトがあったこ

とを見出した。コーチたちは「パブリック・アチーブメントを、最もいらいらす
るが、同時にこれまでの経験の中で最もやりがいのある経験の一つとしてしばし
ば説明する」。コーチには、大人が生徒と接するどの場合よりも、ずっと流動的
で多面的な役割がある。悪ふざけをする子どもたちの扱い、学習の支援、全員参
加のプロジェクト作業の調整、政治の言葉の使用、教師のように振る舞わないこ
となど、互いに矛盾する複数の課題と向き合う。そのような多様な役割と仕事
は、要求が厳しく、混乱を招く可能性があるが、コーチはそれらの経験によって
深い影響を受けることがよくある。「パブリック・アチーブメントの大きな皮肉
そして喜びの一つは、学部学生が「子ども」という存在をロールモデルとして認
識するようになることがよくあるということです。彼らの情熱、献身性、思慮深
さ、そして実践的な意味での効力感は、学部生に自分の政治的信念、キャリアの
選択さえ再考させるような刺激を与えることが往々にしてあります」[40]。たしか
に私も、ハンフリー研究所の大学院生が、パブリック・アチーブメントでコーチ
を担うときに、彼らが青少年に対処する際の定式的な方法を捨て去っているのを
よく見た。

民主主義の再定義

　クンケルは毎年、自分が指導する学生にパブリック・アチーブメントの経験を
振り返るエッセイを課してきた。クンケルはその中で、学生に対して、自分の
チームが「民主主義、シティズンシップ、政治、そして集団で取り組むこと」に
ついて何を学んだかを問うた。学生の振り返りを象徴する引用をいくつか紹介す
る。ある学生は「パブリック・アチーブメントが始まった際は、シティズンシッ
プとは米国で生活することを意味し、政治は政治家だけが関わるものだと思って
いました」と言った。「しかし、年が進むにつれ、政治がミドル・スクールの中
でさえもきわめて大きな役割を果たしているということに、信じられない思いが
しました。子どもたちと私は、校長先生、Hy-vee（スーパーマーケット）や
Echo（地元の食料品店）の店員を相手にしなければなりませんでした。私は、
子どもたちがこれをすべて自分自身でこなしたことを誇りに思いますが、教育の
側に入ってみてみると、政治がどれほど教育に大きな役割を果たすのか正確にわ
かるのです」。
　クンケルのもとで学ぶ学生が書いた論文には、若者がもつ潜在的な政治へのエ
ネルギーがよく表れている。「自分が学んだことに自分自身が驚いています」と、
ある学生は言った。「自分が効果的なコーチであるにはどうしたらよいかを学ん

だだけでなく、能動的な市民になることの意味も学びました。私たちコーチは、将来世代のために民主主義を刷新しているのです。アメリカ民主主義の概念がその光沢を失い、それを回復しなければならないということが、この授業を通じて自分の中で明らかになりました」。もう一人も、経験からの学びについて描いていた。「私は、民主主義の基礎について学びました。民主主義は、私たちだけが作りだせるものです」。3人目の学生は説明する。「もはや私はただ座って、この狂った機械のような民主主義をそのまま放置することはしません。私たちは、何かが気に入らなければ、その状況を改善する対策を講じることができるのです」[41]。

パラダイムを比べて

　パブリック・アチーブメントでは、民主主義、政治、シティズンシップ、そして権力について、他の青少年の市民教育プログラムの取組みとは違う理解をする。パブリック・ワークの枠組みは、教科としての公民科や奉仕としてのサービスが「間違っている」と否定するものではない。しかし、市民政治とパブリック・ワークは、民主主義、シティズンシップ、権力、そして政治そのものの概念を大きく拡張する。市民政治とパブリック・ワークは、政治が生成していく経験を伝える。そして、民主主義に関するより深い物語を指し示す。表4.1は、南アフリカ民主主義研究所（the Institute for Democratic Alternatives in South Africa：Idasa）のマリー＝ルイーズ・ストローム（Marie-Louise Ström）とシビック・スタディーズの共同創設者エリノア・オストロム（Elinor Ostrom）の共同で、民主主義とシティズンシップ・センターが開発したいくつかのバージョ

表4.1　異なるフレームワークによる市民教育

フレームワーク	公民科	サービス	パブリック・ワーク
民主主義とは何か？	自由選挙	市民社会と選挙	パブリック・ワークを通じて作られる生活様式
市民	投票者	ボランティア	共同創造者
シティズンシップ	投票	コミュニティへの参加	パブリック・ワーク
政治	誰が何を得るか？	調和の模索	問題を解決し、共和国を作るための、差異を越えた参加
パワー	上からの力 (Power over)	協働する力 (Power with)	付与される力 (Power to)

ンの一つである。私は 1994 年にポインター研究所（Poynter Institute）の原型を開発した。ジャーナリストたちは、ジャーナリズムの三つのモデル（市民のための番犬、市民に奉仕する見張り犬、パブリック・ワークのためのそり犬）を提案した。

　パブリック・ワークの枠組みは、人々の政治的想像力を広げる。それは「コモンウェルス」のプロジェクトを生み出し、共有の資源と文化変容を創り出す。1998 年に私は六つのコミュニティで 100 以上のパブリック・アチーブメントのプロジェクトを分析した。全体の約三分の一は、対権威の正義志向の闘争（例えば、学生の権利養護や、構造的人種差別に対する闘争）、17％が奉仕プロジェクト（例えば、フード・シェルヴズや学習支援）であり、残る 50％がコモンウェルス・プロジェクトであった。このコモンウェルス・プロジェクトで行われたのは、物的な財（遊び場、リサイクル・プログラム、その他）を創り出す取り組みや、すべての人が役割を担うような文化変容（いじめをめぐる規範を変えることなど）の取り組みであった。

　大学生は、政治やシティズンシップを公共的意義のある仕事と結びつけるといった、広い考え方を探求するようになると、公共的文化に関する幅の狭い話や定義を変えようという情熱を示すようにもなる。パブリック・アチーブメントと共創的政治が海外の 30 ケ国に広がるにつれ、パブリック・ワークのアプローチがもつ力がいっそう明確になった。

　本章のタイトルは、パブリック・アチーブメントのコーチ手引書から採用した。コーチたち自身から提案されたものである。

訳注

1　リンデ＆ハリー・ブラッドリー財団（The Lynde and Harry Bradley Foundation）。アメリカを代表する市民活動支援財団の一つ。1942 年創設。本部はウィスコンシン州ミルウォーキー市。

2　W.K.ケロッグ財団（W.K. Kellogg Foundation）。アメリカを代表する市民活動支援財団のひとつ。1930 年創立。本部はミシガン州バトル・クリーク市。詳細は以下を参照。https://www.wkkf.org/

3　アメリカ最大級の青少年育成団体である「ナショナル 4-H 協議会（National 4-H Council）」を指す。全米 100 以上の州立大学が参加し、加盟大学の学生による子ども支援活動を推進する。なお、「4-H」とは、同協議会の”Head, Heart, Hands and Health”の四つの頭文字「H」を表す。詳細は、同協議会の公式ウェブサイト（https://4-h.org/）を参照。

4　アメリカ・ルイジアナ州出身のトランペット奏者、作曲家。

5　アメリカ・ニューヨーク市出身の映画監督、映像制作者。

6　アメリカ公共放送局（Public Broadcasting Service：PBS）が制作した、ケン・バーンズ監督によるドキュメンタリー番組。10 のエピソードと合計 19 時間を超えるドキュメンタリーで、アメリカのジャズ界に衝撃を与えた大作として高い評価を受けている。

7　サラ・エバンス（Sara M. Evans, 1943-）。ミネソタ大学歴史学部名誉教授。フェミニズム、女性解放運動史を専門とする。*Personal Politics：The Roots of Women's Liberation in the Civil Rights Movement and the New Left*（1979）をはじめ、公民権運動に関する論考を多く発表している。*Feminist Studies* 誌の編集委員を務める。

8　1925 年に創設された、アメリカ労働連盟（the American Federation of Labor；AFL）の認可を受けた、黒人が率いるアメリカで最初の労働者団体。創設者は、のちに公民権運動のリーダーの中心人物となったフィリップ・ランドルフである。

9　マーティン・オラフ・サボ（Martin Olav Sabo, 1938-2016）は、元アメリカ連邦議会議員。現在、ボイトが所長を務めるオーグスバーグ大学の「民主主義と市民性のためのサボセンター」の名称は、同カレッジ卒業生であるサボ氏の功績にちなんだものである。

10　元ミネソタ州セント・ポール市長。コミュニティ・オーガナイザーとしてセント・ポール市で市民活動を長らく展開した。ボイトがパブリック・アチーブメントを開発する際の協力者でもあった。

11　CDC は、民主主義と市民性のためのセンター（Center for Democracy and Citizenship）の略称である。

12　同校には、幼稚園が併設されている。以下を参照。https://stgregorybarbarigo school.org/

13　正式名称は、Heartland Health Centers である。本部はイリノイ州シカゴ。患者のニーズに応じて地域医療サービスを提供する。200 以上の言語に対応可能な体制を組んでいる。詳細は以下を参照。https://www.heartlandhealthcenters.org/

14　ミズーリ州 セント・ジョゼフの社会事業団。

15　1865 年にイギリスのメソジスト教会の牧師、ウィリアム・ブースと妻キャサリンによって、ロンドン東部の貧しい労働者階級に伝道するために設立された、国際的な慈善団体。アメリカの The Salvation Army America は、ヴァージニア州アレクサンドリアに拠点を置く。詳細は以下を参照。https://www.salvationarmy.org/

16　ソウル・アリンスキー（Saul D. Alinsky, 1909-1972）は、アメリカのコミュニティ・オーガナイザー。コミュニティ・オーガナイジングという住民の組織化を通じた社会運動手法の創設者であり、1960 年代に盛んになった草の根運動（grass-roots movements）の基礎を作り、ラルフ・ネーダーらと並んでアメリカの大衆運動における重要人物の一人。ボイトも、パブリック・アチーブメントを開発する上でアリンスキーの方法論を参照している。

17　エドワード・トーマス・チェンバース（Edward Thomas Chambers, 1930-2015）は、元 IAF 代表。コミュニティ・オーガナイザーの研修方法を体系化することに

功績を残した。特に、チェンバースが開発した「ワン・オン・ワン」
(one-on-ones）と呼ばれる人間関係を構築するための対面手法は、コミュニティ・
オーガナイザーが身に着けるべき最も重要な手法となっている。

18 カーンとウェストハイマーの研究については、以下もあわせて参照されたい Joel
   Westheimer & Joseph Kahne （2004）"What Kind of Citizen? The Politics of
   Educating for Democracy", *American Educational Research Journal*, Summer
   2004；41（2）：237-269.

5 海外のパブリック・ワーク

ハリー・C. ボイト、タミー・L. ムーア、
マリー＝ルイーズ・ストローム

　1998 年の春、北アイルランドから 12 名のプロテスタントとカトリック教徒の教育者が、ミネソタ州セントポールのセント・バーナード小学校を訪問した。北アイルランドの市民教育ネットワークからの支援を受けたこの訪問団は、同国に長きにわたって存在するカトリックとプロテスタント間の宗教的対立を克服しうる"地域的かつ国際的なベストプラクティス"を見つけるために米国を訪問していた。「私たちは、米国滞在中、ミネソタ州のミネアポリスとセントポールを訪問した。訪問団は、パブリック・アチーブメントのプログラムを視察した」。「訪問団全員の意見が一致したのは、このパブリック・アチーブメントこそが最も印象的なプログラムであり、[…] それは北アイルランドでも容易に適用かつ活用しうるということであった」と、訪問団の共同声明が伝えている。

　パブリック・アチーブメントにはいくつかの際立った側面がみられた。小学校の子どもたちは、訪問団がほとんどみたことのない方法で、市民教育ワーク（Civic Education Work）に参加していた。13 歳のエリン・ロヒアン（Erin Lothian）は、アイルランドの訪問者とのミーティングの議事を進行した。子どもたちは、地雷対策、暴力の犠牲者の追悼などのプロジェクトについて"原稿なしで"語ったうえに、そこにいた若者たちは答えがわからないときでもわからないことをごまかすことなく謙虚であった。この出来事は、訪問団がこれまで他の場所で見てきた議事次第によるミーティングというパターンを打ち砕いた。訪問団は、北アイルランド社会が若者たちのエネルギーを必要としている今日にあって、パブリック・アチーブメントには彼らを積極的な市民へと育成するだけの潜在力があることを知った。この訪問団に同行していたベルファストの青年リーダーであるアンジェラ・マシューズ（Angela Matthews）は、「私は、若者が今日の社会を成す重要な一部というよりはむしろ"未来の担い手"だという考え方は好きではありません。パブリック・アチーブメントは、若者のエネルギーと情熱を積極的に活用するための手段であると感じています」と語った。その翌年、北アイルランドでパブリック・アチーブメントが始まったのである[1]。

　その 1 年後の 2000 年、デニス・ドノヴァン（Dennis Donovan）は、ハンフリー研究所（Humphrey Institute）の同僚から、「参加者はパブリック・アチーブメントに関するあなたの仕事について、耳を傾ける必要があると思う」と勧められたことで、"ザルツブルグ・グローバル・セミナー（Salzburg Global Seminar）"に参加した。このセミナーの最高責任者であるクレア・シャイン（Clare Shine）は、このセミナーの目的をネットワークづくりの場と位置づけ、"今日の主要課題を巡る分裂に橋渡しをするという画期的なコラボレーションを創造するために、パートナーと背景の異なる人びとを結集した"のである[2]。デニスは、これをオーガナイジングの機会と捉えた。デニスが述べているように、彼は「誰がそこにいたかに関心を払い」、特に「誰がパブリック・アチーブメントを広めることに協力してくれるだろうか」と、思案したのである[3]。デニスの目論見はその趣旨と合致し、セミナーの参加者には午前中のセッションで自身が行っている活動を紹介する機会が与えられたが、デニスはその機会を利用してパブリック・アチーブメントに関するプレゼンテーションを行った。

　聴講者の中にはアリツィア "アラ" デルコウスカ（Alicia "Ala" Derkowska）とジュリー・ボルドー（Julie Bourdeaux）がいた。2 人はスクール・プラス・ネットワーク（School Plus Network）という活動に熱心に参加していた。この活動は、中東欧で広まった「民主的教育の実践と、プロアクティブな学びを推進する」ポスト・ソビエト時代の取り組みであった[4]。この後の数年間、このセミナーは、パブリック・アチーブメントが米国や北アイルランドに留まらず、16 の旧ソビエト諸国、トルコ、イスラエル、パレスチナ自治区などに広がっていくきっかけとなった。

　また一方、2001〜2002 年には、アフリカ大陸全体で活動する独立民主機関・南アフリカ民主主義研究所（Institute for Democracy in South Africa：Idasa）の民主教育プログラム・ディレクターを務めるマリー＝ルイーズ・ストローム（Marie-Louise Ström）が、海外特別研究員としてハンフリー研究所を訪れていた。マリーは、本書の 6 章で紹介している成人のための民衆教育に関する豊富な知識と経験を携え、民主主義と市民性のセンター（Center for Democrary and Citizenship）と協働した。そしてマリーはパブリック・ワークと市民政治の哲学をアフリカにもち帰った。彼女とその同僚は、Idasa の市民リーダーシップ・プログラムと成人向けで地域密着型の民主主義の学校にそれを適応した。

　現在、パブリック・アチーブメントの教育法とパブリック・ワークの哲学の適応は、30 ケ国で試行されており、それは民主主義を活性化するための学びと

なっている。総じて、既述したパブリック・アチーブメント教育法とパブリック・ワーク哲学の適応は、市民が単なる権利の保有者ではなく社会の共同創造者であるという点において、開発の新たなアプローチを示すものといえるが、この点については本章の末尾で詳述したい。次節以降においては、中東欧とアフリカにおけるパブリック・アチーブメントに関する経験と洞察について述べたい。

ポスト・ソビエト後の世界の市民性

　ポスト・ソビエト諸国におけるパブリック・アチーブメントのオーガナイジング、および市民政治とパブリック・ワークの哲学は、米国と同様に、自由を勝ち取るための闘争がその根底にある。アラ・デルコウスカは、ポーランドにおける共産主義への抵抗運動 "連帯（Solidality）" で活動した。アラは、1981 年 12 月から、共産主義体制が崩壊し、ユニオンの勢力拡大に封じ込めるための戒厳令が廃止される 1989 年かけて身を潜めていた[5]。アラは、連帯に参加することについて、「自らによる連帯への参加が "ポーランド政治に市民として積極的に関わること" を触発した」と説明する[6]。アラは、対抗活動の期間中、"戒厳令が終わり、再スタートを切る準備が整う" その日を思い描いていた[7]。アラにとっての再スタートとは、民主主義に基づくガバナンスの確立、市民社会の再活性化、そして市場経済への移行であり、それらに加えて、教育への民主的なアプローチも含まれていた。

　以前、ウッチ大学（University of Łódź）の数学科に在籍していたアラは、子どもに民主的社会のために必要なスキルを教えるという学校の潜在的な役割に対して、特別な興味をもっていた。共産主義体制の終焉直前、アラの故郷であるノヴィ・ソンチ（Nowy Sacz）では、親と教育者からなる小さなグループが転換期のポーランドにあって、"現実的な変化に適応でき、これまでとは違う代替的な市民志向の教育を提供する" マウォポルスカ（Malopolska）という地域名を冠した教育研究会 "Małopolskie Towarzystwo Osswiatowe（MTO）" が立ち上がった[8]。新政権下では、第二次世界大戦以降のポーランドでは初めて、非政府組織によって運営される学校の設置が認められた。数ケ月の計画期間を経て、MTO は 1989 年に SPLOT（Zespół Szkół Społecznych）と呼ばれる独立した学校を設立し、アラはその最初の 10 年間同校の校長を務めた。2017 年、SPLOT は、設立 28 周年を迎えたが、小学校から高校まで 155 人の生徒に教育を行うまでになった。同校は、その使命として、"即答" よりも "良い質問" をすることを重視している。それはポーランド語で「SPLOT jest miejscem, gdzie sztukę stawiania pytań」という[9]。

　1990 年代後半、米国出身のジュリー・ボルドーが、SPLOT の教員に加わった。ジュリーは、パブリック・アチーブメントを中東欧に広めるため、アラの重要なパートナーとなった。ジュリーは、アラの市民的関与を促進する場として、学校を形成しようとする情熱を共有した。アラとジュリーは、オープンソサエティ協会（Open Society Institute：現オープンソサエティ財団）の傘下に組織された、中東欧全域の学校と教育機関で構成される既存のネットワークに参加した。これにより、School Plus Network（SPN）が誕生し、MTO のような、親と教員（PTA）の組織が連結するようになった。2002 年半ばまでに、SPN には、セルビア、コソボ、アルバニア、ブルガリア、ルーマニア、モルドバのメンバーが参加した。ネットワークに属する各機関は、NGO として登録されていたが、既存の学校と連携することにより、「民主的、開放的、市民的、創造的で、起業家精神のある社会」を支援を目的とした助成金を受け取ることができた[10]。SPN には活気があり、お互いが定期的に接触をもち、人々が他の人のための"磁石"として機能した。これは、新しいイニシアチブを広めていく手段として機能し、ジュリー、アラ、そして SPLOT のパートナーたちは小規模グループによる意義深い変革を支援するために、MTO を通じて活動するようになった。

　アラとジュリーが、ザルツブルグでデニスの話を聞いた時、2 人の女性は即座にパブリック・アチーブメントは"学校をコミュニティにおける市民的関与の中心にする"という目標を達成するための重要なツールであると確信した。アラは、デニスの発表を回想し、「私たちは、学校がつまらなくて、退屈で、受け身な経験ではなく、面白く、活発で、効果的な場所にする方法を探していました」と説明した。「デニスのプレゼンテーションはまさにこの魅力的で、活気があり、面白い教育プログラムに沿うものでした」[11]。2003 年、デニスはポーランドからあることを要望する電子メールを受け取った。その電子メールには、「私たちはパブリック・アチーブメントを必要としている。トレーニングのために誰かを派遣していただけませんか？」と書かれていた。SPLOT の教員、アガタ・キタ（Agata Kita）が、1 週間後にミネアポリスへやってきた。デニスは、今日でも新人コーチに与えるのと同じアドバイスをアガタに託した。「がんばってください。決して完璧にはできないでしょう。でも、まず始めることが大事ですよ」。デニスは、SPLOT での最初のパブリック・アチーブメントのプロジェクトをこう振り返る。アガタにコーチを受けた生徒が、「素晴らしいプロジェクトを行ったのです。それは食肉処理のために列車に乗せられる馬に対する子どもたちの思

いやりから生まれたのです」と。生徒たちは、募金活動で1頭の馬をその運命から救い、ホース・セラピーのプログラムに引き渡した[12]。

　それが始まりだった。2017年6月現在、SPNは、アルバニア、アゼルバイジャン、ボスニア・ヘルツェゴビナ、ブルガリア、チェコ、グルジア、ハンガリー、コソボ、マケドニア、モルドバ、モンテネグロ、ポーランド、ルーマニア、スロバキア、セルビア、ウクライナにおいて、パブリック・アチーブメントの教授法と哲学を導入してきた。SPNのパートナーたちは、パブリック・アチーブメントを民主主義の機能方法に対するこれまでにない説明方法として歓迎した。それは、これらの地域において、多くのNGOや援助機関が促進してきたものとは異なっていた。国が支援する民主主義改革のごとく投票者としての市民に着目するのではなく、あるいは市民が得意としながらも限られた考えに基づいて社会に決まりきった貢献をするというボランティアを重視するのでもなく、パブリック・ワークの哲学は、個人が、相互に関係を構築し、自らを組織化するような方法により重要なシビック・ワークを行うことを促進するのである。そして、その重要なシビック・ワークの多くはそれまで単に国家の役割と理解されていた。

　MTOは700人以上の教員を養成してきたが、ここ数年間で、5〜28人規模のパブリック・アチーブメントのグループが200近く地域全体に形成された。市民政治およびパブリック・ワークの哲学とパブリック・アチーブメントの教授法は、MTOが関心を抱く"学校において民主主義を構築する試み"によくフィットする。アラは、学校と民主主義を一緒にすることは意味があると説明する。なぜなら、「ほぼすべての人たちの人生と学校は結びついています。人々は当然のことながら、学校で何が起きているか興味をもっています」。加えて、ジュリーは、「生徒や教職員が学校の外へと踏み出し、コミュニティのために活動するのであれば［…］」と間を置きつつも、「コミュニティは互恵的になるのです」と結んだ[13]。ただ、それには、人びとが自信をもってイニシアチブをとることが重要な条件となる。

宿命論への挑戦

　変化を引き起こす能力を信じ、変化を生み出すために他者と協働することには、ポスト・ソビエト社会における姿勢の変革が求められる。その姿勢の変革とは、日常の市民にできることに対する旧ソビエト時代に支配的であった説明方法に対抗することである。アラは、自分たちが変更を生み出す能力を信じている典

型的なアメリカ人と権威主義的な遺産を持つ国に住む人びととの思考には、重大な違いがあると指摘する。宿命論（Fatalism）を越えるために必要な思考の変化は、単に個人のプロセスではなく、広範で文化として定着するプロセスである。「世界の中でもこの地域では、単にトレーニングするだけでなく、新たな環境を創造することで、人びとを説得することが重要です」と彼女は説明する。「人びとは、実際に変化を起こすことができると信じていないのです」。[14] 1年の一定期間を米国で生活するアメリカ市民の一人として、ジュリーは、エージェンシーとしての感覚（Sense of Agency）を強化する文化規範を指摘する。「米国では、人びとはあるレベルにおいて達成できることがあると信じています。特にコミュニティのレベルにおいてそうです」[15]。一方、ポスト・ソビエト社会では可能性の感覚は失われている。MTO のトレーナーは、コーチの最も困難な仕事は、「パブリック・アチーブメントに関わるメンバーたちに対し、現実に物事の実現に影響を与え、現実に——少なくとも部分的であっても——事態の解決に影響を与えることができることを説得することだ」という[16]。普通の市民が大きな変化を生み出すことができるという宿命論の感覚を克服するという課題はこの地域におけるパブリック・アチーブメントの経験の中に広くみられる。

　MTO は、ジョージア共和国北部に位置するアブハジア（Abkhazia）と南オセチア（South Ossetia）の紛争で政情が不安定な地域からの避難民を支援するため、同国のパートナー組織と協働した。難民たちは、ほとんどの財産、所有物を残したまま逃れたため、まだショックを受けていた。難民は、水の確保や下水システムが乏しいキャンプという困難な状況で新たな生活をはじめたが、同時に失業と不確実な将来という気が遠くなるような問題にも直面していた。

　8つのパブリック・アチーブメント・グループがキャンプにおける様々な問題に対処するために組織され、彼らは、抗議からコミュニティ・サービスの範囲にわたる戦略を用いてこれらの問題に取り組んだ。自治体や地方政府には、問題を解決するよう多くの請願が寄せられた。しかし、ジュリーとアラが、チームメンバー自身の手で事態を変化させるアプローチを提案したとき、彼らは異議を唱えた。チームは、「このようなアプローチは、西側諸国では上手くいくが、ジョージアではそうはいかない」と述べた。ジュリーは、どのグループも例外なくこのような異議を抱くものと想定し、「どれほど組織化され、豊かであろうと、政府がすべてを解決できる国はないのです。あなた方がやらなければ、何もなされないのですよ」と説いた[17]。その後数年間で、ジュリーとアラは、このような宿命論に基づく姿勢に変化が生まれるのを目の当たりにした。多くの人々が「自分た

ちが住みたいコミュニティをつくる責任がある」と、学びながら理解するようになったのである。彼らには、責任ばかりでなく、博物館や速度制限の標識から水道システムなど、自分たちのコミュニティのために目に見える貢献を共創する能力もある[18]。

　パブリック・アチーブメントは、ウクライナのクリミア地方で繁栄した。"ロストク（Rostok）"（英語の "スプラウト（Sprout）"）というグループは、36 人の小学生で構成され、バフチサライ（Bakhchisaray）の高齢者のニーズに応えるプロジェクトを始めた。2006 年 10 月に活動を開始したチームメンバーは、この地域の歴史的な住民であるタタール人がこの地を追われ、共産主義の独裁者ヨシフ・スターリン（Joseph Stalin）のもと、40 年間追放されていた経験を知った。

　1990 年代には、一部の高齢者はクリミアに戻った。多くの人びとは住む家に対する援助を必要としていた。ロストクのメンバーは、タタールの文化と歴史に関する成果物や文書を得る代わりに高齢者を手助けした。グループメンバーは、空いている 2 つの部屋をタタールの文化と歴史に関する博物館として使用するため、学校関係者と交渉した。その過程で、高齢者からタタールの文化について学び、そして、その情報を広く一般の人びとに共有した。しばらくして、コミュニティのリーダーたちは、このコレクションを設置できるだけのより広いスペースを与えた。

　2007 年の 1 月からは、バフチサライ特別学校のティーンエージャー 11 人が、学校近くに日陰と休息するスペースが足りないことに対処するグループを結成した。彼らは、校長、森林の管理者、コミュニティのメンバーと一緒に活動した。地元の森林レンジャーは、グループに対し無償で 15 本の苗木を植えるために地面を掘り起こした。また、夏休み期間中における木々の世話を懸念した生徒たちは、近隣のレストランとの間で、休み期間中、苗木に水をやってもらえるよう合意した。彼らのメンター・コーチは「木々は幸せに成長している！　グループは成功感覚を得ることができ、次のプロジェクトを始めました」と後に報告している[19]。

ボランティアを超えて

　ポスト・ソビエト諸国では、"共通善のための仕事" あるいは、ボランティアのどちらも、新しい概念ではないが、アラが彼女の青春時代から回想するように、その実践は、市民が自身でオーガナイズする市民政治としてのパブリック・ワークではなく、むしろ、"強制されたボランティア" のようなものだった。「私

たちは共通善のために働くべき、という理念で育てられたのです」とアラは説明する。「あなたは出かけて行って、公園を掃除するか病院で手助けすべきです」。これは、誰にも賃金が払われなかったので、自発的な仕事だった。しかし、"共通善"の意味を明確に示したのは国の指導者たちであった。学校では、トップの教員すなわち校長が、生徒に関わらせないように決めていた。アラにとっては、自発的な協力が欠けたものであった。アラは、「この自発的な協力こそが、私たちが実際にパブリック・アチーブメントで、最も評価する部分です」という[20]。

　パブリック・アチーブメントに参加するコーチや生徒にとって、自らの活動を古い形式のボランティアや慈善としての寄付を超えたものにすることはいつも挑戦である。必要とする人びとを支援するための資金調達という意味ではパブリック・アチーブメントもボランティアも共通している。あるケースでは、ウクライナのハルコフ（Kharkov）にある私立学校に通う裕福な生徒たちが、年末に行われるダンスパーティーをやめることに決めた。"あなたの心を子どもたちに（Give Your Heart to Kids）"というキャンペーンを打ち、3年間にわたって、彼らはダンスパーティーを開いていたらドレス、タキシード、花、特別ディナーなどに費やしたであろうお金を、地元の子どもたちの病院に寄付した。このような取り組みは、良心に基づいてはいるものの、ジュリーとアラは、コミュニティ内のより深い問題に対応する上で疑問を感じている。

　長期的な影響に対してあまり配慮せず、共通善のための短期的な結果を伴う活動例としては、ウクライナ、ハンガリー、スロバキアの国境近くの都市における地元の公園清掃プロジェクトがあげられる。当該プロジェクトに関わったチームのメンター・コーチは、その結果に興奮した。ジュリーは、この熱狂的な報告を次のように言い換えた。「彼ら（チーム）は、彼らのために掃除をしたのではありません。彼らは公共のために掃除をしたのですよね？」と。すると、コーチは、「彼らは何かを達成したのです。その意味で、このプロジェクトは、パブリック・アチーブメントの一つです」[21]と答えた。同年の後半、MTOが視察に訪れた際、ジュリーとアラがこのプロジェクトに対して不満を表した時、コーチは驚いた。ジュリーとアラからすれば、この種の行動がもつ問題点はそれが必ずしも永続的な変化を創造するわけではないことである。アラは、「一度（公園を）掃除をしても、翌日にはゴミが散らかるでしょう。これにどんな成果があるのですか？」と尋ねた[22]。

　MTOのトレーナーは、パブリック・アチーブメントにプロセスを追加した。彼らはそれを、"ルーツ、アクション、そして結果"と呼んでいる。このアプ

ローチは、地域全体にわたって議論や討論を生み出した。彼らは、パブリック・アチーブメントのグループが、行動することだけに注目するのは一般的であると説明する。しかし、ジュリーが言うように、彼らは「"もしこれをやれば、私たちは問題のルーツにたどり着くのだろうか"と自身に問いかけることはない」。[23] チームはまた、常に長期的な結果について十分に考慮しているわけではない。何らかの積極的なアクションをとることで満足すれば十分に思えてしまうのであり、それは、換言すれば、「真の変化を生み出さなくとも"気分が良くなる"経験ができればよしとするのに等しいのである」。これは多くの緊張関係を浮き彫りにする。コミュニティにおける問題の根本的な原因に取り組むには時間がかかる。生徒たちは、この緊張関係をめぐる複雑な動態ついて理解する必要がある。この複雑さそのものが、彼らを落胆させたり、失望させたりするかもしれない。成功するどころか、迅速な結果を期待するのは不合理である。これを念頭において、ジュリーとアラは、スキルを学ぶことと、共同創造（Co-creation）とパブリックな問題の解決（Public problem-solving）に向けた発想の転換というプロセスを強調する。パブリック・アチーブメントを通じて得られたスキルの育成と人びとの日常的な力（everyday power）に対する信念は、それら自体が意味のある結果なのであり、実際、それらは成果物よりも重要である。

　モルドバのカグル（Cahul）の生徒たちは、パブリック・アチーブメントによって学校での学びとパブリック・ワークが統合されると、自分たちにできることを示せるようになった。その結果、生徒たちは問題のルーツをより深く把握できるようになった。化学の先生や他のコーチと協力するチームは、汚染されたプルト（Prut）川の一部を清掃した。彼らはまた、汚染の原因を調べるために水のサンプルを採取した。生徒たちは、自分たちの研究に強い使命感をもっており、問題の原因とそれに取り組むべき行動を理解したいと考えていた。プロジェクトの過程で、彼らは関連する化学物質について学び、教室を超えた更なる応用の可能性を探った。この経験は、パブリック・アチーブメントを通して民主主義と市民性について学ぶことは、単に政治的な活動ではなく、学術的な内容を排除するものでもないという点を強調した。それらは両立しうるのである[24]。しかし、これが実現するためには、パブリック・アチーブメントは、単に学校の課外活動として扱われるのではなく、学校のカリキュラムの一環として扱われる必要がある。これを困難にする多くの制度上の課題がある。

　アルバニアにある学校のパブリック・アチーブメントの参加者は、町の歴史、経済開発、健康、そして環境に関連したイシューを一つの総合的な問題として取

り上げた。オスマン帝国の侵略勢力に対抗した所で有名なアルバニアのクルヤ（Kruje）の城塞は、今日では主要な観光名所となっている。それは都市にとって重要な経済資源であるが、近くの石灰工場から排出される黒い煤で覆われている。この国の遺産の荒廃に加えて、煙は大きな健康上の危険となっている。高校生は、煤の除去のために様々なアプローチを試みたが、役所関係者やコミュニティの人びとに手紙を書くキャンペーンを行うことで合意した。その結果、相互に関係する問題に対する人びとのパブリックな意識を高揚することができた。城壁をきれいにするのと同様に、クルヤの空気をきれいにするためには、さらに多くのことをしなければならなかった。しかし、生徒はそれを成すため多くの機会をつくり出した。何かを変える必要性を実感することは、パブリック・アチーブメントの出発点である。より挑戦しがいのある目標とは、人びとが自分自身を変化の共同創造者と認識し、パブリック・イシューに対処するためのスキルと自信を養うことなのである。

パブリック・アチーブメントの持続性

　インタビューや文書から、ポスト・ソビエト諸国におけるパブリック・アチーブメントが魅力的なものという構図が描かれる。これは、人びとが社会とそこにおける自らの役割に対する見方を根本的に再構築するためのパワフルな概念を提示している。しかし、このパワフルな概念は、支配的思考に反するため、必ずしも十分に理解されるとは限らない。共産主義の遺産は、ハンガリーの社会学者エレメール・ハンキッシュ（Elemer Hankiss）が「第2の社会（Second Society）」と呼ぶ、運命に固執し、透明性や説明責任といったガバナンスの概念に対して懐疑的であることに加え、公共のプロジェクトにおいて他者と協力することに対しても懐疑的である社会を生み出した[25]。パブリック・アチーブメントが持続可能なものになりえるか否かはともかくとして、ある特定の場所においては、MTOにより訓練された教員やメンターの姿勢いかんで、イニシアチブがかなりの程度まで再生されうるのである。

　共同創造的なパブリック・ワークと誰かの指示に従うこととの区別は、ジュリーの経験からして、"誰かに伝えるのが難しい概念"である[26]。パブリック・アチーブメントに参加する国々の教員は、一方向的な指導者として訓練を受けており、生徒はフォロワーにすぎない。生徒がある問題を提起したとき、教員の従来の反応は、答えを与えることであり、生徒自身が問題を解決するために活動することを支援することはない。パブリック・アチーブメントのアプローチは、

"指示に従い自分自身の考えをもたないような、人々をプログラム化するソビエトのシステムとは相いれないようにプログラム化される"。共同創造の考え方は、"そのようなソビエトの考え方に対し積極的に対抗する"ことである。ジュリーとアラは、思考をソビエトのシステムに基づくものから転換させることが課題であると繰り返し強調する。さらに、2人はこの思考の転換は、教員やメンターの方が生徒よりも難しいと付言する。なぜなら、生徒は教員やメンターに比べて権威主義的な規範からの影響を受けていないためである。このため、パブリック・アチーブメントの普及に成功するには、適切な人材を見つけて関わらせることが求められる。典型的には、パブリック・アチーブメントに関わり、活躍する教員は、年齢を問わず、教育に深く興味をもち、権威主義的であってはならない。

　このイニシアチブを成功させるためには、市民政治の原理を理解できる教員を見出すことに留まらず、学校のような公式な場における制度的支援のレベルとグループメンバー自身の問題解決推進能力にかかっている。今日、共産主義の遺産という課題に加えて、中東欧の多くの国々が、より独裁主義的な政治の復活を経験している。例えば、ポーランドにおいては、政府高官の中には国による教育カリキュラムの厳格な管理を求める者がいる。経済的かつ政治的な不確実性もまた、地域における人びとの間の混乱と運動を後押しする。多くの教員は不安を感じており、別の学校や教育の分野以外でより良い報酬を得る機会を求めている。英語力の高い人は、西ヨーロッパや米国で就職や高等教育を受けることが多い。学校でパブリック・アチーブメントを始めるのは難しいことではないが、最初の1年を超えてそれを維持することは、しばしば困難が伴う。上述のモルドバやアルバニアなどのプロジェクトは、学生チームの継続的な活動により、数年にわたって持続的な活動が行われる一方、教師やコーチが定着しないために、活動の継続が困難になるのである。

　パブリック・アチーブメントを学校の文化や学術活動に統合することには、とりわけ困難を伴う。それには、教師間の持続的なコミットメントと協働が必要となるが、両方ともに高い離職率のためにその効果が低下している。チーム・プロジェクトは、通常授業日の一部ではなく課外活動であり、教員にとってパブリック・アチーブメントへの関与は、一般的に業務分掌には含まれていない。教員は、このような仕事に対しては手当がなく、報酬のない状態を年々続けることを必ずしも望んでいるわけではない。教育はもともと教員の体力を必要とするが、その教員の身体に与える影響が厳しくなっている。その証拠に、教員の勤務時間はとても長い。複数の学校をかけもつ教員は、次の場所への移動時間も費やすこ

とになる。教員はしばしば教室を共有していることから、パブリック・アチーブメント・グループが集うスペースが残っていない。これらの現実的な障害を克服するには、確固たる目的と困難を迅速かつ賢明に克服する能力が必要である。

　また、パブリック・アチーブメントの成長と持続可能性に貢献するものについての教訓もある。例えば、アゼルバイジャンにおいて、パブリック・アチーブメントは、2014 年に同国で NGO 活動が中断するまで、かなりの成果を上げていた。仕事の質と、単なる一つの経験に終わらせずに、パブリック・アチーブメントを継続させ、新しいグループを育成するというグループの意欲には、目を見張るものがあった。アゼルバイジャン第二の都市ギャンジャ（Ganja）では、シャナズ・サルマノワ（Shahnaz Salmanova）のリーダーシップのもと、コーチに活動ばかりでなく学びも協同で行う時間をつくれたことは特に有益だった。これらのミーティングでは、コーチがそれぞれのパブリック・アチーブメント・グループの問題をもち寄り、同様な状況を経験していた人びととそれらの問題を共有した。このように、ギャンジャのコーチたちは、ギャンジャという町、地域資源、地域の政治状況、学校の政治、および地域の文化や伝統を知っていた他の人からを学ぶことができた。子どもは、共通して初めてパブリック・アチーブメントを経験したのち、問題解決の第二ラウンドへと移行できた。コーチと生徒は、新しいイシューに取り組むために、新しいグループを纏めることに自信を感じた。

　アゼルバイジャンのパブリック・アチーブメント・グループの多くは、もともと学校に拠点を置いていたが、ハリマ・ファトゥラエワ（Halima Fatullayeva）は、コミュニティ内の関係を構築するため、成人のグループと活動を共にし、一見して政治的とは無縁に思われる活動を開始した。彼女には、そのような関係構築によって、長い間共産主義の影響下にあった社会におけるシビック・エージェンシーやパブリック・ワークの基盤を提供できるという感覚があった。特に高齢世代の女性には、この地域におけるパブリックな生活（Public life）と繋がる機会が少なくなっていた。ギャンジャの若者は、サイクリング、水泳や外食に出かけることに積極的であったが、母親たちはそのような活動を行っていなかった。ハリマは、「母親らは普段通りの生活を送っているに過ぎません。そのため、彼女らにはパブリック・アチーブメントの活動を行うという発想がないのです」と言う。「今や 21 世紀ですが、これは半世紀前のことだと思ったほうがいいです」[27]。年配の女性たちが生活においてプライベートの時間をもつという習慣は、会計士として 38 年間家の外で働いていたハリマの母にも及んだ。ハリマの母は、仕事以外のエネルギーを家族の世話に向けた。さらに、古い態度や振る舞いが、

ときには若い女性にとって圧力となった。例えば、ある女性がパブリック・ア
チーブメントに加わることに関心をもったとしても、義理の母親が許可を与えな
いため参加できないということがあった。

　ハリマと彼女の同僚は、“女性をより社会的にするための支援”という目標を
掲げてヨガクラブを設立し、パブリック・アチーブメントの活動を始めた。初回
のミーティングには 30 名が参加した。スポンサー・グループは当初、若い女性
を募集し、参加者の多くが母親を連れてきた。最初のイニシアチブからは、映画
クラブと読書グループもこの当初の活動から生まれた。すべてが「年配の参加者
たちは若い人たちの積極性から多くを学ぶことができ、重要な世代間交流の機会
になった」とハリマは言う[28]。ハリマの母親もこの親睦会に参加した。これらの
活動はまさに自由な空間であり、そこでは、参加者たちがプライベートの領域を
超えて社会と関係をもつ方法について学び、パブリックという世界で行動するた
めのスキルと自信を身につけるためであった。ある女性グループは、10 年ぶり
に近隣の家庭に飲んでも安全な水道水を提供するパブリック・ワークのプロジェ
クトを立ち上げた。彼女らは、このトピックを入念な調査を開始し、水道水を提
供するために克服すべき課題について、物理的な証拠を得ることに努めた。ハリ
マのコーチングによって、グループのメンバーは、水道システムに関連する政府
の構造や市が提供するインフラについて学んだ。この知識を備えたことにより、
彼らは、当局の担当者に対して、損傷している水道に注意を喚起する手紙を書い
た。最終的に女性たちは、水道管を修理させ、水の供給は回復させることに成功
した。その後、このグループは 2 番目のプロジェクトを決め、その活動を継続し
た。

　約 10 年後、ハリマは、パブリック・アチーブメントのコーチとなることで得
られた経験に強い影響を受けたことを詳述している。ハリマは自信とある種の
満足感をもって、「自分がしていることが他の人にとっても良いことになるので
す。その結果、私はもっと気分が良くなり、もっと多くのことをしたいと感じた
のです」と述べている。ハリマはまた、教員を超えた自身の役割を再認識でき
た。「パブリック・アチーブメントを通じて、もっと多くのことを行うことがで
きます」とハリマは言う。「パブリック・アチーブメントというプロセスの機能
についてすべてのことを学び、これらのレッスンを私の人生に応用し、パブリッ
ク・ワークは私自身だけでやることではないことを知りました。私は他の人と一
緒にそれができます」。ハリマは、彼女がパブリック・アチーブメントの一環と
して始めたヨガクラブを運営するのに給料をもらったかと、他の人から質問を受

けることがたびたびあった。その質問に対し、ハリマは内発的な報酬（Intrinsic rewards）^{訳注1} のためにそれを行ったと答えると、彼らは彼女に対して、個人として有償で指導をする生徒を見つけるよう強く勧めた。ハリマはこれを"すべてを金儲けの機会とみなす"典型的な考え方だと言う。ハリマの動機は異なる。「今までに学んだことは何でも、（私は）お金ではなく、（私は）愛と交換します」。ハリマにとって、市民的エンパワメントは重要な動機となった。ハリマは、自身が民主主義のより大きなプロジェクトに貢献していることを理解している。彼女はお金ではなく、エージェンシーやパブリックをつくり出すという経験から重要な満足を得ている²⁹。

　現在、アゼルバイジャンは、2014年に非政府の活動が厳しく制限されて以降、身柄拘束への脅威と民衆デモの弾圧の活発化で、市民社会は大きな打撃を受けている。ハリマをはじめとするパブリック・アチーブメントに関わる人々の多くは、ギャンジャを離れることを余儀なくされた。しかし、バクーの大学生に英語を教える教員として、また、第二外国語としての英語を教える教員のトレーナーとして、ハルマは今、民主主義について学ぶスペースとして授業を展開している。ハリマの生徒たちは協働して意思決定を行う。ハリマは常々、生徒たちに対し、今自分たちが生きているのとは異なる新しい社会の一員となるよう強調している。彼女は、パブリック・アチーブメントを経験したことのある生徒たちに、主体的に活動することや他の民主主義教育の実践例に目を向けることを望んでいる。

　この地域全体としては、パブリック・アチーブメントは長期的な市民運動の初期段階にあると考えられる。旧ソビエト社会にわたって広く人びとの思考を変えるためには、一世代、二世代、あるいは更に長くの時間がかかるかもしれない。パブリック・アチーブメントのリーダーたちは、これに参加した人びとが得たスキルや思考習慣が、成人と同様に若年層に広がることを願っている。

アフリカのパブリック・ワーク

　中東欧ではパブリック・アチーブメントが広まっていった一方で、パブリック・ワークの市民政治は、まず南アフリカで根づき、その後他のアフリカ諸国にも広まっていった。

　1992年には、アパルトヘイトからの移行という激動の中、Idasa（The Institute for a Democratic Alternative in South Africa：後の Institute of Democracy in South Africa）が、ヨハネスブルグを本拠地として、民主主義の

ための新しいトレーニングセンターを設置した。1987 年に設立された Idasa は、党派による政治とは異なる "エンゲージメントの政治（politics of engagement）" を促進することで、アパルトヘイトからの移行期において重要な役割を果たしたことで有名である[30]。1 章で触れた市民政治と同様に、エンゲージメントの政治は、何千人もの南アフリカ人を人種間の対話と学習に巻き込み、特に南アフリカの白人を対象に、過半数を占める黒人の生活、利害や不満などを教えることであった。Idasa は、未来を想像し、計画するための黒人と白人の指導者による最高レベルの対話を仲介したのと同時に、極右勢力を選挙に参加させるのに重要な役割を果たした。Idasa の活動は、暴力に代わる実行可能な代替手段となりうる多くの基盤をつくり出した。

　1994 年の選挙に先立って、ネルソン・マンデラが国で初めての黒人大統領に就任したが、Idasa のトレーニングセンターは、全国各地の大規模な有権者教育の実施を支援した。その活動においては、特に識字度の低いコミュニティでの活動が重視された。Idasa のトレーニング教材には、繁殖力の異なる様々な作物を育てる農民のポスターが含まれている。これは、投票とは種のようなものであるという考え方を伝えたものである。換言すれば、民主主義が実を結ぶためには、選ばれたリーダーだけでなく、すべての国民が、継続的かつ忍耐強く活動する必要がある。選挙後、Idasa は、積極的な市民性、良いガバナンス、コミュニティ開発、女性と民主主義といった広範囲に及ぶテーマを取り上げることにより、市民性と新憲法に対する理解力の向上をはかった。1990 年代を通じて、民主主義教育の分野で最も重要な Idasa の貢献は、民主主義を構築するための参加型トレーニング手法を、多くのコミュニティ教育者や指導者に紹介したことである。これらの経験に基づいて、Idasa は、2002 年にスウェーデンの学習協会成人学校（Studieförbundet Vuxenskolan）と永続的なパートナーシップを結んだ。このパートナーシップにより、Idasa の民主主義の教育者は、スカンジナビアの国民高等学校（folk school）の伝統（詳細は 6 章）と、スウェーデンのスタディ・サークルの伝統について、より身近に知ることができた。これは、民主主義のためのノンフォーマル・スクールを作るという Idasa の戦略に進化をもたらした。

　マリー・ストロームのパブリック・アチーブメントの経験（彼女は 2002 年に指導した）と、パブリック・ワークの哲学に関する知識に触発された Isada の民主主義教育プログラムは、政府ではなく市民こそが、民主主義の基礎を支えるエージェントであり共同創造者であることを強調するというパラダイム・シフトを生んだ。「民主主義が最も強く表れるのは、市民が自分の世界を積極的に形作

る時です。すなわちそれは、考え、話すだけでなく、外に飛び出し、行動することなのです」と、『*Youth Vote South Africa*』紙上で述べている。この Idasa が執筆した新聞の別冊版は、2004 年に、20 週間以上にわたり、全国の 2000 高校を対象に配布された。多くの事例、活動やストーリーなどが連載され、子どもたちが "民主主義としてのパブリック・ワーク" に参加するよう促した。別冊版第 4 号では、「通常、選挙と投票の自由が、国と政府が民主的かどうかを決める最も基本的な基準である。ただし［…］パブリック・ライフに市民がどのように参加し、政府がそのパワーをどのように行使するかが試されます［…］。真に試されることは、市民が継続的に社会で起こることに重要な影響を与えるよう行動かつ支援することができるかなのである」と主張している[31]。別冊版ではまた、このような実践中心の民主主義に関する理解は、従来のヨーロッパとアメリカでの民主主義モデルからの転換となったことを次のように示している。「市民の継続的なパブリック・ワークを含むかたちで民主主義の定義が深められれば、それは、私たちが新たな伝統を導出したことになる」と。同紙はまた、政府についても、それが単なるサービスの提供者ではなく、市民のパートナーであるとして、次のように書いている。「民主主義を保護し、促進するには、市民は政府と協働する必要がある。それは、政府に対し説明責任を果たすよう求めるばかりでなく、市民がもつエネルギー、知力、才能、潜在能力を提供することによりコミュニティ全体にとって価値あるものを創造することである」[32]。

　Idasa は、パブリック・アチーブメントの理論と考え方を取り入れ、コミュニティのリーダー向けの "市民リーダーシップ"・トレーニング・プログラムを作成した。これにより、これまでにない民主主義モデルとなる中心概念や実践方法が、成人向けワークショップという大規模な場において、対面式で教えられるようになった。Idasa の民主主義教育チームは、ムプマランガ（Mpumalanga）、クワズール・ナタール（KwaZulu-Natal）、北ケープ、北西部、ハウテン（Gauteng）、リンポポ（Limpopo）の各州の貧困地域において、市民リーダー向けのトレーニングを実施した。トレーニングコースには、重要なパブリック・ワークの要素があり、参加者はワークショップの合間に、プロジェクトグループ（パブリック・アチーブメント用語では "チーム"）に参加し、共通の関心事となっているイシューに対して行動を起こした。このコースはまた、研修生が集団として地域のイシューに対する解決策の計画、実施、評価に関わることができるように準備することで、"リレーショナル・リーダーシップ（Relational Leadership）" を開発することの重要性を強調した。長年にわたって参加者は、

水質保全、葬儀の費用、高齢者のケアと尊敬、十代の妊娠、学校での暴力、地域のインフラ改善（公衆衛生から公共空間）など、多くの問題に取り組んできた。数多くの優秀なリーダーがこのプログラムから排出された。例えば、ノムサンダゾ・スコーサナ（Nomthandazo Skhosana）は、プログラムを修了したのち、故郷で 100 人のエイズ孤児に対する放課後の支援プログラムを開発し、失業中の若者に対しこのプログラムを支援できるようにトレーニングし、大いに意欲的な若者リーダー集団を育成した。彼女はその成功を、市民リーダーシップ・トレーニングで学んだスキルのおかげとしている。彼女は、評価者に対し、「パワーマップがあればなんでもできます！」と述べたが、これはパブリック・ワークの一例となった[33]。

パブリック・ワークの翻訳

　2000 年代半ばから Idasa が資金減少を理由に市民教育の活動を終えた 2011 年末までの間に、Idasa はモザンビーク、アンゴラ、マラウイ、ザンビア、ブルンジなどのアフリカ諸国へと市民リーダーシップ・トレーニング・プログラムを広げた。これらのプログラムは、セプティマ・クラーク（Septima Clark）の考えに共鳴するアメリカ南部の市民学校運動の考えを取り入れたものであった。Idasa は、地元の組織と協力して、地元のトレーナーが運営する市民リーダーシップ・トレーニング・プログラムを行うノンフォーマルな"民主主義の学校"を創設することにした。Idasa の教育者たちは、民主主義と市民性の意味の再検討や、大規模に市民的エージェンシーを育成するためのイニシアチブに関心をもつパートナーを戦略的に探し求めた。

　Idasa での仕事を終えたマリー・ストロームは、ブルンジ・リーダーシップ・トレーニング・プログラム（Burundi Leadership Training program：BLTP）と彼らの資金協力者であるオランダの多党民主主義研究所（Neitherlands Institute of Multi-Party Democracy：NIMD）と協働し、村に根付いた民主主義のための学校を創設するため、2015 年までブルンジで活動し続けた。BLTP は元々、選挙により選出された政治家や政党指導者の養成が活動の中心であった。2005 年の選挙に続く政治が比較的安定した期間ののち、ブルンジの政治情勢は再び悪化し始め、与党は他党間の連携にますます反対するようになった。その結果、BLTP は、草の根レベルで市民の民主主義の能力開発を行うことへと戦略を転換した。

　マリーは、ブルンジ人トレーナーのグループをトレーニングし、彼らと協力し

て、ブルンジのコンテキストに適用しうる市民リーダーシップ・カリキュラムを開発した[34]。適応と翻訳の過程を通じて、地元のトレーナーたちはトレーニング教材に対して強固な当事者意識をもつにいたった。彼らはまずフランス語版を作成し、それを現地のキランディ語（Kirundi）へと翻訳した。これは、協働の過程であったものの、頻繁にブルンジ人自身の間で議論を呼び起こした。というのも、彼らは、翻訳というよりも、より正確に言えば、現地語には同等な言葉が見つからない中心概念を伝えるための適切な方法を見つけるために格闘したのであった。民主主義の正式な言葉は、キランディ語にはほとんど存在しない。そのため、翻訳プロセスも、言葉のみに終始するのではなく、文化の方が言葉よりもはるかに根本的であった。BLTP の民主主義学校が提供するコースは、"民主主義社会における責任あるシティズンシップのためのトレーニング（Training for Responsible Citizenship in a Democratic Society）"と名づけられた。

　コミュニティレベルでの最初のトレーニングは、市民による政治的・文化的な市民の関与が比較的高いことで知られるギテガ（Gitega）州のジヘタ（Giheta）で実施された。第二のパイロット・プロジェクトは、チビトケ（Cibitoke）州のブガンダ（Buganda）で行われた。ここは、他よりも政治的に不安定で貧困の状態にある国境地帯であり、まだ深く内戦の傷跡が残っていた。どちらの場合も、コースの参加者は、主として単に不満を訴えるのではなく、地元の問題を解決するために、同じ市民と協力することに関心をもつ者が選ばれた。参加者の多様性は、性別、民族性、支持政党および年齢の面で慎重にバランスが取られていた。ほとんどの人びとは、実用的で文化的な知恵を補うために平均6～7年間の学校教育を受けた小自作農であった。うち数名は概ね住民組合に相当する評議会（conseil de colline = hill council）のメンバーであった。ほぼ全員が、コミュニティベースの団体のメンバーであり、若者や文化団体、貯蓄グループ、埋葬組合、農業協同組合に加え、市場に勤める女性、避難民、ボランティアのHIV/AIDS 介護者らからなる緩やかに組織されたグループであった。参加者の全員が現役の教会メンバーであり、ほとんどの人びとは、公然と支持政党を明かしていた。これらの多様なグループは、市民的オーガナイジングのスキルを習得し、違いを超えて同じ市民として一緒に地元の問題に取り組むことで、民主主義に関する新たな理解を得たのであった。

　コースは5ヶ月間で、毎月2日間のトレーニング・ワークショップが行われた。パブリック・ワークの理論では、市民が民主社会の共同創造者である点を強調するが、これは、普通のブルンジ人が、社会的な身分や教育水準に関係なく、

問題解決や民主主義の再構築の役割を果たすことができるという信念に基づいている。ブルンジという非常に不安定な政治環境をもつ国にあって、このコースは市民自身が地域レベルでの開発に対して責任を果たすというアイディアを促進したが、それは可能なかぎり地元機関や選挙で選出されたリーダーと協力することによってなされるのである。コース参加者たちは、自身を“民主主義と開発を両立するうえでのカタリスト（catalysts of democratic education）”と名づけた。

　5つのトレーニング・ワークショップでは、次のテーマに焦点が当てられた。

1. コミュニティ、多様性、語り手や意味創造者として人びとがもつ視点
2. パワー：行動する能力であって他の人を支配する能力ではないという（パワーに対する）多次元的な理解
3. 市民政治：“プロ”の政治家による活動が主ではなく、問題の解決や地域社会で共通の資源を創造するために利害の違いを超克する普通の人びとによる日常的な活動という理解
4. 市民的オーガナイジングと市民的エージェンシー：自身がもつ資源をパワーに変え、問題を解決するための環境を形成するために、市民が集団としてもつ能力
5. “自身の行動に責任をもつ市民性”と相互責任：両方ともに水平（市民の間で）と垂直（市民と政府の間）の両面をもつ

　このコースにはまた、次のような重要な実践的な要素が含まれていた。それは、参加者たちがコミュニティにおいて同じ市民としてまとまり、共有する問題に対して行動をとることであった。この村で取り組まれた問題には、濫用による土地の不毛化、強いアルコール飲料（Moonshine）の生産、十代の妊娠、一夫多妻制、放牧農家と作物栽培農家との間の対立、共同トイレの不足などがあった。多くの問題は文化的側面が強いことが分かった。オーガナイジング・プロジェクトの一環として、研修生のグループは、身近な問題をどのように理解したかを認識すべく、仲間の市民たちにインタビューを行った。彼らは、その調査から、イシューにまつわる自己利益とパワーの関係をマップ化すること、公務員との関係を構築すること、そして、コミュニティの他の人びとと一緒になって問題に対処する計画を立てこれを実行することを学んだ。

　これらのオーガナイジングをテーマとするプロジェクトは、経験を通じて学ぶことを基本とした。そのため、“教室”での活動も、その多くは、これらの経験に対する振り返りであった。参加者は、コースの中心となる概念とスキルを学ん

だが、これはそれらの実践と効果の分析によってなされたのである。コースを通じて、お互いに対する説明責任が重視されたが、これは参加者たちがメンバー相互に対し責任をもって正式な形で情報を公開するという日常なすべきことであった。参加者たちは、パブリック・スピーキングのスキルを学んだことにより、パブリックなステージで、市民リーダーとして行動するために、恥ずかしさを克服したのであった。ここでの学習はまた、人びとの生活においてその本質となる文化的慣行を生み出し、その慣行がリーダーシップやパブリック・アクションに対する資源となった。このような慣行には、合唱団での指揮や歌、結婚式に関する家族交渉への参加、正式な祝賀会での演説、非公式ではあるがバーや居酒屋での活発な議論などが含まれる。これらの経験が学習プロセスに組み込まれるにつれて、参加者は自分たちがエージェンシーとなりうるという自信をもつようになり、その結果、自分自身を、それと同じくらい参加者相互を、自らの環境を変えることができる知識の共創者として認識できるようになったのである。首都からやってきたトレーナーの専門知識に臆することなく、自分の知識や才能を主張し、以前は当たり前だと考えていたスキルを培った。彼らはまさに民主主義と開発を両立するうえでのカタリストとなったのである。

インパクト

コミュニティの問題を解決するために市民自身がオーガナイズすること—そしてパブリック・リレーションと公共財の開発プロセスにおいてもそうであるが—は、党派闘争や抑圧として政治を捉えることを疑問視する。パブリック・ワークのアプローチは、次のようないくつかの意味において、"開発としてのコンテキストをもつ"と考えることができるが、その言葉は、パブリック・リレーションを創造するという意味において、市民政治を表現するためにも用いられる。まず、パブリック・ワークのアプローチは、人びとに対し、他の誰か—たいていは政府—が自分たちの問題を解決してくれると期待する犠牲者や嘆願者という立場を超克させるという点で発展的なのである。むしろ、共同創造的な市民政治は、人びとを時には自分自身で、時々政府と協働しながらその永続的な解決策を考案し実行することへと巻き込むことにより、パブリック・リソースの創造とより良いコミュニティの建設に寄与するのである。次に、市民政治は意識的に市民のアイデンティティを変え、市民の能力を伸ばし、市民パワーの構築を目指すという点で開発としてのコンテキストをもつといえる。そして、市民政治は、人びとが頻繁に怒りと正義の姿勢を示すものの、毎日の生活を取り巻く環境を変えるには

至らないような大衆的な政治的抗議を超えるものである。このような政治は、多くのパワーの源泉を浮き彫りにするが、そのパワーの源泉は、枚挙にいとまがないものの、関係構築に基づくパワー、若者と女性の特有のパワー、文化的な伝統や慣習のパワー、地元に根ざす知識のパワー、そして想像力のパワーがあげられる。

　マリーは、ブルンジのトレーニング・プログラムの参加者が市民政治に対する理解において示した著しい変化に注目した。参加者は、自身が実際に具体的な成功を達成したことと、彼らが組織のプロジェクトを通じてリソースを創造できたことによって、驚き、活力を得たのであった。パイロット・プロジェクトの終了から数ケ月後のエバリュエーション・ミーティングで、ブルンジ人のトレーナーが、当初はこのトレーニングの効果について疑問を抱いていたのだが、このコースの参加者に対するインパクトについて熱心に語った。エマニュエル・マンワング（Emmanuel Manwangu）は、「村レベルの人びとがトレーニングの趣旨を理解できないないかと心配していました。開始当初こそ彼らにとって多少試練といえる部分もありましたが、彼らの心は目覚め、トレーニングもすぐに軌道に乗りました。この結果、民主主義は彼らにとって具体的になりはじめました。すなわち、それはまさに人びとが生活する場所におけるイシューに対して行動するパワーなのです」とコメントした。ジュリアット・カバブハ（Juliette Kavabuha）は、「本当に結果を出せるのか疑問でしたが、それぞれの市民が自らに価値があることを実感し、貢献できることがあることを知るようになりました。そして、市民は当局に近づくことへの恐怖がなくなったのです。これは、ブルンジという特有の状況において、とても大きな変化です」とパブリック・ワークの効果を認めた。エウゼビエ・ンズーリジャナ（Eusébie Nzorijana）は、パブリック・ワーク・アプローチを支配的な“政治”から政治の概念と実践を著しく転換するものとして捉え、「当初、何人かの参加者はインタビューをすることに不安を覚えていましたが、“これが政治です！”と彼らは言い、後に1人の参加者が、“今は自分自身で政治ができる！”と自信気に語った」と述べた。

　トレーナーは、自分自身にも顕著な変化と成長があったことを報告している。ジュリアンヌ・ムカンクシ（Julienne Mukankusi）は、「私は深く感動しました。これまでも民主主義の研究とトレーニングを行っていましたが、私はそれらを楽しんでいませんでした。私は、今となっては、スキルのある市民が想像以上のパワーを持っていることに気付きました」。マリー＝ポール・ナディシミエ（Marie-Paule Ndayishimiye）は「このコースは私を変えました。私自身が変化

のエージェントになれるとわかったのです」とコメントした。マンワグ
（Manwangu）は、民主主義と市民性の意味の変化について「このコースは、私
たちの民主主義自体に対する理解を変えうるのです。すなわち、私たちの民主主
義に対する定義が変わったのです。それは市民が中心だということです」と説明
した。

　村人の多くは、当初、ブルンジの民主主義は、解決したこと以上に問題を生み
出した、と口にしていた。それは、彼らは民主主義を知識人により押し付けられ
るものと考えていた。その知識人とは匿名の人びとであり、村人たちは彼らをか
なり軽蔑していた。政治は、政治家のための唯一の活躍の場として理解されてき
た。一般的な市民が政治的なスキルを—学べる、学ぶべき—という考えは、斬新
であったが、最初は違和感があった。しかし、このような状況は、村人たちが状
況に応じた“政治”を理解するためのスキルを身に着けるにつれて変化した。す
なわち、その状況に応じた政治とは、いわば利害とパワーに基づく政治スキルで
あり、操舵が難しい水域を航行するのに必要なスキルのようなものである。彼ら
は、一方の利益が他方の損失になるというゼロサムゲームを超え、建設的な行動
に関わる能力をもつようになった。例えば、参加者は、彼らのオーガナイジン
グ・プロジェクトを支援する権限と資源をもっている教区の聖職者にアプローチ
した。

　ある村では、グループが自分たちのコミュニティで選ばれたリーダー間の長年
にわたる緊張関係を解決する必要性をプロジェクトとして選択し、従来理解され
てきたような政治の困難さに陥ることになった。トレーナーは、グループが失敗
するのではないかと心配していたが、村人たちは見事に成功した。グループが、
リーダー間の意見の不一致がコミュニティの開発を阻害し、地域の結束を広く脅
かしているという懸念を投げかけると、選挙で選ばれた役職者は、矛を収めるこ
とに同意した。地元の司祭は、告白と和解の式典を主宰した。その後、グループ
は別のイシューをめぐってコミュニティをオーガナイズしたが、それが村人と選
出されたリーダーとの間に生産的なパートナーシップのためのスペースがつくら
れたとの確信となった。別のグループは、彼らの教区にアプローチし、地域に共
同トイレを設置するための木製のポールを要望した。そのグループにはポールを
買う資金はなかったが、教区は大きなユーカリ農園を所有していた。地元の協働
に新たな確信と信念をもったグループは、この共同トイレプロジェクトへの支援
について、容易に司祭を説得することができた。村の住民たちは、袖をまくりあ
げて掘削や建築の手助けをし、衛生環境の改善がコミュニティ全体の公衆衛生に

有益であることを認識するようになった。

　BLTPによる民主主義学校プロジェクトの第1フェーズ終了後、2014年10月、警察を巻き込むための新たなイニシアチブが立ち上がった。ブルンジ国家警察は、BLTPと協力し、開発指向に基づくコミュニティ警備戦略を導入する取り組みに着手した。これは、警察とコミュニティ間の距離をなくすこと、そして、安全保障についても、従来のリアクティブな警備アプローチに重きを置くのではなく、一連の地域開発のイシューに事前に取組むことによる協力関係の促進（プロアクティブ・アプローチ）を目指していた。3年間のトレーニング・プログラムが2017年12月に終了した。これは全国で実施された、当該コースのスローガンは"警備はみんなに関係すること（Security is everyone's business）"。このコースは、地域警察（*police de proximité*）として知られるコミュニティ警察官と彼らが拠点とする村の代表が一堂に会するものであった。主要な焦点は、共有すべき市民としてのアイデンティティを醸成することであった。そのアイデンティティとは、市民は安全で安心なコミュニティの共同創造者として理解されるべきであり、警察は勤務地の市民であるという立場を最優先すべきであるというものである。

　パイロット・トレーニング・ワークショップの開始時点で、警察とその他のコミュニティのメンバーは、会場となった部屋でそれぞれ反対側に分かれて並んでいた。不安感は明らかだった。この国の長い不安定な歴史により、ブルンジ人は疑いの目で警察を見る傾向があり、同様に警察は人びととの交わりを警戒するようになっていた。マリーは、警察と市民がペアを組んでから僅か2、3日で次のような顕著な変化を目の当たりにした。彼らは、お互いの距離が一気に縮まり、敬意をもった会話をし、共通の課題を特定し、そして、いかにして共通の課題に対して協力して取り組むかを想像するようになったのである。「私はこの男性を通りで見かけたことがありますが、このように課題について話したり、一緒にその解決に取り組むとは全く考えていませんでした」と、1人の警官が語った。また、別の警官は、「この女性がこれほど賢いとは思いもよりませんでした。もし、一緒に活動すれば、本当に大きな変化をもたらすことができます」とコメントした。その警官の言葉は確信にあふれていたが、それよりも遥かに意味深いことは、少し前までは無用であり、社会に対し貢献できないとみていた近隣者に対して、新たに敬意が払われるようになったという事実である。長年にわたる警察との分断は解消され、警官には地元住民と協働するという新たなコミットメントが生まれていた。コースが進展するにつれて、トレーナーと警察幹部は、この遠く

離れた村で、市民の間で放たれるエネルギーと、コミュニティにおいて変化の
エージェントとなるための住民と警官によるを目の当たりにしたとき、繰り返し
驚きを顕わにした。

　このような制度的かつ専門的な変化をみると励まされるが、不確実な面もあ
る。市民のエネルギーを開放することで、疑念や恐怖すら容易に引き起こすこと
がある。このようなエネルギーは、強引な方法でスクリプト化や制御することが
できず、予測可能な結果をもたらすこともない。市民政治では、人びとは出発時
においては複雑な状況を認識できないような旅へと一緒に乗り出す。多様なアク
ターが参加するパブリックという場では、予測不可能性やリスクが増大するので
ある。ブルンジ警察向けの民主主義と開発をテーマにしたコースのようなトレー
ニング・プログラムは、マリーがこれまで医療従事者のような異なる種類の専門
家のコンテキストにおいて見てきたように、リスクと課題が山積している。ト
レーナーは、活動がルーティン化されると、しばしば感受性と反応力を失うこと
がある。トレーナー、参加者、新たにパワーを得たコミュニティ・メンバーは、
自分のパワーを乱用する誘惑に駆られ、パワーを他者に対する支配として理解す
るという従来の考え方に逆戻りしてしまうのである。既存の権力者は、コミュニ
ティの新たなリーダーの出現で自らの地位を脅かされると感じるため、言動が再
び威圧的になることがよくある。地域の知識と能力に基づいた地域の問題に対す
る市民主導による反応は、地域の課題解決という目標の達成には不十分と見なさ
れることが多い。また、他の場面でも、役人は、有望な地域の解決策を"規模の
メリット"で捉えようとするため、結果として、トップダウン型であり、どのよ
うな問題も解決できる万能なアプローチになりがちである。人の想像力を狭め、
人間には社会を変える力などないという従来の思考に縛り付けるのは、いとも簡
単である。コースを終えた者にとっては、積極的に活動を継続することも課題で
ある。つまり、コミュニティ警備は——まさに市民がいかにして共同創造者とな
ることの意味を行動に移すかという実例といえるものの——持続性という意味に
おいては脆弱な戦略といえる。

　地域警察プログラムの実施期間中、ブルンジは政情不安と暴力の高まりを経験
した。これらの障害に直面しても、トレーナーと地域の警察が、このプログラム
はいままで以上に緊急性が高まっていると主張したこともあって継続された。
BLTP は、日常の政治においては大いに機敏性を発揮したが、前述した多くのリ
スクに加え、NGO セクターに対する抑圧が拡大したことにより、市民政治を持続
するためには、教会、教育機関、企業といった地域機関との連携が必要になった。

　このような地域機関とのパートナーシップを持続させるために、市民政治は、学校、教区、ビジネスにおける文化と労働慣行を民主化し、ジャーナリズム、教育、健康、政府サービスなどの専門家や選挙政治を民主化する必要がある。これは、専門家とその機関とを市民生活へと再統合するという長いプロセスの前触れであるといえる。

開発民主主義

> 　変革（transformation）とは、何かにつけて、恵まれない人々に対する補償の手段として考えられてきたが、本来それはすべての市民が自ら持つ才能、経験、技能を国の開発過程へと寄与する機会を創造することである。開発は人々に対してもたらされるものではない。人々は自らを開発するためのエージェントにならなければならない。
> ―マンフェラ・ランフェレ（Mamphela Ramphele）『*Laying Ghosts to Rest*, 2008[35]』

　外国におけるパブリック・ワークの広がりは、資金が限られ、しばしば大規模な文化と政治的な障害に悩まされている。ゆえにはるかに巨額の寄付による支援に加えて様々な機関からの支援をもつ他のパラダイムと違って、限定的なものとなっている。しかし、本章のケーススタディでは、パブリック・ワークの枠組みは、開発とそれを学術的に研究する分野である開発学―貧困状態にある人びとに対するエンパワメントを重視する―において、新たに出現している傾向を強める潜在的可能性があることを示している。パブリック・ワークの枠組みでは明白なテーマや概念であっても、開発学においては暗黙の了解となっているか、言及されていないことが多い。共同創造者、生活様式としての民主主義、市民政治がそれである。このような政治は、所得、制度状況、民族性、宗教、政党などの違いを超えて共通の富"コモンウェルス（commonwealth）"を構築するための活動が含んでおり、公正な分配や排除といった問題にも対応するための新たな戦略や方法を創造する。

　現代における開発―実践、政策、および学術理論―に対する世間の関心は、しばしば1949年のハリー・トルーマン（Harry Truman）の米国大統領の就任演説にさかのぼる。「世界中の半数以上の人びとは、悲惨ともいうべき状況で生活している」とトルーマンは述べた。「彼らの食料は不十分である。彼らは疫病の犠牲にあっている。彼らの経済生活は未発達で停滞している。彼らの貧困は彼ら自身にとっても、豊かな地域にとっても進歩を阻むものであり脅威である」。ト

ルーマンはまた、その絶望感に挑むかたちで、「史上初めて、人類はこうした人々を苦難から解放する知識と技量を手にしたのである[36]」と述べた。トルーマンは、貧困の問題に人々の注意を喚起する一方で、彼の上意下達的な言葉（"犠牲""未発達""停滞"）は、開発の研究や活動においては広く支配的であるトップダウン型のアプローチともいえる。

　マンファラ・ランフェレの著作を先に引用したが、彼女は、南アフリカの国民意識運動の元指導者で、のちにケープタウン大学の副学長と世界銀行の副総裁となる人物であるが、このような上意下達的なトップダウン型の考え方や実践を疑問視する。多くの開発論者は、時には善意をもって、貧困の人々が他の人から救助や救援を受けるトップダウン型のアプローチから、ボトムアップ型の市民行動を支持するパラダイムへと移行すべきであると主張する。このアイディアは、国連開発計画と世界銀行の経験に基づいて出版された『*Culture and Public Action*』に詳述されている。編者のビジャエーンドラ・ラオ（Vijayendra Rao）とマイケル・ウォルトン（Michael Walton）は、「パラダイムの違いに由来する意見の相違があるものの［…］（私たちには）機会の平等から"エージェンシーの平等"への転換が必要だとする広義の合意がある［…］その転換により、貧困状態にある人々に対し、貧困から抜け出すためのツールと発言力を提供しうる環境を創造できる」[37]と書いている。

　2008 年に、オランダの開発援助団体は、ハーグにある国際社会研究所（International Institute of Social Studies）によって組織された市民主導型変革（Civic Driven Change）と呼ばれる取り組みを支援した。このイニシアチブは、市民主導の開発努力と市民的エージェンシーの概念を重視している[38]。もう一つの主要な市民中心の取り組みとしては、"シティズンシップ、参加、アカウンタビリティ開発研究センター（Development Centre on Cifizenship, Participation and Accountability：Citizenship DRC と呼ばれるのが一般的)"による 10 年間の研究では、エンパワメントに着目する開発アプローチに共通してみられる多くのテーマを詳述している。以前、ハイランダー・フォークスクール（Highlander Folk School）に勤めていたジョン・ガベンタ（John Gaventa）が運営する国際開発研究センター（International Development Research Centre）が主宰し、イギリス国際開発省、フォード財団、ロックフェラー財団も支援する Citizenship DRC は、参加型調査法（participatory research method）を用い、30 ケ国近くにおいて 150 の市民行動に関するケーススタディを行った。研究者は、このケーススタディにおいて、"市民らしくあれ（Seeing like a citizen）"と

呼ばれるアプローチをとった。従来型のアプローチをとる研究者は、仮定ではあるが、次のように論じている。「市場、選挙、法的枠組み、市民社会の組織が機能していれば消費者、ユーザー、選択者、有権者、または法人としての市民アイデンティティは進化するが、市民は自らを政治的・社会的変化の牽引役として位置づけることは稀である」と。

それとは対照的に、Citizenship DRC は、「まず市民自身がもつ認識に注目し、市民が自らにサービスを提供する機関に対してどのように関わり、どのように評価するのかをテーマとした」。また彼らは、市民を単なる有権者、消費者、国営サービスの利用者、そして権利保有者として定義する従来からの市民像を問題視した。これらのケースでは、市民は、"厳格な制約を伴う"狭義あるいは受動的な役割を果たすにとどまる。これとは対照的に筆者は、市民は国家との関係において単純に定義されるべきではない、と考える。「市民［…］はまた、非国家アクター（家族、地域団体、貿易団体、宗教共同体）との関係においても権利や義務がある」と筆者たちは記した。市民は"また、異なる種類の集団に属し、多様なメンバーと協力して活動に参加することで自らのアイデンティを定義するのである"。このように市民を定義づけることにより、"正義、賞賛、主体性に対する人びとの熱望は開発への推進力となりうる"[39]。

このような、エージェンシーに焦点を当てたアプローチは、次の点において、パブリック・ワークの枠組みと重なり合う。

1) 効果的な民主的変化の多くは、一般市民によってこそ導かれるものであり、専門家や選挙で選ばれた役職者によるものではないと認識すること
2) 地域の文化や制度への配慮を重要視すること
3) パワーを関係構築として理解するところに特徴があること。例えば、政府との議論と同じように協働が重要であると理解すること
4) 効果的な行動について、時間がかかり、人びとがもつべきスキル、習慣、変化を実現するために必要な知識の開発を伴い、関係構築を必要とするものとして認識すること
5) 人びと――貧困や辺境に住む人びとを含む――を潜在的な才能をもつ人びととして考えること
6) 建設的なパブリック・ディスカッションの必要性を強調すること

さらに、パブリック・アチーブメントや Idasa の活動のように、Citizenship DRC の"Seeing like a citizen（市民らしくあれ）"のアプローチは、プロジェク

トの評価が現実的であり、いくつかのイニシアチブは上手く行かないことを認識
している。Citizenship DRC が調査したイニシアチブのうち、75％が肯定的な効
果をもたらしたとの評価であり、25％がマイナスの影響を与えたとの評価であっ
たが、当該機関が用いた成功に対する評価方法は、他の多くのプロジェクト評価
よりもはるかに緻密で、多くの要素を含むものであった。一方、従来型の評価で
は、信頼感の醸成、スキルの育成、市民的ネットワークの深化といった多くの肯
定的な効果は見られない[40]。

　パブリック・ワークの枠組みはまた、市民の権利に焦点を当てるが、その生産
的な役割を重視しない "権利に基づくアプローチ（rights-holders approach）"
を超え、新しいパラダイムを指摘している。市民を "権利者" として表現し、政
府を "責務履行者" として表現することは、現在、エンパワメントをテーマとす
る開発分野の研究活動では主流となっている。パブリック・ワークは、市民を民
主社会の共同創造者であると考えるのであって、単なるコミュニティのメンバー
や権利保有者と捉えているわけではない。本章のケーススタディは、次のことを
示している。

1）このような市民という概念の再構築が市民に対し責任感とオーナーシップの
　感覚を生み出すことを可能にすること
2）コミュニティ全体の健全性に注意を向けること
3）権利を保有する（Right-bearing）という観点（ただし、Citizenship DRC の
　一部のケーススタディでは暗黙的なものであるが）からは強調されえないよ
　うなより大きな視野で民主社会を理解すること

　このように市民としてのアイデンティティと民主主義の文化と市民生活に対す
るケアの精神を醸成することは、ポスト・ソビエト社会のストーリーでみたよう
に、ハリマが世代を超えた親睦の場を創設し、パブリック・ワークにより多くの
人びとを巻き込み、さらにはパブリック・ワークに対する内発的動機付けにつな
がったことにおいて顕著である。ブルンジのストーリーも開発民主主義の顕著な
例といえる。そこには２つのストーリーがあった。一つは村人たちが選挙で選ば
れた政治家たちに対立を止めさせることに成功し、その過程において村人自らも
政府の機能不全に対し責任意識をもつようになった例である。もう一つは、世界
で最も貧しい国の一つでありながらも、市民としての大きな目標と責任をもちう
ることを示した "地域警察" 創設の例である。

　ここで、4 章の表 4.1 にある民主主義、市民性、そして政治のパラダイムに関

する表を見直してみたい。政治理論において、議会制民主主義は、権利に基づく市民性と自由で公正な選挙を重視している。議会制民主主義、すなわち民主主義の政治化は人類の歴史において偉大な成果であり、それは、ドイツ出身の哲学者であるハンナ・アーレント（Hannah Arent）の言葉を用いれば、"諸権利を持つための権利（the right to rights）"の闘争を通じて、そしてまた、市民的、政治的な権利ばかりでなく、人権、経済的権利、そして社会的権利の国際的な規範、の開発を通じて深化したといえる。しかし、市民性に対する権利中心主義は市民を消費者と位置付ける文化を助長し、そこでは"私（I）"が何をどれだけ得られるかが最も重要なのである。第2のパラダイムは、具体的には"コミュニタリアン（communitarian）"理論と呼ばれるものであり、市民の声とコミュニティの強化を重視する。英国のユダヤ教指導者"ラビ"のジョナサン・サックス（Jonathan Sacks）は、既述した南アフリカ共和国の活動家ランファレを触発した自著『*The Politics of Hope*』の中で、このコミュニタリアニズムという考え方をうまく表現している。サックスは、今日の多くの貧しい人びとの絶望的な状況を、彼の家族の経歴と対比しながら、経済的には貧しいが、文化や人の結びつきという資源には恵まれたと描いている。そして、「人びとの関心事は年齢層に特有である」と示している。啓蒙主義以降、知識人の関心は、窮屈な伝統や全体主義的なシステムの重みに対抗するために、個人が"自分自身である"ための空間を作り出すことに集中してきた。「（今日の）自由民主主義においては、人びとが集うことが少なく、あまりに孤独で他者との関係構築について学びなおすことを求めている」。ランファレは、南アフリカのコンテキストにおいて、このコミュニタリアニズムに共鳴し、共通善に対し自己の利益を犠牲にするというシティズンシップの概念を唱えている[41]。

　既述した国家中心の枠組みとコミュニティ中心の枠組みは、双方とも洞察に富むが、それらは、パブリック・ワークの枠組みによって効果的に補完される。その補完とは、ボランティア精神に基づく生活と社会運動に新しい次元を追加するものである。Citizenship DRC は、政府により設置された市民参加の場と同様に、コミュニタリアニズムが重視するボランティア精神に基づく生活と社会運動について、まさにシティズンシップの現場とみなしている。パブリック・ワークは、単に政府やコミュニティでの生活ではなく、社会の隅々にまで市民性をもたらすのである。そして、パブリック・ワークに対する自己の利益をパブリックの利益へと結びつけるのである。そして、パブリック・ワークには正義とインクルージョンのための闘争だけでなく、共通資源の創出とパブリックな問題の解決

表5.1　民主主義と開発の枠組み

	議会制民主主義	コミュニタリアニズムの民主主義	パブリック・ワークの民主主義
市民の位置づけ	有権者、消費者、権利行使者としての個人	コミュニティメンバー	共同創造者
主要タスク	有権者の代表、権利とサービスの公正な提供	インクルージョン、参加、コミュニケーション	市民的エージェンシーの育成、コモン・ライフの実現
民主主義実現の方法	政治への動員	ソーシャルキャピタルの強化	オーガナイジング
政府の位置づけ	サービスの提供者	ファシリテーター	市民的パートナー、オーガナイザー、カタリスト
自己の関心の位置づけ	消費者としての関心	通常、考慮しない	自己関心をよりパブリックなワークに結びつける
パワーの位置づけ	上からの力	協働する力	付与される力

　も含まれる。さらには、パブリック・ワークは、ワークの役割とワークの場面をシティズンシップの現場とみなし、"ワークをよりパブリックに"という目標を実現するために必要な持続性、関係構築・文化という点からみた変化の過程を強調するのである（これについては8章で詳述する）[42]。表5.1は、3つの枠組みに基づく民主主義理論を比較したものである。

パワーの隠れたパターン

　最後に、パブリック・ワークというレンズを通してみれば、開発研究において他のエンパワメント・アプローチがさほど重視していない課題が持続的な研究対象になる。特にワークを中心とする市民的エージェンシーの政治学は、テクノクラシー（専門家至上主義）の文化—フランシスコ教皇が"テクノクラシー・パラダイム（technocratic paradigm）"と呼ぶ—が人びとの市民としての自信と発展を阻害することに着目する[43]。専門家は、人びとの価値や能力ではなく、欠陥に焦点を当てるようになった。南アフリカの大衆的な知識人ショエラ・マンクー（Xolela Mangcu）は、黒人意識の伝統から執筆しているが、これを"テクノクラシーの漸動（technocratic creep）"と呼ぶ。米国では、テクノクラシーの漸動が、何十年にもわたって加速してきた。これは多くの部分が、大学のような高等教育機関の責任なのだが、専門家を糸の切れた凧になるような教育してしまっ

た。すなわち、彼らは、自ら活動するコミュニティや出身地の文化から乖離し、注文の多い買い手やお金のない顧客といったように、人びとの欠点ばかりを見るようになってしまった。歴史家のトーマス・ベンダー（Thomas Bender）は、これを“市民指向型専門家（civic professionalism）”から“専門分野特化型専門家（disciplinary professionalism）”への転換と述べた。アフリカ、ラテンアメリカ、アジアの大学では、専門家至上主義が支配的である。

　専門家が支配するテクノクラシーは、能率主義とデジタル革命によって加速している[44]。その専門家至上主義の加速により、かつては市民学習の情報源として役立っていた教育の場——学校ばかりでなく教区、地元企業、労組、非営利団体および政府機関——がサービス提供機関と化しているこの専門家至上主義の加速という動きの結果、市民としての生活は、市民社会において、ボランティアやコミュニティ・サービスといった余暇としての活動となった。そして、これらの活動は、市民にとって理想郷となり、また劣化した世界における行動規範となる。私たちの時代の大きな課題は、すべての市民がもつエネルギーを増幅する課題に対処することへと関わらせることである。生態学に例えるならば、生態系の保全には、湿地のような複雑な生息地全体の修復が必要であるように、民主主義と開発の両立という長期的なタスクには変化を動態的かつ相互に絡み合った全体として理解することが必要である。そのように理解することで、民主主義と開発それぞれの構成要素は、相互に影響しあい、全体として機能することがより明確になるであろう。私たちは“民主主義の湿原”——民主主義を生態系のように生命ある全体として捉えること——を再生させる必要がある。それがコミュニティ全体においてシティズンシップがもつ諸文化を再活性化させることにつながるのである。本書は、この民主主義と開発の両立という考え方により、民主主義自体に対する課題が増幅する時代にあって、市民衰退の兆候ばかりでなく、7章、8章で取り上げる高等教育において、いまだ覆い隠されている課題を必ずや扱うことになるであろう（これは9章において詳述する）。

訳注

1　報酬は大きく分けると、内的報酬（Intrinsic rewards、自分には価値があると感じること、社会契約、仕事を楽しむ）と外的報酬（extrinsic rewards）に分けられる（労働政策研究・研修機構「基礎情報：アメリカ」より引用）。

6 大きな考えのパワー

ハリー・C・ボイト、マリー＝ルイーズ・ストローム

　フリドリー中学校（Fridley Middle School）に通う４人の子ども達による、心をとらえるリズムと情熱的なラップで、「フリドリーのパブリック・アチーブメント—特別支援教育を変える」と題された YouTube ビデオが始まる[1]。おそらく彼らは、自分たちが古くから続く論争にくわわっているなどということには気づいていない。

　「PAってなに？」１人が叫ぶ。「私たちの世界を変えるために協同すること」と全員が３回繰り返す。うまく演出されたシーンの中で、教員のマイケル・リッチー（Michael Ricci）が退屈な講義を始める。「さあ、パブリック・アチーブメントにはコア・コンセプトというものがある。一歩ずつ着実に進めていく手助けをしよう」。そこに１人の少女が面白おかしく教師を押しのけて割って入る。「先生なんていらない、学びは自分次第。さあわたしたちは始める、ワン、トゥー、スリー」。「自由って感じ」全体が歌い、「自由をおしえて」と１人が続く。

　手作りの看板に彼らの考えが記されている。「わたしたちは、自分たちが創る法、社会、世界のもとで自由に生きる」と彼らは歌う。その次は"パワー"だ。「私たちはパワーを手に入れた」。「パワーって何？」「人や制度、そして物事の動きに影響を与える力」。次に"責任"が続く。「グループのために自分がやると言ったことはやれ」と３回歌う。全員が教員、補助教員、学生コーチと一緒に集まる。「世界を変えるために一緒に取り組むこと—それが PA！」。拍手の中で、ビデオのタイトル「真のパワー：パブリック・アチーブメントで特殊教育を変える」が映し出される。

　ハンフリー（Humphrey）の学生であるジェン・ネルソン（Jen Nelson）が監督したこの YouTube 作品は、"第三段階"EBD（情緒・行動障害）と呼ばれるクラスの生徒が取り組んだパブリック・アチーブメント・プロジェクトの物語を伝える。また、市民教育によるエンパワメントの文化を創り出そうと自らの教授法を変えた教員、マイケル・リッチーとアリサ・ブラッド−ナフラ（Alissa Blood-Knafla）によるちょっとした職人芸を伝えるものでもある。この生徒たちは、自らの学びをかたちづくることに主体的に取り組んだ。そして、その過程の

なかで、自分たちを市民としてとらえることを学んだ。特殊教育の第三段階 EBD とは、つまり、この子どもたちが学校の他の生徒と分離されていることを 意味する。ビデオが伝えるのは、子どもたちが、いじめ防止キャンペーンや健康 な暮らしを促す壁画制作などのプロジェクトを通じて、分離の壁を破り「パブ リックになった」軌跡だ。彼らはまず学校内で、そしてフリドリー地区全体で、 さらにミネソタ公共放送で、公に認められていったのである。

　従来の特殊教育における教授法は、7章で説明するが、効率主義の教育という 技術家主義の前提に支配されている。特殊教育を受ける子どもたちは、能力的に 劣る、教員が修復せねばならない対象とみなされる。こうした子どもたちは、ま さしく「炭鉱のカナリア」だ。彼らが学校で直面する大変な困難や卒業後の苦難 は、教育全体に対して警告を与えるものだ。特殊教育の子どもたちが、人々をエ ンパワーする市民性の教授法を通じて、大きな概念を考えることに明らかに熱中 したり、自らの学びのなかで主導権を握ることにやる気を見せたりすることは、 従来の前提に異議を唱えるものだ。

　生徒たちのヒップホップ作品は、プラトンの有名な洞窟の寓話から連なる議論 の隠された側面を描き出す。寓話のなかで、人々は影の世界に暮らし、限られた 哲学者だけが洞窟を抜け出して影の向こう側にある真実を知ることができた。こ の若者たちは、社会から取り残され偏見にさらされる者であっても、教育に対し て熱中し、パワーや自由といった"大きな考え"を用い、その過程のなかで市民 としてのアイデンティティを育むことができる力を潜在的にもっていることを示 す。この章の後半でその考え方を詳しく紹介する教育者ジェーン・アダムズ (Jane Addams) は、1899 年、「人々は小さな事柄について聞くのが好きである というような単純なことではない」「人々は、大きくて重要で大事なことについ て易しく語られるのを聞きたいのだ」と書いた。ここでいう人々とは、彼女が立 ち上げに参加した、シカゴ地域の貧しい労働者階級の移民に市民性を教えるため の施設ハル・ハウス (Hull House) の大人であって、子どもではない。彼女は、 ハル・ハウスで行なわれた科学に関する講義で"大きくて重要な"考えが示さ れ、移民たちの実際の暮らしに結びつけられたことと、その後に続いた学者によ る物知りぶった乾いた講義に聴衆が"全滅"したことを対比させた[2]。

　アダムズの教育哲学は、一般的なプラトン流アプローチと鋭く対立する。"知 識人"でない人々が大きな考えに関心をもつかもしれないと信じることは、教育 や哲学において従来言われてきたこととまったく逆だ。ピーター・バーガー (Peter Berger) とトーマス・ルックマン (Thomas Luckman) による古典的著

作『現実の社会的構成（*The Social Construction of Reality*)』は、「どの社会においてもごく限られた一部の人々のみが理論化に携わる」と論じた。同じように、イギリスの著名な自由主義哲学者アイザイア・バーリン（Isaiah Berlin）は「人間は万物を表現し説明しようと努めることなしには生きられない。そうするために用いるモデルは彼らの生活に深く影響を与えざるを得ない」と論じたものの、「普通の人間は、こうしたモデル（について考えること）について、その気質によって、軽視したり、恐れたり、疑念を抱いたりする」[3] という見方を示した。現在において、特殊教育の生徒だけでなく、貧困層や労働者階級の生徒、人種的マイノリティの生徒たちも、しばしばこうした見られ方をする。さらに、進歩主義者が保守主義者について、バーリンの見方をそのまま当てはめたような表現を用いることもしばしばある。学校の教育手法や公共文化における抽象的で横柄な知識の流れが、大部分の人々が生きる現実に結びつかないという状況については、ほとんど注意をはらわれていない。

　パブリック・アチーブメントは、教授法に関する四つの流れに連なる。それらの教授法は、共に創る力にもとづく市民性とその技能、価値観、習慣、アイデンティティは学習される必要があり、深い民主的学習においては人々の経験、そして行動の目的と意味に対するしっかりとした省察が求められるという前提にもとづく。人間は、どうしたら "市民共同創造者" になれるかを知って生まれてくるわけではない。これらの教授法はすべて、子どもと大人の知性、エネルギー、才能への敬意を基盤とし、アクティブ・ラーニングを通じて、人々をエンパワーする市民性を教えるものだ。その目的は、単に知識や技能を伝えることではなく、"魂を目覚めさせる" ことにある。パブリック・アチーブメントにつながる教授法とは、ジェーン・アダムズがハル・ハウスで用いたアプローチ、公民権運動におけるシティズンシップ・スクール、こうした運動に影響を及ぼしたデンマークのフォルケホイスコーレとその教育哲学、産業地域事業団（Industrial Areas Foundation：IAF）というコミュニティ・オーガナイジングの広域ネットワークの省察プロセスのことである。パブリック・アチーブメントのコーチ研修では、しばしば、これら教授法の歴史が紹介される。パブリック・アチーブメントの参加者にとっても、過去の大衆運動に根差す教授方法を理解し、変化を生み出す市民主導の取り組みとつなげることは役に立つ。

ハル・ハウスの思想

　ジェーン・アダムズは、1889 年、シカゴの貧しい労働者階級の移民に市民性

を教えるため、エレン・ゲイツ・スター（Ellen Gates Starr）とともにハル・ハウスを設立した。アダムズとスターに最も直接的な影響を与えたのは、ロンドンのトインビーホール（Toynbee Hall）という、オクスフォード大学とケンブリッジ大学の卒業生とイーストエンド地区の貧しい労働者階級住民による学びの場の事例だった。ジョイア・ディリバート（Gioia Diliberto）は、トインビーホールを「ビクトリア時代特有の改革の精神」を体現し「自身の成長と他への務めをひたむきに組み合わせ［…］階級、出自、貧富に関係なく、誰もが、最善の自分へと"進化"する能力、そして責務をもっているという信念」にもとづく「市民共同体」と表現する。多様なコース、プロジェクト、ミーティングが展開され、ディリバートによればひと月のうちに「書き方、数学、化学、絵画、音楽、裁縫、看護、衛生、作文、地理、簿記、市民性に関する授業や、地学、生理学、植物学、化学、ヘブライ語、ラテン語、ギリシャ語、欧州と英国の歴史、ダンテやシェークスピア、モリエールといった文学の夜間コース」があったという[4]。

　アダムズとスターはさらに、地域の誇りの源泉、市民生活の中心として機能する学校としてのリトル・レッド・スクールハウス（Little Red Schoolhouse）というアメリカの伝統を思い返し、公教育全体にこの思想を適用した。ニック・ロンゴ（Nick Longo）が著作『*Recognizing the Community in Civic Education*』に書いたように、アダムズとスターは、市民性のための教育を、学校の生徒だけでなく地域全体の"魂とエネルギーを目覚めさせる"とでもいうような過程に結びつけ、民主主義的な意義をさらに深めた。アダムズは公教育がハル・ハウスの教育手法を用いたらどのようになるだろうかと考え、「ビジネスマンが、ある移民に対して、彼が切実に必要とする英語や算数を教え、代わりに道具や材料の扱い方を教えてもらうなかで、工場から得られるのとは全く異なる意義として想像できる」という。アダムズは、台所で英語を学びながら、講師に「美味しいマカロニの作り方」を教えるイタリアからの移民女性を思い描いた[5]。

　「Educatinonal Methods」という論考の中で、アダムズは、「私たちは次第に、教育者に対して、それぞれの人がもつ力を解放し、残る全ての命とつなげることを求めるようになっている。人間の集団の中に宿る生き生きとした力を活かし、教育者にその力の解放を求めることを、待ちきれないでいる」[6]と書き、教育者は生徒に"知識を与える"ことをはるかに超える役割を担うことを論じた。トインビーホールのように、ハル・ハウスもまた、すべての人の潜在能力と、教育がもつ協同の性質への深い信頼にもとづく、様々な教育的実験にあふれていた。アダムズの伝記を著したエレン・ラゲマン（Ellen Lagemann）は、「アダムズは、

民主主義は真の相互関係を必要とすると信じていた」と書く。アダムズは、教育を、教室や学校の壁の内で起こることよりずっと広いものとしてとらえていた。「彼女は、(家庭、親族、職業、政治、世代間、集団間の)社会的関係が、すべての関係者による自由な表現を許したり促したりできるか、どのようにそれが可能になるのかに注目していた」[7]。ハル・ハウスは「政治、考え、公共イベント、芸術、哲学、または貧窮状態にある家庭や地域の不良少年たちといった差し迫った問題についての話が絶え間なく流れるなかで、市民性、文化、同化、教育といった抽象的な概念に常に進化し続ける生きた意味が与えられる、開かれた大学とでもいうような場」[8]だった。その教授法は、典型的な学術的方法に対し力強く異議を申し立てるものだった。アダムズは、「セツルメント[訳注1]では、急進的な人々、保守的な人々、双方との協同が必要であり [⋯] どれか一つの政党や経済学派に友人を限定することはできない」と書き、俗世間から離れた学問の専門分野にもとづく文化と異なるセツルメントの哲学を強調した。ハル・ハウスの住民は「ある文化に属する人を同じような人々から成る階級にただ留めておくのではなく、多様な人々を理解する能力や、人々の現状を補完する力をもって、異なる人々とつなぐような文化を育てたいと感じている」[9]のだと、彼女は論じた。

　第2章で紹介された、ジョン・デューイ (John Dewey) による1902年の有名な講義「社会の中心としての学校 (The School as Social Centre)」で、ハル・ハウスは全ての学校のモデルとして理論化された。デューイは、学校を、都市部に暮らす多様な人々が顔を合わせて交流する場ととらえ、都市環境における強制的で破壊的な「アメリカ化」と対比させた。彼は、子どもたちが厳密に定められたカリキュラムと決まりきった学習方法に即した指導を受ける、工場のような学校では、交流の機会が限られ、結果として若者たちは「しばしば、二つ(移民としての文化と主要な文化)の狭間で浮いたように不安定に取り残される。自らの両親の衣服、ふるまい、習慣、言語、信念を軽蔑することを学んでしまうことさえもある」と論じた。対照的に、ハル・ハウスでは、「若い世代が、旧い世代の技、芸術、歴史的意味といったようなことを学ぶ [⋯] 多くの子どもが、それまで知らなかった素晴らしい資質への感謝に目覚める」ハル・ハウスのような学校は「衝突や不安定さを減らし、より深い共感や広い理解につながるような方法で、人々とその考えや信念を団結させる手段」[10]を創造しているのであった。

　ジェーン・アダムズの哲学の主題はパブリック・アチーブメントにおける市民性教育に当初から影響を与えた。パブリック・アチーブメントにおいて、「全員が教員、全員が学習者」は開始時からの原則であり、子どもも大人も「易しく伝

えられる大きな考え」に関わることができるというアダムズの考えが取り入れられてきた。さらに、3章に書かれたとおり、ハイランド・パーク高校（Highland Park Highschool）での着帽ストライキという惨事ののち、パブリック・アチーブメントは、市民のエンパワメントには多様な文化と交渉する術を人々が身に着けることが重要だというアダムズの洞察を取り入れることとなった。こうした主題は、公民権運動におけるシティズンシップ・スクールにもみられる。

シティズンシップ・スクール

　マイルズ・ホートン（Myles Horton）は、1932年、教育者ドン・ウエスト（Don West）やメソジスト派の牧師ジェイムス・ドンブロスキ（James Dombroski）とともに、アパラチアの貧しい人々の"力を解放する"ための教育拠点として、ハイランダー・フォークスクール（Highlander Folk School）をテネシー州グランディ郡に設立した。ロンゴによれば、ホートンは、学生時代にシカゴで出会ったジェーン・アダムズとハル・ハウスからも影響を受けたという[11]。それから数十年後、エサウ・ジェンキンス（Esau Jenkins）がこの学校を訪問したことをきっかけに、南部の黒人コミュニティにおいてその後の公民権運動の土台となるシティズンシップ・スクール運動が広がることとなった。

　シティズンシップ・スクール運動は、サウスカロライナ州沿岸に位置するジョンズ島（Johns Island）からチャールストン（Charleston）へのバス便を運行していたエサウ・ジェンキンスがアリス・ワイン（Alice Wine）と交わした会話から生まれた。ジョンズ島保護者と教員の会（PTA）会長、ウェスレイ合同メソジスト教会（Wesley United Methodist Church）日曜学校責任者、地域向上団体「シティズンズ・クラブ（Citizens Club）」会長といった立場に就き、黒人コミュニティにおける市民の指導者として知られていたジェンキンスは、人種差別を強く批判していた。小学校を3年目の途中で中退したワインは、黒人に投票させまいと設けられていた識字能力要件を満たすために文字の読み方を学びたいと、ジェンキンスに助けを求めた。そこでジェンキンスは、投票に関する法律の写しをワインや他の乗客らに配り、文字を教え、法律の意味を議論することを始めたのである。これを、歴史学者のキャサリン・シャロン（Katherine Charron）は、「ローリング・ボーター・レジストレーション・スクール（転がる有権者登録学校）」と名づけ、町から町まで長距離を走る間、「バス車内の自治的空間で、白人に気づかれることのないうちに、ジェンキンスや乗客らは基礎的な有権者教育を行う理想的な機会を得ることとなった」と記す[12]。

　1957年1月7日、ジョンズ島で、シティズンシップ・スクールの最初の正式な授業が行われた。10人の女性と4人の男性の生徒らが店の奥の部屋に集まった。ハイランダー・フォークスクールの事業計画立案者であり、ジェンキンスをハイランダーへ連れてきたセプティマ・クラーク（Septima Clark）は、識字をカリキュラムに取り入れるべきだとホートンに話し納得させた。ジョンズ島での最初の生徒のうち、8名は読む能力が"著しく不足"しており、3名は全く読み書きができなかった。クラークとホートンは、クラークの従妹で、ニューヨークやサウスカロライナで活動家としての経験をもつ美容師のバーニス・ロビンソン（Bernice Robinson）を教員に選んだ。

　ロビンソンはプロの教育者ではなかったが、関係を結ぶ技に長けていて、聞き上手だった。クラーク自身、公立の学校で40年間教えた経験がありながら、彼女とホートンはシティズンシップ・スクールを始めるにあたって専門的な訓練を受けた教員は採用しないと決めたのである。クラークは生徒をエンパワーする教え方を学んでいたが、一方で、ほとんどの教員が、教育の内容に注目し過ぎること、中産階級であり過ぎること、関心を集めたいと思い過ぎることを知っていた。この2人の従姉妹は、これまでと異なる新たな方法を見出そうととことん議論した。ロビンソンが初めに行ったのは、教室内によくある序列を無くすことだった。彼女は生徒らに「私はあなたがたの先生には決してなりません」と言った。「私たちはともに取り組み、お互いに教え合います」と話し、生徒らに何を学びたいか尋ねた。聖書を読みたい、子どもからの手紙を読みたい、さらにカタログ用紙や郵便為替に記入したいという声が上がった。ロビンソンは「私はまず身近な事柄から始めました」。「彼らが現場でやったこと、家でしたことについて話してもらうのです」と話す。彼女はそうした話を書きとめて、教えることに活用した。するとそのうち彼女は、男性は特に計算を学ぶことに興味を持つことに気が付いた。島から街まで運転するのにどれくらいのガソリンが必要なのか？塀を造るのにどれくらいの材料が必要なのか？　彼女はまた、クラークに習い、日常と理想を結びつけた。「私は壁に（国連の）人権宣言を掲げ、学校が終わるまでに一人ひとりがそのすべてを読み理解できるようになってほしいと伝えたのです」[13]。

　パブリック・アチーブメントは、子どもを含むすべての人にシティズンシップを教えるという、シティズンシップ・スクールの軸を成す使命とともに始まり、人々の個人的な経験や関心に基づくことの重要性を中心に位置づけてきた。1990年のパブリック・アチーブメント聞き取りセッションで、十代の若者たちが、

チームとともに取り組む大人の役割としての"コーチ"を提案したが、これは実に筋が通っていて、バーニス・ロビンソンが果たした役割そのものだった。よいコーチは、聞き、一人ひとりのチームメンバーと彼ら個々の関心について知り、彼らの経験に基づき、彼らの才能を開発することに尽力する。コーチは、チームメンバーがパブリックな場で協同的に行動するための自信と勇気を得ることに心を配る。「現場に出る」のはチームだ。

　パブリック・アチーブメントの起源を共有するにあたり、シティズンシップ・スクールにおける美容院の重要性がしばしば語られる。マイルズ・ホートンは、1977年、黒人向け美容院が主要なフリー・スペースの例だと指摘した[14]。こうした美容院は、白人による権力構造の支配の外にあり、多様な人々が近しい家族や友人といった関係を越えて交流するコミュニティの中心だった。クラークとロビンソンは、美容師が日常の仕事の中で市民教育を取り入れられると考えた。美容師は、関係性をつくる技に長けていて、コミュニティの重要な場を維持しており、他の人々に活力を与えられる立ち位置にある。クラークとロビンソンは、1961年1月にハイランダー・フォークスクールで開かれたワークショップのために、テネシー州とアラバマ州から52人の美容師を採用した。会議の中で、テネシー州美容委員会の元審査官エバ・バウマン（Eva Bowman）が、美容師仲間らに「市民への奉仕を美容師の責任として」とらえることを呼びかけた。テネシー州ファイエット郡（Fayette County）の美容師らは、団体を組織し、理事会を設立し、ホームレスのための医療センターを立ち上げることを決めた[15]。「市民美容師」とでも呼ぶべき人々となったのである。

　クラークはまた、数十年間にわたるサウスカロライナの人種別学校での変化に向けた活動の中で、「市民教師」になることを学んだ。クラークは、シティズンシップ・スクールでは、エージェンシーとしての、自律的に努力し、自らの環境を変えるために他とともに取り組む能力が育まれねばならないことを学んだ。他の教員らに「この子どもたちの創造する力を引き出すために必要なのは、（教員としての）あなた自身の創造する力なのです」と助言した。シティズンシップ・スクールは、エージェンシーは実用的で具体的なことから始まるという前提に基づく。「読み書きや計算を学んだ人々は、自信を増し、傷つきにくくなったと感じるようになった」。「さらに重要なのは、彼らが自立の術を得たことだ」と、シャロンは回想する。ジョンズ島におけるシティズンシップ・スクールのリーダー、ビル・サウンダース（Bill Saunders）は、時に白人が黒人地主の資産税を支払うと言いながら対応せず、その結果、黒人が土地を失う状況を見てきた。シ

ティズンシップ・スクールがあることで、「みんな、自分の税金を払いに行くことを学びました［…］領収書を手に入れたのです」[16]。

　クラークは、シティズンシップ・スクールが地域における暮らしの一部になる必要があるとわかっていた。信徒団、市民団体、PTA、美容院、床屋、他のいろいろな場が、教室の外で、教育の資源や機会を提供した。クラークは、新人教員としてジョンズ島でキャリアを築き始めた頃から、市民生活の拠点としての学校という、アフリカ系アメリカ人社会が築いてきた豊かな伝統をもとに、農村部の子どもたちの家族を学校生活に巻き込むことも学んでいた。例えば、1910年代から1920年代にかけて、ユダヤ系移民のジュリアス・ローゼンウォルド（Julius Rosenwald）が創立したローゼンウォルド基金が黒人学校への資金を提供し、南部に5,000校以上の「ローゼンウォルド学校」が設立された際も、地元の黒人コミュニティが作業の大部分を担ったのだった[17]。

　さらに、クラークは、シティズンシップ・スクールが、民主的な変化に向けたより大きな動きに加わる必要性を感じた。シャロンによれば、「改革を目指す教育の文化を築き、長期に渡って政治的な影響を及ぼしてきた、黒人教員の一群が立ち上がること」をクラークが手助けした。「（こうした人々は）臨機応変な教授法を戦略として用い、地域の人々に対する責任を果たそうとしながら、成功の鍵は対立ではなく、くさびを打ち込み、1センチずつでも前進させ、手放さないことにある（と学んだ）」のだという[18]。

　1961年、南部キリスト教リーダーシップ協議会（SCLC）がシティズンシップ・スクールをハイランダーから引き継ぎ、その名をシティズンシップ・エデュケーション・プログラム（CEP）とした。クラークとロビンソンは、SCLCのスタッフだったドロシー・コットン（Dorothy Cotton）や、28歳の牧師でキリスト教会全国協議青年部の副部長を務めていたアンドリュー・ヤング（Andrew Young）と協力することになった。ニュー・オーリンズで育ったヤングは、「大衆が最も欲しているのは、自分たちを運動体として束ねることができる何らかのイデオロギーだ。この闘いのなかで、なんとか「階級」と「大衆」を結集せねばならない。その方法を見つけるのが自分の仕事だ」という信念をもって、南部に帰ってきたのだった。63歳のクラークは、すぐにそんなヤングを導く存在となった。クラークは、シティズンシップ・スクールは、運動として、より大きな目的、つまり「すべての人が含まれるよう民主主義の裾野を広げ、すべての関係性が含まれるようその概念を深める」ために、シティズンシップを教えているのだと考えていた[19]。

　それから数年の間に、CEPは爆発的な成長を遂げた。1969年までに、5000人以上の人々がSCLCによる1週間の研修プログラムを受け、何万人もの地元リーダーらが南部各地のシティズンシップ・スクール講座に参加した[20]。こうした広がりは、さらなる課題を生じさせることにもなった。サウスカロライナ沖の島々でシティズンシップ・スクールが成功したのは、クラークによれば「私は文字通り『チャールストン人』で［…］島と町の人々を知っていた」からだった。人々の信頼を得るということは、関係性を構築するということと同義だ。また適応力も求められる。シティズンシップ・スクールは標準化されたものではない。「新しい場所では、そこにある状況の中で、潜在的なリーダーたちがニーズや問題をどのように考えているか、それにもとづいてシティズンシップの考え方を拡張していくのだ」。「そのやり方は、同じであって、違う」[21]と、クラークは言う。パブリック・アチーブメントも同様に、地域の文脈にもとづく柔軟性を重視する。デモの旋風と、公民権法成立への注目の中で、クラークは、シティズンシップ・スクールによる地域の関係性構築と草の根の教育に集中しようと努めた。

　SCLCのリーダーたちは、アメリカの主流派から支援を得るというワシントン大行進の戦略に沿って、地域から地域へと飛びまわっていた。一方でクラークは、「教育の仕組みがなければ［…］SCLCは、人種隔離の不当性をこれほどまでにはっきりと示した、持続的な抗議行動を生み出すことはなかっただろう［…］CEPは、教会とともに、SCLCに草の根の組織的基盤を与えたのだ」と認識していた。クラークや他のシティズンシップ・スクールのリーダーたちは、エンパワメントは分子的なプロセスであって、行進やデモで実現するものではないと知っていた。身に染み付いた服従のパターンを乗り越えて、「パブリックになる」勇気を育てることが求められるのだった。ミシシッピでCEPのコーディネーターを務めるビクトリア・グレイ（Victoria Gray）は、「その人を心理的、感情的、精神的に解放しないかぎり、大したことは成し遂げられない」という。行進で不当性を広く知らしめることはできても、問題は持続的な変化を創り出すことだ。「（デモの後）残された人々は、自分たちの地元で実体のある変化を交渉する方法を見つけなければならないのだ」とシャロンはいう。「CEPはこうしたたくさんの人々に、そのための勇気と実用的な能力を与えた。それがいつも成功するとは限らなかったけれど」[22]。

　シティズンシップ・スクールが南部全域に及ぼした計り知れない影響は、解放運動における十分に認識されていない側面だ。何百、何千もの新たな有権者だけでなく、CEPの卒業生は、1964年の民主党全国大会で人種差別にもとづく公式

代表団に異議を唱えて全国の注目を集めたミシシッピ自由民主党（Mississippi Freedom Democratic Party）や、農村部の協同組合、連邦政府の反貧困対策といった他の取組においても指導的役割を果たした[23]。今日、シティズンシップ・スクールの長期的目標はまだ確立されていない。1962年、クラークは「教育的コミュニティによって形成された学習する社会」を思い描いた。クラークやヤングらは、南部全域に、アメリカ宣教教会（American Missionary Society: AMA）が何百年も前に解放奴隷らを教育するために設置した学校と似た、しかし異なる部分もある、常設の学習拠点のネットワークを南部全域に広げたいと考えていた。アンディ・ヤングは「私はAMAについて、『才能のある一割』の理論に傾倒したことを、常に批判的にとらえてきた」「（AMAは）大衆を助ける方法を開発しなかったのだ」と記した[24]。

　CEPに影響を与えたこうした考え方の一つの原点を、19世紀の「デンマークのフォルケホイスコーレ」[訳注2]を取り巻く動きと民衆教育の思想にみることができる。

デンマークの民衆教育

　19世紀のルター派の神学者、哲学者のN.F.S.グルントヴィに根ざす、デンマークのフォルケホイスコーレの伝統は、1920～30年代のアメリカの成人教育実践に重要な影響を与えた。思想史家のアンドリュー・ジェウェット（Andrew Jewett）によれば、1930年代の調査で対象となった農村社会学者のうち80％が、デンマークのフォルケホイスコーレを民主的教育の先進的モデルととらえていた。アメリカの成人教育の立役者であり、ハーレム・ルネッサンスの思想を構築したと広く認められているアラン・ロック（Alain Locke）も、フォルケホイスコーレに感銘を受けた1人だった。

　分離政策下にあった南部で1892年に設立された歴史的黒人大学を含め、土地付与大学（land-grant universities）を拠点とする普及指導員らも、農業、家政、4-H[訳注3]といった仕事のなかで、デンマークの民衆教育の伝統を活用した。協同普及事業における「コミュニティ・オーガナイジング運動」の創始者、ルイジアナ州立大学のメアリー・ミムズ（Mary Mims）は、フォルケホイスコーレの思想や、グルントヴィの思想に影響を受けた学校について学ぶため、1920年代にデンマークを旅している。

　同様に、マイルズ・ホートンも、ハイランダーを設立する前に、そうした学校とその思想を学ぶため、デンマークを訪れていた。彼は、現実的で身近なあるが

ままの世界と、どのような世界にすることが可能かという構想、それらが組み合わされていることに魅了された。バラク・オバマ（Barack Obama）は、大統領としての最後の年、2016 年 5 月 13 日、北欧の大統領・首相との会談のなかで、あまり知られていない公民権運動におけるグルントヴィの影響について敬意を表し、乾杯の挨拶で次のように語った。「私たちの北欧の友人の多くが、エリートだけのためではなく、多くの人々のための教育としてのフォークスクールという着想を支えた［…］優れた牧師で哲学者である、グルントヴィをよくご存じでしょう。人々が積極的市民性をもつための、社会をよりよくしていくための訓練としての」。「時が経ち、フォークスクール運動はこのアメリカにも広がりました。そうした学校の一つが［…］新世代のアメリカ人たちが、公民権を促し、平等を促し、公正を促すためのアイデアや戦略を共有しようと集ったハイランダー・フォークスクールでした。［…］彼らは最終的に公民権運動にも影響を与えました」[25]。サウスカロライナでは、成人教育におけるリーダーの 1 人、ウィル・ルー・グレイ（Wil Low Gray）が、フォルケホイスコーレの理念、特に暮らしの助け合い、地域の課題解決、精神的・文化的再生を強調する点を支持し、クラークは彼女と協働した[26]。

　グルントヴィの教育思想は、人間の生活とキリスト教徒の生活に関する彼の理解を統合した思想だった。フォルケホイスコーレは、若者を、困難や希望をすべて含めた現実に目覚めさせる「人生のための学校」なのだった。若者が日常のなかで現実の問題を解決する力を育て、実用的な信仰の人生に導くものだった。

　グルントヴィは、彼が「ローマのくびき」と呼んだ古典的なラテン教育課程をはじめ、ヨーロッパの有力な文化による自国の植民地化に対抗して、デンマーク市民のアイデンティティを目覚めさせ、真のデンマーク社会の繁栄を実現することに情熱的な使命感をもつようになっていた。表面的に読めば、グルントヴィの著作はあまりに国粋主義的に見えるかもしれないが、ニールス・ジェンセン（Niels Jensen）は「グルントヴィほどの温かさをもって自分の祖国への愛を表明した人はほかにいないが、彼は誰もが必然的にどこかの国に生まれ、その枠組みと言葉で人生を把握し理解するのだと認識していた」[27] という。グルントヴィにとって、ことわざや慣用句を含むその土地独自の言葉や、物語、詩、そして神話や歴史から成る伝統文化は、よい社会を築くために深みのある資源を提供するものだった。彼の均質的な文化にもとづく文脈は、21 世紀のデンマークを含め、現在の多様性に富んだ社会とは大きく異なるものではあるが、市民や教育の役割に対する彼の理解は私たちの時代においても知恵をもたらし続けるものだ。

　グルントヴィの教育哲学の全体を貫く目標は「人生の啓発」であった。ホルガー・ハンセン（Holger Hansen）は、グルントヴィが「人々が、自身の状況のなかで、自身の生き方において、自分のアイデンティティと可能性に意識を向けられるようにすること、自身の歴史的、国家的、宗教的文脈の中心に人を位置づけられるようにすることに関心をもっていた」と説明する[28]。グルントヴィにとって、そうした民衆啓発につながる最も確実な方法は、社会全体にわたる様々な背景をもつ人々の間の生きた交流だった[29]。それを実現させるために、彼は何らかのかたちの「人々の教育」が必要だと信じていた。民衆の啓発や意識は自然に起きるものではなかった。農民、商店主、船乗り、その他すべての職業の人々が皆、「鋤の向こう側や、店の中や、船のマストを登るときや、ビジネスの場で得られるのとは別の」教育を必要としていた[30]。グルントヴィの考えでは、「公務員と専門家」が必要とする教育は同じものであった[31]。彼は、フォルケホイスコーレについて「土着の、全体的な教育を、継続的な基盤をもって提供し、（人々が）私たちの社会の構造を理解できるようにするとともに、様々な職の長所と短所をほかと比べながら検討することを助ける」と説明した[32]。

　グルントヴィは、フォルケホイスコーレは、あらゆる職業の人々が自分自身を市民本位（citizens first）ととらえ、「全ての職業においてデンマークの人間となること」を教える必要があると信じていた[33]。そうするなかで、人々が自分の仕事における市民的側面を見出し、その職業が社会をどのように構成しているか、他の職業が社会に何を与えているか、そしてそれぞれの職に就く人がどのように交流しあうのがよいのかを理解することができるのだった。人々が普段の仕事を通じて活力ある社会をともに築いていく、「市民的関与」は、仕事の後の自発的な市民活動のことと理解されがちだが、それだけでなく、つまりこれは共同創造者としての市民という考え方につながり、それこそが目的だった。これは、市民一人ひとりの力と可能性を解き放とうとする、またはグルントヴィが「私たちの生き生きとした努力のすべてを発展させる」[34]と表現する、民主主義教育のための途方もない構想だ。これを現代の文脈におくと、学校、スポーツクラブ、地域、工場、職場、町、州、国といったすべての場において、市民が、よりよい社会を創る実践者として自分の役割を理解する試みととらえることができる。

　グルントヴィの教育哲学は、さらにほかの点でも、パブリック・ワークやその教授法につながる。彼は貧しい人々を裕福な人々と対抗させるのではなく、すべての人々が「人間の教育」を必要としているのであり、それによって現実の問題をともに解決し、よりよい、より平等主義にもとづく社会を創っていくことがで

きると信じていた。彼は「小屋であっても屋敷であってもそこに見出すことのできる教育的、文化的成果に向けた可能性は同等だ」[35] と書いた。これはつまり、小作人であっても裕福な地主であっても、すべての市民が、デンマーク社会の繁栄を築くために不可欠な能力や資源をもっているということだった。今日、グルントヴィによって生み出されたフォルケホイスコーレ運動と、それにより促された協同運動は、デンマークの民主化と、農村住民の解放、さらにはすべての市民の福祉に責任をもとうとする国のあり方にきわめて重要な影響を与えたと考えられている。

　現代社会では、欠乏感や蔓延する個人主義が市民の協働を促そうとする努力を妨げている。旧来の教室は個々の生徒が対抗しあう競争の場であり、そうした教育に深く根差すやり方が、競争の文化を強化している。このような競争の精神は、小さな頃からテストによって強化されていく。グルントヴィは、彼の時代に既に、こうした競争の文化がシティズンシップの精神に与える悪影響を警戒していた。フォルケホイスコーレにテストや試験はあるべきでないと決めただけでなく、人生のどのような位置にある者も受け入れるという門戸開放主義を取り入れるべきだと考えた。違いの境界を越える「生きた交流」という考え方が彼の基礎的な教授法の原則であり、これにより「人々のコミュニティに、より多くの喜び」[36] を生むことができると信じていた。彼は甘い考えにとらわれていたわけではなく、地域社会に生じる避けられない緊張関係についても認識し、「人間社会には、内部の崩壊、対立の増加、自分の運命に対する不満の高まりといった明らかな危険が常にある」[37] と考えていた。しかしグルントヴィにとって、フォルケホイスコーレの教育を通じ市民としてのアイデンティティを深めていくことが、こうした問題に対する解決策だったのである。彼が人生を終えた1872年までに、「グルントヴィ派」は多くの様々な運動のなかで花開いた。彼を追う者が、政治的な保守とリベラル双方の側で政党を立ち上げたりそれに加わったりした。ノルウェー人の信奉者、ビョルンソン（Bjornson）は、グルントヴィの「『精神的な容量の大きさ』、敵の中に友を見て、彼らに対する信頼を表すことによって半分の友の真の友をつくることができる力」を賞賛した[38]。市民政治の視点から見て特筆すべきは、グルントヴィの非常に深いパブリックな感受性である。フォルケホイスコーレは単に市民が友だちになる場ではなかった。その目的は、よい社会を築くという仕事に目を向けることにあり、その到達点に向けて働くことが、市民の可能性の解放につながり得る。グルントヴィは、「共同創造者」という言葉は使わなかったが、日常の仕事を通じて表現される市民の職業の創造力を理解し

ていた。パブリック・アチーブメントを立ち上げた者たちは、こうした歴史の詳細について知っていたわけではなかったが、こうしたテーマがその教授法や哲学に注ぎ込まれている。

　パブリック・ワークの教授法につながるもう一つの流れは、IAF に最も豊かに表現されている、省察的側面をもつコミュニティ・オーガナイジングである。

省察的実践（リフレクティブ・プラクティス）

　1960 年代に始まり、クリスチャン・サイエンス・モニター[訳注4]が「1970 年代の見えざる歴史」と呼んだ市民運動「裏庭の革命」から、多くの組織が生まれた。こうした組織には多くの共通点があったが、さまざまな教授法を含め相違点もあった。

　消費者団体、環境団体、その他の進歩的組織は、通常、1 章に書いた動員の手法を用いたが、この手法では、人々のパブリックな能力、特に哲学的、知的生活を発展させることはできない。コミュニティ・オーガナイザー、大学教授、そしてミネソタ州から選出された大衆主義の上院議員であった故ポール・ウェルストン（Paul Wellston）は、「組織のオーガナイザーはこうした成長の過程を無視させようとする強い圧力のもとにおかれている」と述べた。教会団体、基金、リベラルな寄付者、戸別訪問といった資金の提供元による圧力は、思考やより深い目的に関する話し合いよりも、結果に注目した。オーガナイザー本人も、わかりやすい確固とした勝利を得ねばならないという圧力、「早い段階で成果を示して人々のやる気を高めるという、やむにやまれぬ必要性」を感じていた[39]。

　しっかりとした知的、哲学的領域がない市民運動の動員文化のもとでは、視野が狭くなり、例えばどのように専門用語やくどい文章を用いず説得力のあるチラシを書くか、記者会見をどのように開くか、会議の議長をどう務めるか、一般市民証言をどのように行うか、人々を集めるためにどのようにソーシャルメディアを使うかといった、技能の習得ばかりが注目されてしまいがちだ。こうした技能は市民運動の大切な要素ではあるが、そのなかでは学習の省察的習慣や「だから何だ」という疑問に対する検討がなおざりにされてしまう。結末は当然、課題に対する特定の結果に狭められてしまう。これは、活動が民主的な変化にどのように貢献するのかなどと考えるよりも、とにかく早く物事を片付けることが優先される社会の圧力を反映している。

　1930 年代、1940 年代の組織づくりは、しばしば、よりしっかりと民主主義に関する省察を位置づけていた。例えば、1946 年に出版されたソウル・アリンス

キー（Saul Alinsky）の初めての著書『市民運動の組織論（*Reveille for Radicals*）』は、アメリカの豊かな民主的な伝統や哲学を強調しながらバック・オブ・ザ・ヤーズ（Back of the Yards）や他の民主的な組織化の取組に関する原則を体系化した。アリンスキーは大衆の組織が地域社会の暮らしに根差し向き合うことも重視したが、これはパブリック・アチーブメントが1991年の着帽ストライキから学んだ教訓だった。彼は、「人々の組織の基盤は地域の人々の共同生活のなかにある」。「したがって、人々の組織を立ち上げる最初の段階は、個人の経験、習慣、価値観、目的といったことだけでなく、集団として全体が共有する習慣、経験、風習、支配、共同体の伝統という視点から、地域社会の暮らしを理解することだ」と論じた。オーガナイザーは「人々の伝統の最も明らかな部分に親しみをもつ必要がある」。オーガナイザーは、地域の伝統に共感しないこともあるかもしれないが、民主的な変化へ向けた取組は、常に、場と歴史にもとづかねばならない。「人々の組織の立ち上げは、個人の選択の問題ではない。あなたは、人々、その伝統、彼らの先入観、習慣、態度、その他彼らの暮らしを形作る全ての状況とともに立ち上げるのだ」。地域を知ることは「その集団の価値観、目的、習慣、制裁、タブーについて知ることである。彼らの間の関係や態度といった点からだけでなく、彼ら全体が外の世界とどのような関係をもっているのかという点からも彼らを知るということである［…］。人々の伝統を知るということは［…］建設的な民主的行動を主張する、または民主的行動を妨げる社会的勢力を明らかにすることである」[40]。エラ・ベイカー（Ella Baker）、マイルズ・ホートン（Myles Horton）、セプティマ・クラーク、ベイヤード・ラスティン（Bayard Rustin）といった解放運動のリーダーらも、アリンスキーと同様に、1930年代の大衆運動にルーツをもっていた[41]。文化に対する深い認識は、デンマークの民衆教育の中心にも位置づけられていたものである。

アリンスキーが設立したIAFのオーガナイジング・ネットワークは、彼がこの世を去った1972年以降、文化や知的生活への視点をさらに強めていった。イギリス、フランス、ドイツ、南アフリカなどに支部をもつようになったIAFが実施するワークショップでは、自らの組織をアーネスト・コルテス（Ernesto Cortes）の言葉で「パブリックな生活の大学」と表現した。これは、目的に関する大きな考えや疑問に持続的に向き合うことを意味した。これはまた、人々の関心や知性に真剣に向き合い、"人々が何者か"、彼らの関心、物語、動機を見つけ出すために、一対一で関係性を築く話し合いを行い、彼らの経験について省察する継続的な過程を創ることを意味するのであった。どちらかというと受け身の支

持者層を基盤とし、戸別訪問、インターネット、ダイレクトメールといった動員手法を用いる組織と対照的に、IAF の団体活動は、継続的な会話にもとづく。イースト・ブルックリンの教会とつながる小教区のシスター・マーガレット・スナイプ（Sister Margaret Snipe）は、聴いたり対面で面談したりする技能を身に着けた一般のリーダーが、地域における劇的な再生をもたらす様子を描写した。人々は、他の人々の視点により敏感になり、対人コミュニケーションの能力をより向上させ、自分自身の欲求や関心により意識的になったのである[42]。ワン・オン・ワン関係性構築談、パワー・マッピング、集団評価といったパブリック・アチーブメントの軸のためのを成す実践は、どれも IAF の経験から直接引き継がれたものである[43]。

　ネットワークが省察を志向することは、リーダーやオーガナイザーが信仰の伝統という資源をより真剣にとらえることにもつながった[44]。こうした関係性と知性の文化の結果として、IAF のリーダーやオーガナイザーがアメリカを支配する文化との「価値戦争」と呼んだものに対し意識を高めることになった。その大部分をマイク・ジカーン（Mike Gecan）が書いた『*Organizing for Family and Congregation*』という文書によれば、問うべきは「誰が私たちの子どもを養育するのか？誰が彼らを教え、しつけ、育むのか？」だという。現代に生きるほとんどの人々にとって、「養育」は「制度が解決策とされ、時は金であり、利益が判断の唯一の基準となる、全く宗教的でない状況」のなかで行われる。IAF の組織はこれとは異なる選択肢を創ろうとした[45]。

　IAF の教育の過程では、政府の方針や制度を交渉するための技能といったことに関する特定の知識を教えるだけでなく、"パワー"、"関心"、"政治"、リーダーシップ、家族や友人とのプライベートな関係とは異なるパブリックな関係といった、政治的概念に関する持続的で活気のある議論が行われる[46]。パブリック・アチーブメントでは、こうしたコア・コンセプトについての持続的な議論の実践が続けられており、私たちはこれまで、子どもでさえも「大きく考えること」にワクワクすることを発見してきた。

　左の表は、こうした過程を、パブリック・アチーブメントにおいて重要な区別で

プライベート	パブリック
家族、友人、自分自身	学校、職場、宗教団体、政治
同一性	多様性
忠誠	説明責任
与えられること	変わっていくこと
プライベートな愛	パブリックな愛（1章を参照）
好かれる必要性	敬意を払われる必要性
目的は親密さ、個人的支援、休養	目的は公共的創造、問題解決、パブリック・パワー

ある「パブリックとプライベート」という考え方で解説するものである。パブリックとプライベートな関係の違いから、主要な対比が明らかになる。

　こうした一見して明確な区別は、多様な文化的、地域的文脈に渡って有効な「普遍的特性」が政治生活にはあるが、決してどれも「二者択一」ということではないという議論にもとづいている。ジェラルド・テイラー（Gerald Taylor）が言うように、「私たちは、パブリックな状況にいてもプライベートな状況にいても、結局は同じ人間なのだ」。こうした概念は流動的で、文脈による影響を受けると理解するのがよい。教会の礼拝、学校、地域社会といった、異なる状況は、様々なパブリック、プライベートな質をもっている。IAF のオーガナイザーとして長い経験をもつアーニー・グラフ（Arnie Graf）が説明するように、教会は政治集会よりもより私的である。

　パブリックとプライベートな関係を区別することは、パブリック・ワークの方法を学ぶ学生にとって、非常に有用だということがわかっている。これは、パブリック・アチーブメントのチームが毎回の会議や行動の後に行う共同評価の基盤となる。グループの仕事のために、相互の説明責任と共同責任を果たしていくという文化と習慣を促すものとなる。チームの生活における浮き沈みやチームの仕事における成功と試練から学ぶ、経験学習の方法にも沿う。説明責任を求められることには気まずさが伴うこともあり、共同評価は初め、実施するのが難しいこともある。しかし、協力的な方法で実施できれば、それは変容につながるものとなる。

　この概念は、多様な関心、見方、背景から成るパブリックな世界では、個人的な愛や親密さを得るのではなく、パブリックな仕事のためのパブリックな関係を築くことが重要なのだという点を強調する。こうした枠組みは、治療的方法に焦点を当てる学校ではしばしば忘れられてしまう。ミネソタ大学でデニス・ドノヴァン（Dennis Donovan）が担当する、パブリック・アチーブメント演習（学部生向け授業）では、学生が、プライベートな関係とパブリックな関係の違いを学ぶことは様々な状況をうまく切り抜けるために非常に役立つと言う。「この授業をとる前は、常に、先生でもボスでもコーチでも自分が接するすべての人に良い印象を与えて褒められようとしていました」と、デニスの授業を履修するUMN のアメリカンフットボール選手、マックス・トムズ（Max Tommes）は話す。「それはとてもストレスが多くきつい生き方でした。この先生は僕のことを気に入っているか？　このヘッドガードはどうしていつもトレーニングの最中に僕を責めるのか？と」。パブリックな関係とプライベートな関係の区別を学ぶこ

とは、画期的な変化をもたらした。「愛情はどこから得るものか、僕の友人や家族から得るのだということをパブリック・アチーブメントの授業で本当に学びました。パブリックな関係性では、人の意思決定において政治的な駆け引きが大きな役割を果たします。だからといって宿題をやるべきでないとか、コーチに気に入られるべきでないとかいうことではありません。そうではなく、そういう関係性は自分を作るものでも壊すものでもないと理解することが必要なのです」[47]。7章に書かれるように、パブリック・アチーブメントにおけるこの区別を学んだ特殊教育の生徒らは、アリサ・ブラッドが「パブリック・ペルソナ（公的人格）」と呼ぶ、市民としてのアイデンティティを身に付けていったのである。

訳注

1　「settlement」は定着、合意、解決といった意味をもつ英単語だが、特に学生や宗教家などの知識層が、貧困層の人々とともに暮らし交わりながら社会活動への参加を支援する社会福祉活動のことを表す場合、日本語で「セツルメント」と表す。本章に登場する「トインビーホール」はその源流とされ、「ハル・ハウス」もその流れを汲むセツルメントの実践である。（教育思想史学会（編）2017「教育思想事典　増補改訂版」参照）

2　フォルケホイスコーレは、デンマーク語「folkehøjskole」のこと。英語では通常「folk high schools」と訳されるが、本章では、原典で「folk schools」と記されている箇所も、その文脈から、「フォルケホイスコーレ」と訳している。日本語では「国民高等学校」と訳されることもあるが、それではグルントヴィを源とするデンマークの教育思想を伝えきれないとして、あえて「フォルケホイスコーレ」が用いられることも多く、本章もそれに準じた。

3　「4H」とは、1900年代初頭の米国における農業教育活動を源流とした青少年のための教育組織。Head（頭）、Heart（心）、Hand（手）、Health（健康）を表す。米国農務省の協同普及事業の一環として、当初は農村の若者に対する農業や生活改良に関わる教育を主眼としたが、現在は都市部も含めた全国で小学生を中心とした子どもや若者を対象に様々な体験学習を推進している。日本では1950年代に農業改良普及事業の一環として取り入れられ、20〜30代の若手農業者によるネットワークとして存続している。

4　クリスチャン・サイエンス・モニターは、アメリカ・ボストンの教会が所有する国際日刊紙。1908年創刊。

7 エンパワメント格差に挑む

ハリー・C・ボイト、スーザン・オコナー、ドナ・R・パターソン

　アメリカン・コミュニティ・サーベイ（American Community Survey）によると、2011年には貧困世帯所得水準である年収11,500ドル以下で生活を営んでいる人口は、アメリカの総人口の14％にあたる4,300万人であった。アメリカ先住民は27％が貧困層にあるとされ、アフリカ系アメリカ人では26％、ラテン系・ヒスパニック系アメリカ人では23％に登る。このようなとても深刻な数字の背景には、苦難と無力に苛まれたあまりにもたくさんの人々がいる。貧困は続き、貧困に対する人々の懸念もまた続いてきた。2014年のギャラップ世論調査（Gallup survey）では、76％のアメリカ人が十分に食べられない人や寝る場所がない人たちのことを、大いにまたはかなり心配しているということが判明した。これは、連邦政府のサイズ、テロ攻撃の可能性や不法移民についての関心を上回っている[1]。

　貧困と人種、教育の密接な関係に着目する人々が増えてきている[2]。2014年2月27日に両方の課題が明白になった。オバマ大統領がこの密接に絡み合った現実について説得力溢れたスピーチを行ったのだ。経済の不安定やすべての人種におけるアメリカ人の階層や職業の流動性の停滞などの"より大きな課題"に言及しつつ、彼は「さまざまな面で成功することを阻まれている国民がいて、その解決には独特な解決策を要するという明らかな事実」ついても説明した。12以上の財団のリーダーたちがこのホワイトハウスのイベントに出席していた。そして、アフリカ系アメリカ人男性が幼少期の発達、修学への準備、教育機会、修養、育児や刑事司法制度で直面する問題への解決策を探すために、5年間にわたり少なくとも2億ドルを寄付することが確約された[3]。

　貧困や人種の課題についての人々の関心が集まることは素晴らしい。しかし、その課題が教育である場合、その問題が"学力格差"と呼ばれる機会の分配や救済策ついての課題だと誤診されてしまう。学力格差が問題である場合、マイノリティの生徒とヨーロッパ系アメリカ人の生徒のテストの点数の差に焦点を当てることになる。もし、従来の重大な影響を及ぼすテスト（high-stakes testing）で

の達成度が課題であれば、解決策は、貧しい人々が教育資源にアクセスできるようにすることに加え、能力主義社会で働けるように訓練することにもっと力を注げばよいということになる。今の世の中では、生徒個々人の成功は所得水準、資格、出世コースを登っていけるかによって決められる。

　しかし、このような基準こそが経済格差を引き起こしているという看過できない証拠がある。これらの判断基準によって、強い地域的文化的背景をもつ貧しい人々は、自分が誰なのか、つまり自分の文化的アイデンティティや支援ネットワークと、自己の達成要求のどちらかを選択するよう迫られる[4]。これらの点において、慢性的な貧困と人種格差の問題は個人的、集合的なエージェンシーの欠落として解釈されるべきである。教育制度が人種的マイノリティや貧困層の人々からパワーを奪うのである。エンパワメント、すなわち居場所を作ること、人々が自分の生活をやりくりできるような手段を作り出すことや彼らの教育的体験を一緒に作り上げていくことは、補習に対する代替策となる。しかし、そのようなエンパワメントは稀であるため、"学力格差"について話すよりも"エンパワメント格差"について話す方がより有効である。

　ミネアポリスの健康と教育に関する高名な哲学者でアフリカ系アメリカ人のアトゥム・アザー（Atum Azzahir）はアフリカ系アメリカ人コミュニティが個人主義的や実力主義的基準へ服従してしまうのは、地域的団結や相互援助が永続的かつ悲劇的に欠落していることが原因だとする。この欠落は何世代にもわたってアフリカ系アメリカ人が経験してきた苦難から生まれたものである。「少し社会が開けてきて、私たちの興味がコミュニティの外の仕事や学校教育に向くようになったことにより、外の価値観を学ぶようになりました」と彼女は言う。「人の尊厳のための運動は平等な権利を求める運動へと繋がりました。奴隷への他に例を見ないほどの残虐性やジム・クロウ法（Jim Crow）の中で培われてきた黒人の心理的、社会的、文化的、そして、感情的基盤は重要ではないと思われるようになりました」。換言すると、自由が個人の成功と再定義されるようになったということである。その証拠に、彼女は「私たちは自由を謳歌できるようになりました」。と述べている。しかし、自由は何なのだろう[5]。

　もし、深刻な問題が"エンパワメント格差"であるならば、今日の教育制度の中で失敗する人たちは"炭鉱のカナリア"のようなものである。言い換えれば、この格差は隠れた危険に警鐘を鳴らしているのである。個人主義的規範と教育の悪影響と生徒と教師の間に蔓延する教育における無力感が悪化するのは、重大な影響を及ぼすテストによって生徒が他の体験をすることができなくなってしまう

からである。ダイアン・ラビッチ（Diane Ravitch）はこう述べる。「連邦や州からのテストの点数をあげるプレッシャーに応えるために、アメリカ中の学校は芸術、体育、歴史、公民や他のテストにでない科目の時間を削るようになりました」[6]。

　ミネソタ州のツイン・シティーズでは、オーグスバーグ大学（Augsburg University）の特殊教育の教員と学生たちが地元の学校や地域と協力し、エンパワメント格差に取り組む実験を 2010 年から行っている。

フリドリー中学校（Fridley Middle School）での始まり

　特殊教育を変えるためのパブリック・アチーブメントの活動は学校から始まった。今回は学校の中の学校から始まった。パブリック・アチーブメントの歴史の中で、学校が中心にある時は同じように始まるものである。セントポールのセント・バーナード小学校（Saint Bernard's）、メアリーヴィルのセント・グレゴリー・バルバリーゴ・スクール（Gregory's）、コロラド州のセントーラス高校（Centaurus）、ポーランドの SPLOT 学園も同様だ。アリサ・ブラッド−ナフラ（Alissa Blood-Knafla）はミネアポリスの北の郊外にあるフリドリー中学校の"レベル3EBD"特殊教育プログラムで見た現場について次のように述べた。

　「教室は音であふれていて制御されたカオスといった状態でした。中学生はミネソタ大学（University of Minnesota）から来た運動選手たちと一緒に、フリース素材でブランケットを作るために寸法を測ったり、裁断したり、結んだりすることに集中していました。オーグスバーグ大学の大人のコーチはテーブルごとに別れて、指示を与えたり、皆を会話に巻き込むことに忙しくしていました」。ジェン・ネルソン（Jen Nelson）のビデオ撮影隊は YouTube で最終回が始まる「フリドリーのパブリック・アチーブメント」を撮影しているところだった。その当時フリドリーの教員であったアリサは「とてもうまくいっている様子を畏敬の念をもって見ていました」。学区の教育長が教室に入って来たので、彼女は振り返った。「教育長が中学生と大学生の見分けがつかないとおっしゃったときに、私は驚きを隠そうとしました」。

　大学生と中学生を見分けられないことは普通ではないように思えるだろう。しかし、この混乱こそがより注目すべきことである。「部屋にいたほとんどの中学生が感情行動障害（EBD）をもつ生徒のために用意されたプログラムの生徒でした。EBD をもつ生徒は攻撃性のような外面的な行動や不安やうつ、クラスメイトや教員との関係障害などのような内面的な行動を頻繁に呈します。何年もの

間このような状況で苦労してきた生徒たちがどうやったら大学生と見分けがつかなくなるのでしょう。答えはパブリック・アチーブメントです」と彼女は言う[7]。

フリドリーでのパブリック・アチーブメントを通じた特殊教育パイロット実験は 2009 年にオーグスバーグ大学（Augsburg College）に民主主義と市民性のためのセンター（Center for Democracy and Citizenship）が移動してすぐに発足し、2010 年から 2011 年にかけて行われた。特殊教育の生徒にとって、パワーが奪われた状態からエンパワメントに変えていくプロセスは、気分が爽快になることもあれば、緩慢さゆえに苦しむこともあった。しかし、この努力はたくさんの教員にもパワーを与えていった。

移行期にある特殊教育

州で定められた 13 の障害のうち一つでも当てはまると、生徒たちは特殊教育プログラムに配置されていた[8]。障害は生徒の学びを阻害すると思われるため、個人はこのように分けて配属される。障害の性質や重度によって子どもたちは主流な教育コミュニティから隔離されてしまうのである。アフリカ系アメリカ人、アメリカ先住民、ラテン系アメリカ人、そして有色人種の生徒たちが不均衡に多く特殊教育プログラムに在籍していた。そして、その影響は広範囲に及ぶ。特殊教育プログラムに配属されることによって、生涯続く心の病、失業、刑事司法制度とのもつれに繋がっていくのだ[9]。

特殊教育のもう一つの問題は教員の定着率である[10]。教員生活を始めて 3 年以内に 3 分の 2 の教員が離職し、その割合は普通教育の教員の 2 倍に及ぶ[11]。調査によると、離職の主な理由には管理的、制度的要素があり、教員が自分自身を意義のある変化を作り出せる存在であると思えないことにある[12]。

障害学の分野には新しい切り口が必要である。この活動は、これまでの臨床的、医学的かつ精神医学的に障害を捉える従来の見方ではなく、障害を社会的、文化的かつ政治的現象と捉え直すアプローチである。「危機感をもつ教員は特殊教育の持つ狭量で還元主義的な研究アプローチのような問題に真っ先に着目します」とジャン・ベイル（Jan Valle）とデイビッド・コナー（David Connor）は説く。このような教員が問題視するのは「欠陥を修復することへの過信、知能検査の持続的使用、障害や人種に基づく共有スペースの隔離、学校の失敗の専門化、そして障害者の継続的な医療化」である[13]。

4 章でも触れたように、障害学には、犯罪を犯した青少年を研究対象とするシェリー・ロバートソン（Shelly Robertson）のように、健全な若者の発達ア

プローチ（positive youth development approach）を採用する。この分野は、若者の欠落した部分ではなく、能力に主に焦点を当てる。また、これは、障害を機能的な欠陥とする見方、個人の“中”に存在する特徴だとする見方、または“矯正”したり“治療”したりする必要のある問題であるという見方を否定する[14]。その代わりに、障害は社会的文化的環境の中に存在する能力を隠す構成概念であると考えられる[15]。障害学は、障害をもつ生徒を隔離するのではなく、学校のコミュニティに含めることを提唱する[16]。

　障害者とレッテルを貼られた生徒たちの学業面や社会面での改善には自己決断スキルと個人的集合的（または市民的）エージェンシーが重要な役割を果たすということを障害学の研究者たちは発見している。例えば、特殊教育の生徒はしばしばクラスメイトとの関係に問題を抱えることから、共同作業や主体性、自己決断スキルを身につける機会を設けることが必要となる。実行機能の分野における並行研究から、“問題行動を起こす”と思われている人は他者の動機に対する誤解に苦しんでいるのであって、長い間考えられてきたように衝動制御の不足があるわけではないことが明らかになった[17]。パブリック・ワークの観点からすると、動機の誤解は政治的な問題であり、ワン・オン・ワン・ミーティングやパワー・マッピングの実践などを介して対処できうるものである。

　特殊教育を志す学生たちは、このようなスキル、思考、考え方を発達させる支援をする準備が必要となる。しかし、教育学者のマイケル・ガーバー（Michael Gerber）が述べるように、多様な才能、学習スタイル、人生のストーリーをもつ生徒の特殊な才能を発展させることを支援するような、能力を認める教育文化を創造する教員養成プログラムはほとんどない。そこで、ガーバーは障害をもった生徒たちを意義ある実りの多い方法で教育に含めていくには“全く違った専門知識・技能”が必要なのかもしれないと問う[18]。

　2000 年に設立されてから、オーグスバーグ大学の特殊教育プログラムは、障害学のアプローチを取りながら、新しいタイプの教員を養成することに力を入れてきた。プログラムでは学生に自分が働くことになる教育システムについて次のような問いかけをさせる。なぜこんなにも多くの障害をもつ生徒が未だに普通教育から締め出されているのか。障害をもつとされた生徒はどのような教育を受けているのか。普通教育の環境に生徒をうまく含めるために教員は何をしているのだろう。これらの質問は常に話し合われたものの、理論と実践は繋がらないままであった。教授団は、オーグスバーグの教員養成プログラムには教員課程の学生が必要な理論と実践の繋がりを築き、仕組みを変えられる教授法を用いることが

できるようになるための経験が足りないのではないかと感じでいた。

フリドリー中学校

　民主主義と市民性のためのセンターは 2009 年にミネソタ大学のハンフリー研究所（Humphrey Institute）からオーグスバーグ大学に移動した。この移動はオーグスバーグのような中規模の教養課程大学の方が国の大学ランキングを強く気にする大学よりも新しいことに挑戦する自由度が大きいだろうという考えによるものでもあった。オーグスバーグは市民性をミッションに掲げ、多様な移民のいる地域に織り込まれた"都市集落"の精神をもち、標準テストのスコアで定義された"最優秀"の学生を入学させなければいけないという圧力に抵抗し続けてきた。デニス・ドノヴァン（Dennis Donovan）はすぐに特殊教育教員養成課程と働き始め、障害学の批判と行動の必要性に答えるかたちで、パブリック・アチーブメントの実験を始めた。

　デニスと 2 人の教員スーザン・オコナー（Susan O'Connor）とドナ・パターソン（Donna Patterson）は、オーグスバーグ特殊教育教員養成課程の卒業生であり、フリドリー中学校に勤務するマイケル・リッチー（Michael Ricci）とアリサ・ブラッド－ナフラと協働した。彼らの目標はパブリック・アチーブメントのアプローチを使って、中学校の中に従来とは異なるクラスをデザインすることであった。3 年間の間で彼らは劇的な結果を生み出した。問題児たちはほとんどマイノリティの人種で低所得層であり、多くの学校では特殊教育クラスに閉じ込められている生徒である。その彼らが、いじめのような問題解決のための学校のリーダーとなった。彼らは関係性を築き、学校内でフリドリーのより大きなコミュニティの中で認識を得た。パブリック・アチーブメントの活動によって、彼らは、学校の管理者や、地域のリーダー、官僚、地域の新聞やミネソタ公共放送（Minnesota Public Radio）などの報道発信地と繋がりをもつことができた。

　ブラッドは、パブリック・アチーブメントの影響に関する自身の修士論文にて、定性的手法を用い、5 人の参加者と対面式のインタビューを実施、若者の行動や交流をつぶさに観察し、その様子をビデオに記録した。彼女はパブリック・アチーブメント教育が生徒の自己イメージ、エンパワメントの実感、そして行動に大きく影響することを見出した。「過去に思っていたよりももっと自分が能力のある存在であると思えるようになりました。生徒たちは自分が確固とした市民であり、自分たちのことを異なった見方で見ていた人たちは間違っていたのだと思うようになりました。どんな中学生にとっても、これは大変強力な信念です」

と彼女は述べた。

　参加者の多くは新しい誇りと自信の意を表した。「成長したと思いますし、うれしいです」とある生徒は言った。また他の生徒は「以前できなかったことができるようになりました」とコメントした。ケイティは「私たちには世の中のいろいろなことが変えられるパワーがあるのだと思います」と述べた[19]。「子どもたちが決断をすることができます」。ブラッドは参加者たちが「パブリック・アチーブメントの範疇を超えて、パワーがついたことを意識している」ことを発見した。アレンは「気持ちをしっかりもって行動すれば、必ずできる」とコメントし、スパッドは「マーティン・ルーサー・キングのように世間のいろんなことを変えられる」という確信があることを説明した。最後に、パブリック・アチーブメントに関わったことで、生徒たちの行動に顕著な変化があった。「相手にもっと敬意を持つということを学ぶよい機会になりました」と生徒の1人は言った。ケイティは「ふだんはお互い一緒に働くことはありません。他の人がやりたいことを一緒にやらなければいけないことを学んだことは良かったです。自分だけですべてやると言い張っていてはいけないのです。グループの努力も必要である」と発見した。「前は自分のことしか考えていませんでした。でも、今はもっとオープンになりましたし、他の人のことを自分の友だちのように考えることができるようになりました。友だちの妹が公園から無事にきちんと帰れるか考えるようになりました。以前の僕だったら、『別に』と考えもしませんでした。僕は変わりました。ゆっくりの変化かもしれないけど、着実に良い方向に変わってきています」とスパッドは言った[20]。

　パブリック・アチーブメントのアプローチはリッチーやブラッドの仕事にも変化を与えていた。このアプローチによって生徒へのコントロールを捨て、エンパワーするようになった。「私たちの仕事は子どもたちのために何かを直すことではなく、『ここはあなたのクラスであり、あなたのミッションです。どのように作業していきましょうか』と問いかけることです。私たちの主な仕事は生徒の知っていることを引き出し、導くことであり、何をするか指示することではありません」とリッチーは説明した[21]。

　教員はコーチとなり、そして、生徒とともに働くパートナーとなった。生徒は課題を選び、効果的にそれらを処理することを学んだ。反いじめ運動に加え、学校にソーラーパネルを設置しようとする課題や生徒たちに運動する動機づけのための壁画を作成する課題、ホームレスの子どもたちの支援制度を構築する課題、重病のため入院する生徒への支援制度を構築する課題、トラを保護するための運

動を立ち上げる課題、世間一般にあるピットブル種の犬への誤解を解く課題など
に取り組んだ。このような活動を通して、生徒は市民としてのアイデンティティ
や行動だけでなく、交渉、妥協、率先、計画、実施やパブリックスピーキングな
どのスキルを築いた。生徒たちはアリサが呼ぶところの"パブリック・プロ
フェッショナルとしての人格"に進化したのだ。学校の管理者や校長によると、
このプロジェクトはフリドリー中学校とフリドリーのコミュニティの繋がりを改
善し深めた。

　この経験はまた、特殊教育教員課程の学生でコーチとして実地経験を積んでい
たオーグスバーグ大学の学生にも強いインパクトを与えた。例えば、彼らは特殊
教育学級の生徒にどのようにプロジェクトをリードさせるか、どのように教科に
興味をもたせるかを学んだ。アフリカ系アメリカ人でカレッジの教育学修士課程
の学生であるシェリル・マクリーラン（Cheryl McClellan）は校旗を照らすため
のソーラーパネルと学校の水を温めるためのソーラーパネルの設置を求めるチー
ムを指導した。「このプロジェクトを達成するために誰に加わってもらうかを生
徒が考えるというのが目標でした。彼らはどのように人にアプローチするか、E
メールを送るか、電話をかけるか、どうフォローアップするか考え出します」と
シェリルは言った。学年の終わりには、グループ「ソーラーヒーロー」は資金不
足からこのプロジェクトを遂行することはできなかった。しかし、彼らは自分で
計画して、学校内外の人たちと関係性を築き、敬意を払った知識豊富な作業で認
知されるようになり、我慢強さを養った。「たくさん『ノー』と言われます。し
かし、彼らはそこから前進するためのスキルを学ぶのです」とシェリルは言っ
た。2011 年の春学期最後にオーグスバーグで行われたフォーラムでは、シェリ
ルは自分が予期していなかったエンパワメントの変化について論じた。「私の中
心となる役割は、より良い親であり、より良い市民であり、より良い教員で
す」[22]。

　フリドリーでの経験は障害学の理論が教授法の実践でどう実現されるかを示し
ている。この 3 年間のパイロットプロジェクトから、オーグスバーグ大学の特殊
教育教員養成課程はパブリック・アチーブメントの市民的エージェンシー・アプ
ローチを教員免許の必修カリキュラムの中に取り入れてきた。27 人の学生が初
年度に参加した。7 年間に渡って、教員養成課程の学生たちはツイン・シティー
ズ都市圏内の 15 の学校でのパブリック・アチーブメントに関わってきた。多く
はすでに卒業し、地域の学校で教職に従事している。

学んだこと

　7年にも及ぶパブリック・アチーブメントの経験は教員養成課程の学生の生徒観、教授法、教員とは何かということへの理解に大きな影響を与えた。この経験によって、教員養成に革新が必要であることが叫ばれる今日の教育に、パブリック・アチーブメントを融合させることの困難が劇的に露わになった。この体験はまた、教員が変革のエージェントや市民教師になるためのより大きな市民性運動が必要であることを示唆している。市民性運動は"民主主義の学校"を作り、それはコミュニティの市民性のハブとして機能する。その結果、文化やコミュニティの価値を高め、教育の民主主義的な目的を蘇らせてくれるのである[23]。

　フリドリーでのプロジェクトの初期段階から、パブリック・アチーブメントに関わることが教員養成課程の学生の生徒、教育、そして教員としての自分に対する考え方を変えたことははっきりとしていた。教員養成課程の学生はよく、より大きな教育システムの中で、そして特殊教育の中で変革を起こすエージェントになりたいという思いをもってプログラムに入ってくる。授業が始まった当初には不満を言う学生は多い。新しい理論で議論を挑まれても、有益な変化を与えられる行動を取れるようなスキルもなく、現状を永続化するような世界に足を踏み入れることになるからだ。彼らは自分自身そして生徒が変革を起こすにはわずかなエージェンシーと能力しかもっていない存在だと思うのである。そのような学生が、具体的な障害について実践的な知識をもたずに教職に足を踏み入れてしまうことはよくある。この知識の欠落のために教員は生徒の能力ではなくニーズにばかり目がいってしまう。そのため、特殊なニーズをもつ生徒は普通教育の教室に入る前に"矯正"されなければならないという考えが強くなるのだ。

　従来の教員養成課程でも障害をもつと分類された生徒を教える手法や技法を教授している。しかし、教員養成の学生を自己決断や市民性スキルを理解し促せるように訓練することはない。また、障害のラベルを貼られた生徒たちが変化を起こすことに加わることができる能力を自らがもっていることを想像するようにもさせていない。シェリルは障害に対する自分の態度がどのように問われ、変わっていったのかを語った。「オーグスバーグに入学した時は自分の専門として障害について学ぶなど思っていませんでした。感情や行動に障害を持った生徒たちを教えるなんて夢にも思っていませんでした。多くの人がこれらの生徒に抱いているステレオタイプをなぜか信じきっていました」。パブリック・アチーブメントの経験が彼女の考え方を変えた。「今は教育の手法として、特殊教育とより大きなコミュニティのギャップをつなぐことができる哲学としての市民参加を理解で

きるようになりました」[24]。

　特殊教育学級の生徒を違った視点から見るようになるにつれ、自分の教授法や
生徒、同僚、そして教育システムとの関わり方を深めてくれるパブリック・ア
チーブメントを通して、教員養成課程の学生は新しい実践や教授法を学ぶ。彼ら
の考えは制御しなければならないというものから、作り上げる、コーチするとい
うものに変わる。単なる技術者から、生徒たちだけでなく自分たちもエンパワー
する教育の共同創造者へと変化する。彼らはまた、パラダイムシフトにつきもの
の混乱も受け入れられるようになる。教員や生徒が一緒に前人未到の可能性を探
る際に不安を覚えるのは当然のことである。新しいスキルを身につけることには
忍耐強さを伴う。「何も成果がないままフラストレーションのたまることばかり
で何週間も過ごすこともあります。」とコートニー・アンダーソン（Courtney
Anderson）は言う。「最初の方は生徒の賛同を得ることができないかもしれませ
ん。だって、生徒たちは自分が疑問をもっているということを認識することにも
慣れていないくらいですから」[25]。ケイラ・クレブス（Kayla Krebs）は教育学修
士課程の学生で、ホームレス問題に取り組むチーム・メイキング・ア・ウェイ
（Team Making a Way）という団体で働いている。彼女は「柔軟性をもって、生
徒の声が輝けるようにすることを学びました」と言う。同様に、モリー・マクイ
ネス（Molly McInnis）は「どうやって生徒に決断をさせ、自分のプロジェクト
をやり遂げさせるかを学びました。私は従来の教員とは違い、生徒に耳を傾け、
生徒にリードさせました」と彼女は振り返る[26]。オーグスバーグの特殊教育の教
授による予備調査は、パブリック・アチーブメントへの関与を通して、教員養成
課程の学生の自己効力感が増加していることを示している[27]。

　学生は教育や教えることについて多方面から考えることができるようになる。
「教育というのは、教室の中で、机やベル、時間割があって、先生が教室の前に
いてできるのもだと思っていました。パブリック・アチーブメントを経験して、
教室のエネルギーを見るようになりました。生徒中心の文化でした」とある学生
は言う[28]。また、「パブリック・アチーブメントは可能性を広げてくれるものだ
と思います。席に座らなくてもよい。立って歩き回ってもよい。それでもきちん
と自分の仕事をこなしていることになるのです」と他の学生は述べた[29]。

　パブリック・アチーブメントの経験の中で、ノーラ・アルセス（Nora Ulseth）
はこれまで理解していたよりもはるかに深い関係性を生徒と築くことができた。
「彼らを知ることによって、彼らの可能性が見えるようになりました。どんなこ
とに興味があるのか、何をするのが好きなのか、人間関係、家でどのような生活

を送っているのか」。生徒をこのように理解することで、新しい教室の捉え方ができるようになった。「学校でないような雰囲気をもつ環境を教室の中に作りたいです。温かくて、楽しくて、少し混沌としているような」[30]。ノーラは本当の教育の基礎は学校だけではなく地域で関係性を築くことにあると考えるようになった。彼女は地域から、その外のコミュニティからいろいろな人を学校に呼ぶ。同じ学区の人、フットボール選手、学校と警察署の調整係と広範囲に及ぶ。彼女はまた自分の生徒を校外に連れ出す。「教室へのドアを開けることも、ドーナツ屋さんに行って自分で注文させることも、何かのトピックを生徒に押し付けるより、はるかに現実的だと思うのです」。特殊教育の生徒が他者と関わると、彼らの生徒に対する見方が変化する。ノーラが招いた警察署調整係は最初生徒の目を見なかったが、次第に生徒に対して異なった見方をするようになった。

　若者の話を共有するだけで時として大きな影響となる。シェリルは振り返る。「先日公立校の先生と昼食を食べました。私たちがやっているパブリック・アチーブメントのプロジェクトの話をすると、この先生が私の話を遮って聞いたのです。『中学生が太陽エネルギーの問題に取り組んでいるですって。EBD を抱えた生徒が。』」。シェリルにとってはこのやりとりは、パブリック・アチーブメントが EBD をもった生徒について多くの人がもつ些細な考えをどのように揺るがすかを明示する。

　コートニーは市民としてのアイデンティティの獲得がパブリック・アチーブメントの主な成果だと言う。パブリック・アチーブメントは「生徒も民主主義の市民であり、改善するかしないかは自分次第である」ということを教える。民主主義は「多くの問題に直面している」とコートニーは考える。彼女の意見では、パブリック・アチーブメントは現状に挑戦する。従来の教育は支配的な力関係を維持する。「（従来の教育では）すべてのパワーは教員から発せられます。今日はこれを学び、私のやり方にあなたは従いますといった具合に」このような教授法では「うまくできる生徒もいれば、うまくできない生徒も出てきます。うまくできる生徒はたいてい中流階級の出身で、白人で、障害のない生徒です」。1957 年にバーニス・ロビンソン（Bernice Robinson）がジョンズ島（Johns Island）で行った一番最初のシティズンシップ・スクールの授業では、バーニスは参加者のもっている知識を取り入れながらしっかりとした学習プロセスを作り上げた。それを思い出しながら、コートニーは力関係を変える。彼女はこのような問いかけをする。「今日は何を学ぶのでしょう」。「私はあなたたちからどう学ぶのでしょう。そして、あなたたちは私からどのように学ぶのでしょう。どちらでもよいの

です」。

　パブリック・アチーブメントの活動を学校の改善を求める政策要求と結びつけることもできる。フィル・オニール（Phil O'Neil）はパブリック・アチーブメントで3年のキャリアをもち、オーグスバーグの修士課程を始める前からコーチとして関わっていた。彼は自分のパブリック・アチーブメントのグループを見てこう語る。「生徒たちは数学、科学、リーディング、社交スキル、社会、民主的なアプローチや福祉機器も使ってきました」。彼らの学びが異なったコンテキストを通して行われることが与える影響は大きい。「プロセスの中で自然発生的に数学が必要になるので、生徒たちは数学を"知らない"ことに恐れをなしません」。フィルはこれを単なる教育以上のものだと考える。「これは教育の社会的な変化です。パブリック・アチーブメントは実社会の教育なのです」[31]。

　パブリック・アチーブメントは、生徒が学びを単に受ける側ではなく、自分が学びの行為者になる術を与えてくれる。これは非常に大きなパラダイムシフトである。ジェス・ボウマン（Jess Bowman）は自閉症スペクトラム障害として診断され、学習性無力感のシステムによって形作られてきた彼女の生徒たちが、小さなステップと思われるようなことを通して、自信をつけていく過程を説明した。「『わー、手紙がかける』とか『知らない人に電話がかけられるようになった』と彼らが言うのです。よくあることですが、特殊教育の生徒は物静かで恥ずかしがり屋です。彼らは部屋の角に座るのです。パブリック・アチーブメントは生徒たちの強みを十分に活かし、自分も素晴らしくなれるのだということをわからせてくれるのです」[32]。

　もう1人の教員養成課程の学生は自閉症スペクトラム障害の生徒たちと働きながら、「この生徒たちと一体何ができるというのだろう」という思いをもって、プロジェクトを始めた。時が経つにつれ、彼の態度は変化し、自分が気づかなかった生徒たちの能力が見えるようになってきた。視線を合わせず他の生徒とも作業をしなかったような生徒が、自分が関わっていると感じられるプロジェクトには熱心に参加する。プロセスの中で彼らは自分と社会との関わり方を変えたのだ[33]。

　オーグスバーグの特殊教育教員養成プログラムでは、たくさんの学生が"共同コーチ"としてペアでコーチングに当たる。これはまた彼らにとって新しいスキルと習慣を学ぶ機会となる。「私たちは皆自信を得ることができました。未来の教員としてのスキルだけではなく、将来の同僚として」とシェリルは語った。「私たちは常に協力できる関係性を作り上げ、保てるようにしなければなりませ

んでした。結果、私が見た一番大きな変化は、生徒に恐怖感をもたず、自分をプロとして見られるようになったことです」。シェリルは、自分の体験が教室や学校の垣根を越え、教員としてではない役割にまで影響を与えていると言う。「私は生徒に期待すること以下のことを自分に期待はしません。結果として、私は自分も公的に発言できること、そして、市民的責任をもつことを発見しました」。

希望と落胆

　オーグスバーグの教授団は、パブリック・アチーブメントを特殊教育教員免許プログラムの中に組み込むことによって、"新しいタイプの教員"を養成したいと考えた。それは、特殊教育の中で仕事ができるだけではなく、制度の中で効果的な変化を起こせる力になれるスキルと自信を兼ね備えた教員である。予備調査によると、卒業生の自分の生徒に対する理解や自分自身の能力に対する理解に変化が見られた。例えば、89％が"ほとんどの場合"または、"ときどき"自分たちを学校、プログラムや部署のリーダーだと思っていると回答している。また、100％の卒業生が生徒と良好な関係の築き方、同僚と協力すること、規律を乱す行動の対処の仕方などの実践を学んできたと回答している。60％がパブリック・アチーブメントの原則を自分の教室で使った経験があると答えている。それらの原則として、激励、より良い環境の創造、選択能力の促進、オーガニック・ラーニング（organic learning）の導入、リーダシップを取る機会の提供、地域人材の資源としての活用、議題の共同作成、学習環境に対する当事者意識養成のための役割分担、そして、生徒主導活動に対する支援などが挙げられる。ついに、若い教員たちがこの分野に残るという高い意思を表すようになった。初期の教員経験で育った意思は長期の定職率と密接な関係がある。89％が「私は自分の学区で建設的な変化に貢献している」という質問に"大いにそう思う"と答え、教員のより強いエージェンシーとしての気持ちを示した。また、同じパーセントの教員が"長い間"または"退職するまで"特殊教育に従事したいと答えた[34]。

　このような市民的能力を養う活動の話から、仕事とはただ単に官僚組織の中で生き残るという意味だけではないという意識が生まれる。パブリック・アチーブメントは、生徒たちと教員たちがともにプロとして、また市民としてエンパワーする文化をつくり上げるための道具となって教育を豊かにするのである。パブリック・アチーブメントが示すモデルは教員の内発的動機を呼び覚まし、従来の特殊教育で見られるアメとムチのパブロフ型の教育から離脱できる手段となる。この転換を従来の実践からの過激な決別と呼ぶ人もいれば、教員の意識を無力感

や時に絶望感から、エンパワメントや希望のある職業に関わりたいという気持ちへと転換させるための不可欠な動きだったと見る人もいる。

　同時に、パブリック・アチーブメントを経験した教員養成課程の学生はよく教員生活を始めた際に大きな障害に直面し、学校の官僚的社会、標準テストのプレッシャー、教育哲学に理解のほとんどない管理職、そして教授法を道楽であり実践できないものと考える同僚に苛立ちを覚える。これこそがまさにジェイミー・マイナー（Jamie Minor）がアンダーセン・オープン・スクール（Andersen Open School）を何年か前に辞職する理由となった経験であった。「教員こそがパブリック・アチーブメントに取り組む必要がある」というのが彼女の持った感想であった。

　ノーラは「学校のもつ色々な側面が独断的で、批判的思考や当事者意識からかけ離れていました」。新任教員として彼女は特に大変な思いをした。「自分の役割は何なのだろう」。と彼女は問いかけた。解雇や懲戒になるのではないかという恐怖感があった。

　ベッキー・ハムリン（Becky Hamlin）は学生コーチとしてパブリック・アチーブメントで強烈な経験をした。しかし、EBDと決めつけられた生徒たちに主導権をもたせる教室づくりをする中で、自分の体験を再生するのは難しいと感じた。「パブリック・アチーブメントっぽいことをしようとしたのです。効果があるのを知っていましたから。ある日、クラスでキャンプについて話していました。すると彼らは言ったのです『キャンプに行きたい』と」。そこで、彼女は、生徒たちに対し、いくらかかるのか、1泊旅行のためには何が必要なのか、校長にどう提案するかについて計画するという課題を与えた。ベッキーは、生徒たちに対しコーチはしたが、生徒たちはベッキーが思いもしなかったことを率先して行った。生徒たちは自分で5つの公園に電話をかけ、質問をし、ウェブサイトを調べた。「生徒一人ひとりが関わっていました。すると私はカリキュラム外のことをやっているということで指導を受けてしまいました。『許可が下りると思ったのか』と管理者は聞いてきました」。さらに、管理者は「生徒たちを人前に出せると思っているのか」。「誰がこんなキャンプを引率したいと思うか」。などと疑問を投げかけた[35]。

　コートニーもまたパブリック・アチーブメントが従来の学校の規範と対立する様を目撃した。「パブリック・アチーブメントは従来の教育とは違うのです。プロセス重視で、混乱もします。教員コーチとして、潜在するものを引き出す方法のトレーニングを受けていないといけません」。パブリック・アチーブメントは

「学校がどのように運営されているのか、社会はどのように運営されているのか」
を生徒が理解するのを助け、「それを変え始める手段を与えてくれる」と彼女は
考える。しかし、それを伝えるには、教員養成課程の学生には実践的かつ哲学的
な多くの知識が必要である。彼女は、大きな会社で何年か働いたのちに、オーグ
スバーグの特殊教育修士課程に入学してきた。「仕事は儲かりましたが、『何をし
ているのだろう』と疑問に思ったのです。私の魂は死にかけていました」。彼女
は教育にはもっと達成感があるだろうと思った。彼女にはビジネスの経験があ
り、家族は政治的に活発で、何かに反対するときは必ず行動を起こすようにいつ
も励ましてくれた。そんな彼女には、教員にもっと政治的スキルを身に付けられ
るように、オーグスバーグの特殊教育教員養成課程のカリキュラムをどうしたら
深められるのかについて、たくさんの提案がある。「他者は質問をするものです」
と彼女は言い、若い教員が何を発見するのかを予測する。「(その人たちはこんな
ことを質問してきます。) これまでのもとのかなり違いますね。お金がかかりま
す。基準はどうやって作るのですか。その人たちにとって何が重要かによって人
をどう説得するか考えなければいけません。もし数字に細かい人がいたら、デー
タを見つける。管理分野の人だったら、自分が上司によく見えるようなことをし
たがるでしょう」。彼女は学校で発見するだろう多様な興味関心に対処しつつ、
一方的に批判しない術を教員は学ぶべきだと助言する。これは基本的な組織原則
で、常に"あるがままの世界"で始めるという考えである。コートニーは効果的
な変化を生み出せるようになる鍵は、自己利益を理解し、関係性を作りあげるこ
とであると考える。教員はまた学校のあるコミュニティを理解する必要がある。
「このコミュニティには何が必要なのか。家族は誰か。どんな生活を送っている
か。抱えている課題は何か。コミュニティに利害関係をもつ相手は誰か。彼女は
このようなスキルや知識を"市民教師(citizen teacher)"の基本的な性質だと
みなす。

　コートニーの洞察は特殊教育の変化をコミュニティやもっと大きな文化圏の民
主的変化のコンテキストの中で考えることの重要性を示唆している。学校は、民
主主義と市民性の意味を再生するという大きな動きなしに、重要な変革に乗り出
すことはないであろう。そのような暗示はマックスフィールド小学校(Maxfield
Elementary School) の事例からわかる。

マックスフィールド小学校
　過去7年間に渡り、デニス・ドノヴァンは地域にある他の大学や近隣地域から

の学生に加え、オーグスバーグの特殊教育教員養成課程の学生をコーチとして
マックスフィールド小学校に派遣している。マックスフィールド小学校が100年
以上住民の定住を支援してきたロンド地区は黒人コミュニティの崩壊の辛い有様
を物語っている。

　ロンドという地名は1850年代にフォート・スネリングの近くのヨーロッパ系
アメリカ人コミュニティでの差別を逃れるために移り住んできたジョセフ・ロン
ドー（Joseph Rondeau）にちなんで名づけられた。フォート・スネリングでは、
妻が混血であったため、彼は迫害を受けた。ロンド地区はユダヤ系の居住地域で
有色人種や多様な移民グループの避難所的な存在となっていた。フランス系カナ
ダ人がロンドーに続き移り住み、その後ドイツ系、ロシア系、アイルランド系、
ユダヤ系の家族が続いた。1910〜1920年代から、黒人が大人数でロンドに定住
しはじめ、セントポール地域はケープ・タウンの第6地区やヨハネスバーグのソ
フィアタウンのような異なる文化と人種が交わる有名な場所に似てくるように
なった。どちらの地域も、かつては活気があったが、南アフリカのアパルトヘイ
ト時代にはそのきらめきを失ってしまった。1930年代までにはセントポールに
住むアフリカ系アメリカ人の人口の半分はロンド地区に住んでいた。「ジム・ク
ロウ法の時代でも黒人と白人が比較的自由に交流していたし、異人種間の交際や
結婚も時としてあった」とある歴史家は振り返る[36]。ロンドは演劇と音楽の中心
だった。アピール（Appeal）や北西新聞（Northwestern Bulletin）などのアフ
リカ系アメリカ人のための出版物はコミュニティの問題へのアフリカ系アメリカ
人の声となった。ミネソタ大学の学生であり、のちに全国有色人種向上協会
（National Association for the Advancement of Colored People）の全国会長に
なったロイ・ウィルキンス（Roy Wilkins）は市民権団体の支局を設立する支援
をした。ヘイリー・Q・ブラウン居住地はミネアポリスにあるフィリス・ウィー
トレイコミュニティセンター（Phyllis Wheatley Settlement House）のような市
民学習センターを設立した。セントラル高校（Central High School）やマックス
フィールドのような人種総合公立学校やセント・ピーター・クラバー（Saint
Peter Claver）などのような教区立の人種総合学校は豊かな教育文化を作り上
げ、南部での人種差別を逃れた黒人たちが集まった。セント・ピーター・クラ
バーは40年間奴隷として囚われた西アフリカ人の擁護者として働いた大いに尊
敬された司祭の名にちなんで名づけられた。

　早くも1930年代には、都市計画者たちはセントポールとミネアポリスのダウ
ンタウンにあるビジネス街を結ぶ高速道路の建設を思い描いていた。第二次世界

大戦終了後、都市エンジニアはユニバーシティ通りとマーシャル通りの間に位置するコミュニティの中心を走る高速道路のルートを決定した。1956 年の連邦援助高速道路法（Federal-Aid Highway Act）が資金を提供した。コミュニティはこれに反発し、ロンド-セント・アンソニー向上協会（Rondo-St. Anthony Improvement Association）を設立したフロイド・マッセイ師（Reverend Floyd Massey）とティモシー・ハワード（Timothy Howard）とともに、高速道路ルートの建設に反対した[37]。協会は提案を高架道路から掘割式道路に変更することに成功し、二つの地域が複数の橋で繋がれることになった。それにもかかわらず、コミュニティの意見は二つに分かれ、1956 年 9 月には高速道路建設が始まった。警察は無理やりジョージ・デイビッド師（Reverend George David）を立ち退かせた。「この記憶は治らない傷のように今でも生々しく残っています」とデイビッドの孫にあたるナサニエル・カリーク（Nathaniel Khaliq）は言う。彼はブルドーザーがやってきた時にそこにいたのだった[38]。

　2016 年にはマックスフィールドに 346 人の児童が在籍しており、そのおよそ 3 分の 2 がアフリカ系アメリカ人であった。その割合はセントポール公立学区の典型的な学校では 25.6%、ミネソタ州では 10% であった。57% が男子、43% が女子で、国内学校給食プログラム（National School Lunch Program）に加入し、給食費の免除を受けている児童の割合が 90.5% であった。2017 年 3 月に行われた標準テストでは、数学合格点に達した児童の割合が、セントポールで 45%、州全体で 66% であったのに対し、マックスフィールドでは 17% であった。また、英語では、学区の 40% に比べ、マックスフィールドの児童は 17% であった。マックスフィールドでギフテッド・タレンテッド・プログラム（Gifted and Talented Program）に入学が認められる児童は、州全体が 7% であったのに対し、4% にとどまった。挙句の果てには、マックスフィールドの 17% に当たる児童が"学習障害"のラベルを貼られ、その割合は州の中間値を上回った。2015 年には学習障害を抱える児童の 12% が特別な指導を受けた[39]。

　マックスフィールドが直面する課題は明らかである。教員、コーチ、校長たちのパブリック・アチーブメントに対する決意もまた明白となった。2016〜2017 学年度では、オーグスバーグ、ミネソタ大学、ベセル大学（Bethel University）ミネアポリス・コミュニティ & テクニカル・カレッジ（Minneapolis Community and Technical College)、そして他から 24 人のコーチが 4〜5 年生の 100 人の児童を担当しプロジェクトを始めた。最初の課題にはいじめ、環境、人種差別、健康的な生活、落書き、器物破損、警察とアフリカ系アメリカ人の若者

の関係、動物虐待、ホームレスの若者、入院生活を送る子ども、家を失った動物、高齢者、アンガーマネージメント（anger management）などがあった[40]。3月になる頃には、他の文化を尊重しない人が多いという生徒たちの意見から、グループの一つは文化と多様性というチーム名に改名した。この問題に対処する一つの策として、彼らはこの問題に注意を喚起したいと思い、多文化の料理本を作成することにした。5年生のムクワは「パブリック・アチーブメントはどのように他の人を敬うか教えてくれます」と言った。この料理本作成のニュースは地方局の一つで取り上げられた。ムクワは料理本の完成も大切だが、たくさんのことも学べたという。彼は人のことをよくからかうので、自分はいじめっ子だと思っていた。しかし、パブリック・アチーブメントは他人と働くことを教えてくれた。すなわち、彼らやお互いの違いを否定するのではなく理解できるようになったのである。彼はまた、チームワークの大切さを理解できるようになったことで、「自分がなりたいと思っていた」以上の人間に成長できた。年度末にマックスフィールドを卒業して中学校に進む準備をする頃には、ムクワは、人前で発表を行うことに自信がもてるようになっていた[41]。

　5学年の教員であるブランディ・ポトル（Brandi Pottle）はプロジェクトの初めからマックスフィールドでパブリック・アチーブメントのリーダーとして活躍していた。ブランディのおかげで、パブリック・アチーブメントは学校の文化になり、彼女自身は、その過程の中で、強力なリーダーとして、そして"市民教師"として成長できた。彼女はパブリック・アチーブメントを、児童のエージェンシーとしての心構えを育て、学業の面でも生徒を動機づける手段だと考える。「パブリック・アチーブメントは、私の生徒にとって貴重な体験となります。というのも、前向きな変化に意見をもって貢献できる機会を与えてくれるからです」と彼女は言う。「たいていは学校やコミュニティが必要とする変化には、大人が決定を下してしまいます」パブリック・アチーブメントを通して、彼女が"私たちの学者"と称する子どもたちは、「トピックを選ぶことや協力して問題解決や変化をもたらすためにしなければいけないことに取り組むことで、どのように変化のための活発なエージェントになるかを学び、変化を引き起こすためには何を行う必要があるのかについて学ぶことができます」。彼女はまた、パブリック・アチーブメントによって保護者と学校の繋がりが強くなったことに気づいた[42]。パブリック・アチーブメントの結果として、マックスフィールドで校舎裏口の安全性が強化され、それぞれの教室にリサイクルゴミ箱が設置され、学校や地域の周辺でプロジェクトを行う専門の庭師が配置されるようになったとエレイ

ン・エッシェンバッハ（Elaine Eschenbacher）は述べる。「前向きな変化を起こす私たちのエージェントの顔に浮かぶ誇りは、他の何にもかけがえのないものです」とポトルは言う。彼女はまたパブリック・アチーブメントは子どもに対する大人の見方に影響を与え、「子どもには大人と同じくらい教えられ学べることがある」ことを示していると考える[43]。

　マックスフィールドでは文化福祉センター（Cultural Wellness Center）の活動も、パブリック・アチーブメントを取り入れており、活発である。センターの考え方は、アフリカ系アメリカ人の力強い伝統を児童やその他の人々に伝えることによって、希望をもたらすものである。これは「マックスフィールド小学校の歴史に新しいチャプターの到来を告げ、ロンド地区の誇り高き歴史的過去と伝統の栄光を小学校に呼び戻す活動なのです」。メアリー・K・ボイド（Mary K. Boyd）は、セント・ポールの優秀な教員で、困難にもかかわらずこの地域で大きなパワーを得ることとなった人物を多数育んできたという偉業について語ってくれる。その中にはゴールデン・タイムズ・カフェ（Golden Thymes Café）のマイケル・ライト（Michael Wright）、ビル・マレイ（Bill Murray）、カリッサー・メイ・アダムス（Curriser Mae Adams）、セッチェム・セスマート・ステュワート（Setchem Thesmaat Steward）、そして、ヘティバ・アスティニト・マッシー（Hatyba Assutinit Massey）がいる。多くがマックスフィールドを会場に行われる文化福祉センター主催の"高齢者の学校"に参加している。「ほとんどの場合、アフリカ系アメリカ人の児童が多数を占めるマックスフィールドの近年の学級は学業成績が悲劇的に悪いのです」と自らが2016年までのこのパートナーシップの進捗を表した論文でアザーは述べる。2016年は小学校の125周年記念の年であった。「子どもたちを助け、この心の痛む下向きのスパイラルを覆すために、学校の職員や保護者が絶え間ない努力と望みをかけたにもかかわらず、彼らは児童のほとんどが失敗の犠牲になってしまうことを目の当たりにしています」。「文化を大切にすれば、文化は私たちを成功に導いてくれる」という確信をもち、「子どもが経験している環境の辛さや抗しがたい怒りに対抗できるのは文化だけなのです」とアザーは主張する。文化福祉センターによる見立てでは「失敗は、子どもの中にあるのではなく、カリキュラム、知識の伝え方、脱文化化された知識そのものの中に存在するのです」というものであった。

　この過去何年間で、パブリック・アチーブメントと文化福祉センターは影響を与えてきた。2014〜2016年の間で停学処分となった児童の数が大幅に減った。また、ある年にはリーディングの点数が6点、数学が9.9点増加した[44]。教育

者、児童、コーチ、そして地域住民がこの"エンパワメント格差"を乗り越える
にはまだ道のりが長い。しかし、スタートはすでに切っているのだ。

8 共通善の職人

ハリー　C．ボイト

教育は、人間が創り出したあらゆる道具を超えた平等促進の装置である。
—ホレース・マン、第 12 次年間報告書（マサチューセッツ州教育委員会）[1]

　7 章で紹介したオーグスバーグ大学特殊教育プログラムは、専門教育プログラムの「流れを変える」民主的な文化の変容を描いていた。そしてその専門教育プログラムの規律は、特殊教育における指導者のアイデンティティや行動を形作る。キリスト教的な社会思想の豊かな伝統が「文化を形成する」日常の教育的営みの重要性を強調し、大きな可能性をもつことを期待させる。

　フランシス教皇は、有償労働と無償労働の双方の公的な意味をキリスト教的な考えに基づき詳述する。2017 年大みそかに行われた説教においてローマ教皇は「小さくても貴重な共通善に対する日々の行為に貢献する人々に感謝しています」。と述べた。教皇は、ローマ司教として、"都会で心を開いて生きる人々"に、例えば、ローマの生き生きとした居住者たち、ヨーロッパの州都の自動車事故に疑念をもちつつも良き価値観と慎重さの間を往来する人々に注目する。「"公共の場所"を尊重する人々、そして不正を報告する人々、つまり高齢者や困難な状況にある人々へ配慮する人々」を称える。そしてこうした多くの行為は、具体的には、街を愛することであると表現する。教皇の話には、「スピーチや広報でなくとも、日々の暮らしの中に市民教育の実例が示されている」[2]。

　フランシス教皇はまた、教育者の役割を強調した。「両親、教師、そしてすべての教育者に児童や生徒に一貫して市民としての感覚を醸成し、倫理的な責任をもって、街に対する帰属意識を有し、街に対して配慮ができ、そして自分たちを取り巻く現実に関心をもつように彼らを教育するよう求めたい」とする。「このような教育者は、いわば共通善の職人であり、言葉ではなく行動によって自らの街を愛する人々である」と教皇は述べる。2015 年 7 月に、エクアドルのポンティフィカル・カソリック大学における説教においても、教育の重要性を強調し、共同創造者としての市民のイメージをさらに鮮明にした。「神は命を与えただけでなく、人類に課題を与え［…］"神"の創造的な仕事の一部とされた。

［…］私は、あなたがたに対し、あなたの手と信者である兄弟、姉妹の手とをつなぎ合わせます。そのことによって、私たちが協力して"独自の世界"を築く場ができるのです」[3] と述べている。

　今日では、ラニ・ギニア（Lani Guinier）の『*The Tyranny of the Meritocracy*』、ウィリアム・デレズウイッツ（William Deresiewicz）（『優秀なる羊たち：米国エリート教育の失敗に学ぶ（*Excellent Sheep*）』、そしてローレン・リベラ（Lauren Rivera）の『Pedigree：*How elite students get elite jobs*』において、"私たちを築くには時間がかかることが"理解できる。むしろ、そこでの教育は、個人主義的かつ非常に物質主義的な成功の定義に基づいており、民主主義を犠牲にしている。これについてギニアは、「協同することや基礎的な能力の涵養を支援されないとき、私たちは市民として独自の世界を築く機会を剥奪されてしまう。私たちは同時に、優秀な人、貴重なものごとを貴ぶ。すなわち、エリート校を称賛し、個人化したキャリアの中の個人化した職業に彼らを送り込む」と述べている[4]。フランシス教皇は"日常生活のための市民教育"を通じて、高等教育がもつ日常的文化構築の役割に着目する。これは、教育に対するオルタナティブな視点であり、市民教育の再生の兆しとなるこれまで蓄積されてきた民主主義の豊かな遺産を想起させる。そしてオルタナティブな教育が、豊かなこれまでの蓄積に再び注目が集まっていることを思い起こさせる。

　再生の素晴らしい例として、2017 年秋に創立 25 周年を迎えたペンシルベニア大学のネッター・センター（Netter Center）を挙げたい。ネッター・センターは、アイラ・ハーカービー（Ira Harkavy）によってつくられたセンターであり、高等教育と地域コミュニティとの模範的な連携のパイオニア的存在である。当該センターは、2 章で紹介した「コミュニティスクール連合（Coalition for Community Schools）」や 900 以上の大学やカレッジからなる「Anchor Institution Task Force」の取り組みを主導し、大学が地元のコミュニティに対して、経済的、市民的、社会的に貢献する方法について検討している[5]。こうした取り組みが歴史を築く。

民主的な伝統

　高等教育に課せられた最も重要かつ本質的な責任は、あらゆるレベル、専門分野において民主的な価値、理想そして一連の行為の通り道（キャリア）となることです。

―高等教育のための大統領諮問委員会、1947 年[6]

　1960年代から1970年代までアラバマ大学の学長として人種差別廃止の指揮を
とったデイビット・マシューズ（David Mathews）は、フォード政権時に、健
康、教育、福祉省長官であった。彼は、1977年に省内の高等教育に関する会議
において「バークレイのビジネススクール学科長であるアール・シェイト（Earl
Cheit）は、高等教育が"官僚的になるような"風潮があると嘆いている」と説
明した。このようにカレッジや大学が機械的になる恐れは、人間がまさに実利的
な目的のために加工されてしまうプロセスであり、「我々の組織の原点は活動で
あった」という記憶を消し去ってしまっている[7]。
　1869年に設立されたオーグスバーク大学のようなカレッジや大学は次のよう
な目的で設立された。例えば、オーグスバーグ大学は「教養学部が中心の大学
で、生産的かつ、マニュアル的な労働に価値を置き、平等主義的で共同的な教育
に取り組む。そして地域的な文化は新しい考え方にオープンである」とされてい
る。19世紀における中西部の小規模カレッジ―その多くは地域の宗教団体に
よって設立されており、その拡大について描いた『*Cultivating Regionalism:
Higher Education and the Making of the Midwest*』においてケネス・ウィーラー
（Kenneth Wheeler）は説明する。「なかでも小規模で、地方にある分校は、より
宗教色が強く、平等、実用的、非エリート的で、なおかつキリスト教義を支持し
ていた。また、ジェンダー概念としては男女共学が理想とされた」。その教育は
労働と教育が組み合わされたもので、東海岸の大学や南部の大学で実施された軍
隊訓練のような体育が労働の代用となることはなかった。そして中西部の教養が
中心の小規模大学は強力な公共的な価値観をもっていた。具体的には労働者の威厳
さと本質的価値を強調する価値観であり、金銭を基準として人間をも価値づけた
経済システムにおける深い不安を明示していた。これらの大学はかつて奴隷制度
廃止と女性の人権問題に関してリーダー的存在であった[8]。
　州立大学は民主主義的な文化を形成するうえで同様な役割を果たした。ミシガ
ン大学は、19世紀後半、ジェームズ・B・エンジェル学長（James B. Angel）
(1871-1909) の下で、多文化共生、そして社会的課題に取り組む市民組織として
の州立大学創造を目指す上での中心的存在となった。エンジェル学長は、州立大
学は民主主義社会変容の原動力を具現化し、かつ形成させることが必要だと考え
ていた。例えば、彼は、キャンパスにおいて"民主主義的な雰囲気"を創造する
ために、1870年には先駆的に女子の大学入学を認めた。その結果、キャンパス
は、ディベート、ディスカッション、実験、解放的な意見交換が活発に行われる

場となった。そこでのセミナーや講義では学生同士、学生と教員の双方向のやり取りがある教育方法が採用された。さらに学生はより幅広い、多様な授業を選択することができた[9]。

　1862 年モリル法（Morrill Act）、すなわち土地払下げ法の施行によって設立されたランド・グラント・カレッジ制度[訳注1] と、1890 年に設立された黒人系大学は、教養と実践の組み合わせによるカリキュラムを重視した。そしていくつかのカレッジでは大学卒業の要件に“パブリック・ワーク”を組み入れた。コーネル大学農学部長であり、農民生活委員会の委員長を務めた園芸家でもあったリバティ・ハイド・ベイリー（Liberty Hyde Bailey）[訳注2] は、しばしば協同普及（cooperative extension）の哲学や地域社会の土地活用で紹介されるが、パブリック・ワークという言葉を用いている。ベイリーは、「政府というかたちとしてではなく、むしろ民の真の民主的な表現のかたちとして」、民主主義の育成とパブリック・ワークの接続の必要性を論じている。というのも、ベイリーの政治に対する問題意識は市民政治に近い“政治事情”であった。「経済的効率を目的として商業、工芸、芸術を技術的に訓練しても十分ではない」と述べている。効率性は「民の自己的な行動」に入れ代わっていた。ベイリーは、教育とは、「政治的な機能をもつべきであり、あらゆる民主主義は、俗にいう経済的な効率を超えたものであるべきで、多様な背景をもつ人々が、自らの立場と誇りを維持し、“政治”を生み出す側に立てるよう、あらゆる努力を傾倒しなければならない」と提案している[10]。

　歴史家でもあるアンドリュー・ジュエット（Andrew Jewett）は、「科学的な民主主義者」とは、科学を無価値な技術とはとらえず、無償の探究と共同実験の文化的実践者であるとした。1930 年代のニューディール政策において、科学的民主主義者は米国農務省や他の省庁から実質的な足場を得た。地域コミュニティにおいては共同拡張の中で家庭経済調査官の役割を担う「市民専門家」であった。家庭経済調査官の主な役割は、地域コミュニティが自律的にパブリック・ワークが可能となるよう援助することであった。この市民専門家が重視したことはそれまでの成功指標への挑戦だった。イザベル・ベヴィアー（Isabel Bevier）が定義するように、家庭経済はランド・グラント・カレッジにおける共同ワークに“新しい指標”を与えただけでなく、理想的で、文化的な要素を与えた。それまでは、農業の成果といえばそのほとんどが家畜や農作物の評価であったが、その後は、農業の成功指標とは生活をどれだけ豊かにできるかという評価となった[11]。

　高等教育における市民・地域連携センター、サービスラーニングへの取組み、そして経験型学習（PBL）が増えたにもかかわらず、日常のワークを通して市民教師、市民起業家、市民弁護士、市民看護師、市民政治家のような市民を育成することこそが大学やカレッジの役割であるとの考え方はほとんどみあたらなくなってしまっている。しかしながら、多くの大学やカレッジで市民専門家を育成しようという概念が復活してきている。本章では、高等教育において「共通善の職人」を育成しようとする三つの属性に注目したい。一つには未来の変化への源泉を熱く提供しようとする学生であり、次に、民主主義的な教育目的をカリキュラムの中心に置く教員であり、そして市民的インフラ整備の職人ともいえる職員や経営層である。

職人としての可能性をもつ学生たち
メリーランド大学ボルチモア・カウンティ校
　「政府の公開討論は敵意にみちたもので膠着状態である。そのため学生たちは政治や国民の生活について当然のように疑いの目を向けている」とメリーランド大学ボルチモア・カウンティ校（UMBC）の市民的エージェンシーとしてエンパワメント文化の醸成を目的とする活動リーダーであったケイレッシュ・ラム（Kaylesh Ramu）は、ボルチモア・サン紙（The Baltimore Sun）に寄稿した。その寄稿は、UMBCの市民的エージェンシー育成機構の学生課課長補佐デビット・ホフマン（David Hoffman）との共同投稿であり、「この悲観的な観点は一般的な通念かもしれないが、今日、私たちは多くのキャンパスで希望を見出すことができる」と述べている。UMBCでは、学生が違いを乗り越えてコミュニティの絆を強める様々な政治的取り組みに挑んできた」。そして二人が書いた記事には活動に関する多くの事例が紹介されている。ユダヤ系とイスラム系の学生で構成されるチームは、キャンパスのカフェテリアでハラルとコシャーのメニューを大学の管理部門と協働して提供できるようにした。他のチームは、大学の地球温暖化対策を促進するために、健康的なライフスタイルを奨励し、UMBC精神を浸透させるためにキャンパス空間の再構築に挑戦した。UMBCの学生会は「学生の創造性と取り組みを触媒する模範的な学生会といえるでしょう」とラムとホフマンは説明する。
　UMBCは全米州立大学連盟の取組みであるアメリカ民主主義プロジェクトとともに組織化した市民的エージェンシーに関する取り組みの創立メンバーであった。学生と職員は市民的エージェンシーの概念を実践に取り込み、熱意をもって

パブリック・ワークの考え方に取り組んだ。ほぼ10年間にわたって、学生会は、パブリック・ワークアプローチを活用し、学生をまるで顧客のようにみなし、サービスを提供する大学の役割を見直すうえで、国のロールモデルとなった。今や、UMBCにおいては、才能あふれる多様な観点や経験を積んだ学生がおり、大学にパブリック・ワークで貢献しようとする学生の存在がみられる。UMBCの"BreakingGround"のホームページでは、問題なく継続的に活動している様子が参照できる。ラムとホフマンは「多様性を有するUMBCのようなキャンパスおいては、意見の不一致は避けられない」と述べる。「いくつかのパートナーシップを構築し、少ないリソースでの活動は複雑で混沌とする可能性もある」。これこそが、"政治"が生じるところであって、ここでいう"政治"とは、汚い言葉、あるいは権力を欲するエリート政治家の戦術ではなく、誰もが共通のものの見方を見出し、何かを為すためのスキルの集合である。UMBCでは、日常の生活上にある政治の実践により、教員、職員、学生、卒業生、そしてコミュニティの協力者が共同的にオルタナティブな未来や解決策を考案していくことができている。[12]

ミネソタ大学

　UMBCの日常生活上にある政治は，ミネソタ大学において開始されたばかりの市民育成プログラムに力を与える。公共善を組織化していくことを学ぶ授業で、デニス・ドノヴァンは重要な役割を担当している。「あなたがたが保守派あるいは改革派であろうとも、学生あるいは教員であろうとも、もはや無視することはできない問題が私たちのキャンパスにはある」とデニスの授業を受講する学生、チャーリー・カールソン（Charlie Carlson）、カット・ギール（Kat Gehl）、そしてザック・メイコン（Zach Macon）は2017年春のミンポスト紙（The MinnPost）に寄稿した。彼らは7人グループで二極化問題をパブリック・ワークのプロジェクト課題としていた。「キャンパスにおいて、政治に関する知識を有する学生の間では、グループ、意見、考え方を巡る二極分化傾向が生じていました」。「私たち7名は、そうした学生間の意見の違いに着目し、それぞれの意見になぜ価値があるのかに関しての会話を生み出すことに着手したのです」。と述べていた[13]。

　デニスが自身のクラスにおいて学生一人ひとりに関心をもつことは、学生に対して大きな効果をもたらす。「この授業の終了後に気づいたことは、担当教員であるデニスが、すべての学生に対して真に関心をもっていてくれたことです」と

テイラー・モーガン（Taylor Morgan）は述べた。テイラーは、イタリア系アメリカ人の教員であるデニスに対し、他の白人教員と同様に当初は疑念や不信感を抱いていた。しかし、彼女の考えはすぐに変化した。「毎日、デニスは、私たちに、"こんにちは"と声をかけ、学生一人ひとりに調子はどうかと尋ねてくれました。そしてバレーボール選手、バスケットボール選手、フットボール選手それぞれに今シーズンはどうかと必ず聞いてくれました。こうしたことは私たちにとってはとても意味のあることです。学生の日常を本心から気遣ってくれる教員はほとんどいませんから」。デニスの姿は一方でテイラーのロールモデルにもなった。「まさしくこの授業は、私にとって、目からうろこでした。他者とより良好な関係を構築するためには、相手の調子を気遣い、その人のことを気にかけていることを態度で示す必要があると悟りました」。この授業は彼女が他者からの信頼を取り戻すことに役立ったといえる[14]。

アリ・オーステルハウス（Ali Oosterhuis）は、デニスの授業でテイラーたちが素晴らしい経験をした要因について述べる。「デニスの授業では学生たちが自分自身のことを考えるようになります。そこには通常の授業にはない自由な空間が生み出されているのです。多くの場合、人はたわいもない狭い世間の話をします。そして狭い考えで同意します。そしてその考えは影響を及ぼすのです。たいていの人は、自分たちが信じていることなど表に出すことを好みません。通常は隠します」。

アリは、パブリック・ナラティブの手法（人が振り返りから学び、パブリックな成長の観点から自分自身のストーリーを語るワン・オン・ワンの適用）が、「自分が何者であるかを自分自身で認識する」土台を創り出すと考えていた。「この手法こそが、人々に知識を授け、自身を取巻く現状について認識させるのです。多くの学生がカレッジで学んでいるが、決して、これまで自分の生い立ちがどのように現在の自分につながっているのかについては考えてはこなかった。自身が何者であるかを大切に考えること、他者の物語を大切にすることは意義あることです」。UMBCのケイラッシュ・ラムのように、アリは、党派政治とは異なる政治の重要性について、「一人ひとりの異なる見方に対し建設的に対応する方法であり、この経験がまさに私たちを変容させた」としている。

ミネソタ州のツイン・シティでPAコーチを経験したデニスのクラスの卒業生らは「市民学生運動（ムーヴメント）」を組織している。そこには三つの実践があり、一つは、違いを乗り越えて人々が話し合うことで学び合う"市民的熟議"、二つめは、カレッジや高校においてワン・オン・ワンやパワー・マップのような

パブリック・ワークの実践の練習、三つめは、実際にパブリック・ワークのプロジェクトを実施することである。

"市民学生運動"の中のパブリック・ワーク・プロジェクトの一つは、刑務所が抱える課題を取り上げ、受刑者の内実をより広く知ってもらうための活動に取り組んでいた。そのプロジェクトは、デニスが、スティルウォーター（Stillwater）刑務所と一緒に取り組んだパブリック・アチーブメントから生みだされたものだった。デニスは定期的にマックスフィールドの教員だけでなく学生たちを月例ミーティングに連れて行った。スティーブン・ヴォーゲルはそこでの経験について「僕たちは、刑務所を、夢をつぶされた人々、狂った人々、抜け殻のような人々がいる場所と考えがちです。だけど、僕たちが先週経験したスティルウォーターでのことは自分の考えが全く逆であることを証明できたのです」と彼の個別研究レポートで述べていた。「僕は、ラウンドテーブルで20人の受刑者とディスカッションをしました。受刑者は毎月、出所に向けて、どれだけ自分が成長したかを話していました。そして刑務所の範囲内でのキャリアに関する希望、さらに刑務所を出所するときにどのように自分が変わることができるかについて話しました」。スティーブンは、この受刑者の例は失敗を恐れ高い成功を求める若い世代にとって参考になると考えた。「完璧を求めるあまりに失敗を恐れることは、不自然な状況を引き起こします。僕たちは人間です。つまり、僕たちは間違うし、失敗するでしょう」。「僕が最初に間違った時、それが大きな間違いであろうと小さい間違いであろうとも、僕はそこから成長していけると理解するだけで気分は楽になります。結局、完璧主義者といううわべはすでに壊れているので、最小限のプレッシャーですむのです。同様に、ミーティングの部屋に集まった受刑者は、希望とそして加工されてはいない知性をもっていました。刑務所にいるということは、すでに彼らは社会の底辺を経験している。彼らはもう失うものはほとんどない」。スティーブンはまた受刑者との真剣なディスカッションの内容についても述べている。「僕はまた、プロフェショナルな振る舞いをし、楽天的な面をもつ受刑者にも驚きました。その受刑者はは僕の隣に座っていて、他の受刑者のためのプログラミングのインストラクターにどうやってなるかについて話してくれたのです。彼は10年以上をかけて熟練者になったということでした。他の受刑者は、彼が書きためた詩をまとめて出版したと教えてくれました。刑務所の訪問者が彼の作品に感銘し、出版できたとのことでした」[15]。

市民学生運動によるミーティングではコミュニティ・オーガナイジングで用いられている省察的実践を活用している。あるミーティングで、話し合いの記録を

していた。それは市民政治における人間関係づくりと若者が今日夢中になるソーシャルメディアの世界との対比についての記録であった。黒人のカナダ出身のアメリカンフットボールの選手である、ジュリアン・カホ（Julien Kafo）は、「僕たちはもうコミュニケーションなんてしない」と言い、「人はお互いを傷つけあう。なぜって、スマートフォンのスクリーンに隠れ、守られているから」ととまどいを述べていた。ジュリアンは「自分たちはそれぞれが異なる場所から来ていること」を理解することこそがとても大事だと信じていた。ジェーン・アダムズのように、「あなたが正しくて、私が間違っている」という議論のやりかたを超越できれば、それぞれが互いに異なる自分史、経験、文化を認め合うことの大切さについて重要視できるようになると話していた[16]。ジュリアンのグループは、アイデアをすぐに拡散できる点や、遠く離れた家族といつでも簡単に連絡がとれることからソーシャルメディアをポジティブに感じていた。一方で、彼らは、他者の〝自己関心〟、すなわち自分史を引き出すワン・オン・ワンのようなワークにも真剣に取り組んだ。「この自己関心という考え方は本当に私にとっては驚きだった」とザックは言う。「使い古された言葉だけど、私たちは皆、人間なんだと、そして私たちは様々な社会的立場から来ている。今はそのことを真剣にとらえるべき時だと思います」とザックは述べた[17]。

　市民学生運動におけるアリや他の学生は、市民専門家の例を学んでいる。セプティマ・クラーク（Septima Clark）の伝記『*Freedom's Teacher*』を読んだことが、市民弁護士になりたいというアリの夢にいかに影響したかについて、次のように説明してくれた。「私のこれから数年の目標は、市民弁護士としての自分のキャリアを築くための具体的な行動目標を設定していくことです。これを達成するのは決して簡単ではありません。しかし、私のビジョンは市民専門家としての変化を生み出すことなのです。将来、世の中を変えたいと考えています。私はもちろんパブリック・アチーブメント、読書、そしてオーガナイジングの伝統的で豊かな方法によって経験したこと、学んだことを自分の夢の実現のために活用したいと思います」[18]。市民学生運動を評価するにはまだ早すぎるが、活動に参加した学生に対してすでに効果を生んでおり、必要なスキルを伝授するとともに、市民的な職人気質を覚醒させたといえる。

デニソン大学（Denison University）

　パブリック・ワークに取り組む主要な大学間ネットワークの一つであるデニソン大学では、学生たち自身が、寮の広間でパブリック・ワークとして何ができる

かについて学び始めた。デニソン大学のシェパードソン寮長アイビー・ディストル（Ivy Distle）は、社会が混乱する時代に学生組織への帰属意識が衰退している対応策としてパブリック・ワークと市民政治をとらえていた。「昨年（2016年）に行われた選挙後、多くの学生による抗議デモが起こりました。にもかかわらず、志を同じくするグループ外との交流はほとんどありませんでした」とアイビーは述べた。そして"寮のコミュニティの場"を"広間"として再定義し、大学全体規模での社会的実験の場とした。コミュニティとしての寮では、多様な背景をもつ学生たちが隣人として共に生活することを学習できる。その過程で、学生たちは、異なる背景をもちながらも相互の関係を構築し、大声で騒ぐ学生の問題や汚れた食器をそのままにする学生間の問題に対し建設的なやり方によって対処するためのスキルを育んだ。この取り組みのポイントの一つは、寮監のアドバイスに頼らないことだった。アイビーはこの社会的実験に熱意をもっていたが、その課題に対しては現実的でもあった。「学生たちは、政治的に相互の関係をつくるのが難しい状況に直面した時、自分たちのアイデンティティを代表する組織を頼るようになります。そしてアイデンティに基づく組織は安全で安心できる場なのです」。アイビーは、寮のアドバイザー（RA）としてのランクが上がり、一棟の寮150人の学生のリーダーとなった。アイビーは、彼女のやり方にあっていたので、"コミュニティとしての寮"というコンセプトを好んでいた。「私が2年生の時、寮のアドバイザーに応募しました。その結果、かなり大きい広間をもつ寮のアドバイザーとなりました。私の担当フロアには、年ごとに変動がありますが、30~32人の女子学生が住んでいました」。ほとんどの女子学生の関心は異なっていた。アイビーは生物学と芸術の二つを専攻しており、「私は自分がいかに外向的であるかを理解しました。私は人とつながりをもつのが好きで、人と過ごす時間が大好きです。そして人々がどのような人なのかを知りたいと考えていました。私の仕事の多くは、女子の社交クラブやスポーツクラブについて彼女たち一人ひとり理解することでした。私はそれらのどちらにもかかわったことがなかったので」と述べた。彼女の関係構築スキルは変化していった。「寮監が学生の部屋のノックをする多くの場合、よい兆候ではありません。そこにはネガティブな感情があります」。しかし、彼女はこの発想を習慣的な方法ではなく、より人間関係を重視したものに変更した。「私は学生たちがゆっくりできるような場所を提供し、10や15の様々なプログラムを実施しました」[19]。

　UMBCやUMNがそうであったように、その機関の歴史を知り、権威をもつスタッフは学生の市民的学習を促すうえで重要な役割をもつ。学生リーダーシッ

プ育成学部長のエリック・ファーリー（Erik Farley）は、コミュニティで生活スキルを教える経験の重要性を強調する。「コミュニティそのものがコミュニティをどのように構築していくのかが、鍵です」。「仲間とは、ただ親密であることが大事であると考えると間違いが生じます。お互いのストーリーを知っていることこそが、破壊行為や暴力を軽減する可能性を秘めているのです。人は、お互いを単に知っているだけでなく、互いの空間を共有して尊敬することで学ぶことができるのです」。そしてエリックはワン・オン・ワンや市民的熟議のような実践的活動こそがまさに学生たちが求めていることであると考えていた。それら実践的活動はデニス・ドノヴァンが、RAや寮のアドバイザー、学生課の職員たちに教えた方法でもあった。「学生は自分たちとは違う、異なる人びとを傷つけたり、ミスすることや、反同性愛者としてみなされることをおそれているのです」と述べている。さらにエリックは、毎日の生活スケジュールに熟議の空間を織り込むことの可能性を指摘する。「（キャンパスの中心にある）旗のポールが、私たちのハイドパーク（Hyde Park）であり、そこは彼らの言いたいことを言える場所となります。それはまるで強い感情を抑えるための避雷針となるのです。しかしそれだけでは双方向的なやりとりをするためのスペースを創造することにはなりません。私たちに必要なのは、学生が会話、双方向的な会話を行うことに自信をつけることで、会話スキルを彼らの市民専門家としての生活に活かしてもらうことにあるのです」。2000年代初期のデニソン大学での、数少ないアフリカン・アメリカンの学生たちとの経験に基づいて、エリックは、学生たちが自らの違いを乗り越えるスキルを身につけるならば、「たいていの人とは自分とは異なる」という状況が成長への潜在的な機会になり得ると捉えていた。そして「私たちは自分たちが影響を及ぼすことのできる文化を理解する必要があるのです」ともエリックは述べている[20]。

市民性学習の職人としての大学教員

　メキシコ出身のマリア・アヴィラは、10年間、ロサンゼルスと南西エリアの産業地域事業団（IAF）と一緒にコミュニティ・オーガナイザーとして働いていた。その後、2001年にオクシデンタル・カレッジ（Occidental College）に新設された地域学習センター（Center for Community Based Learning）のセンター長として赴任した。IAFの同僚は、「マリアならばこれまでとは異なる角度から社会を変えることができることに気づかせてくれる」と述べたように、マリアは、オクシデンタルの就職面接の際に「大学教員と市民的関与の取組みをチャリ

ティーや単なるサービスとしか見ていない文化を変えることに関心ある人たちを結びつけるチャンスだ」と考えた[21]。私はマリアがこの仕事を引き受けたばかりの時に出会い、それ以来、長きにわたる関係を築いてきた。マリアはパブリック・アチーブメントの社会実験をオクシデンタル・カレッジで行っており、彼女はパブリック・ワーク、市民的エージェンシーそして市民専門家の鍵となる概念をオクシデンタル・カレッジにもたらした。

　オクシデンタル・カレッジはとても小規模なカレッジで、「ロサンゼルスにおいて教養学を教えるカレッジ」として高く評価される全寮制のカレッジである。ロサンゼルス郊外から15分程度の北東にあり、貧困層や中流クラスが主流の住民層である多様かつ文化的に混在した地域にあるカレッジであった。マリアは赴任当時、これまでの彼女の仕事上の経験に基づく前提をもって、仕事に臨んでいた。その前提とは、1) カレッジそのものはコミュニティの一部だと考えるべきであり、2) すべてのコミュニティにはリーダー、もしくはリーダー候補がおり、3) 長期的な変革的・互恵的関係は利害関係者や当事者によって協同で生み出され、評価されなければならず、4) 活動はカレッジという組織を変容させ、その結果コミュニティ全体、かつその組織とパートナーシップを結ぶというものであった[22]。

　オクシデンタルの一年目に、マリアは職員、大学教員、コミュニティのパートナーたちと100回以上ものワン・オン・ワン・ミーティングを実施した。「オクシデンタル・カレッジで仕事を始めたばかりのころには、次第に大学教員や、とりわけ永久就職権をもつ専任教員が、パワー構造の鍵であることが分かってきました」。マリア自身が「リーダーたちの協同」と呼ぶところのこのような洞察は、正式な方法でのパワー分析とは異なるものの、彼女の活動にはパワー分析の教育と実践が含まれていた。「むしろ、そのパワー分析はCCBL開発において中心的な役割を担っていた教員と個人およびグループとの何回にも及ぶ対話から得られたものでした。職員や学生と比較して、大学教員は、永久就職権によりかれらの雇用が守られているため、大学に最も長い期間にわたって勤続する傾向にあるのです」。さらに、教員はマリアたちが開発したCCBLのミッションを達成するうえでの鍵となった。そのミッションとは、コミュニティと持続的かつ互恵的な連携関係について学んでいる学生に対し様々なコミュニティ志向型学習の機会を創造することであった[23]。10年以上の活動の中で、マリアは教員、コミュニティメンバー、そしてカレッジの文化の中に顕著な変化と発展を感じていた。

　オクシデンタルで、高い評価を得ている若手教員のレジーナ・フリーアー

（Regina Freer）は CCBL の創立者で、地域グループとの関係構築に強い関心があった。「市民的関与はチャリティー活動ではありません。それはパートナーシップなのです」と彼女は述べる。CCBL の活動はまた、コミュニティ組織に関する知識や関係性を深めるための新しい方法を生み出すことにつながった。フリーアーは南ロスアンジェルスにある南カリフォルニア図書館のスタッフと長く交流していた。CCBL による会議のファシリテーションを通して、彼女は、学生を図書館に連れていく授業を構築し、文書を記録するスキルを教え、若者が図書館に行って、コレクションに触れることを促すようコミュニティに提案するための方法を身につけさせた。フリーアーは毎週、図書館に車を運転して行き、彼女の行動や経験は、他の教員への模範となった。「継続的なコミュニケーションが、活動途中での調整にとって非常に重要です。図書館職員とは、学生がもつ知識のレベルを調整する必要がある一方で、私は図書館職員にこの活動に十分な時間をかけてくれるように調整する必要がありました」[24] と述べた。

　アラン・ノアー（Alan Knoerr）は 1991 年に数学科に採用された。彼は、数学教育をもっと開かれた教育活動にすることに関心があった。勤務を始めた初期に、数学科のカリキュラム改革を手伝うことになった。「10 年後、そのプログラムはひどく色あせていました。私は、組織変革に関わるときにいかにパワーが組織に関与するかを十分に理解していなかった」。ノアーは長期にわたって、CCBL 委員会のメンバーであった。そしてその中で、彼は高等教育機関におけるパワーと政治について多くを学んだ。彼の活動の一部は、数学科とフランクリン高校のパートナーシップを結ぶことにあった。ノアーと他 3 人の数学科の同僚たちは、フランクリン高校の職員や数学教師と個別にあるいは複数人で会合をもった。そして彼らは協同活動として、「Math 201」というオクシデンタルにおけるセミナークラスを計画した。そのクラスは、数学、教育、そしてパワーへの接近がテーマとなった。そこでは、学生が認知科学、教育学、そして数学教育をめぐる政治について執筆したレポートを用いて議論した。ノアーたちはまたフランクリン校や他の高校で学生と活動を開始した。「オクシデンタルの学生たちにとっては人生を変える経験になった」とノアーは見ていた。多くの学生が社会を変えることや社会的正義に関する活動に積極的になった。さらに何人かは数学教師となり、フランクリンは、先進的な数学カリキュラムを構築することができた[25]。

　マリアは学校文化における組織化の弊害に対して明確な視点をもっていた。その弊害とは、学校文化に基づく関係が、報告や情報によってのみつくられるということであった。彼女は、能力とパブリック・スキルの育成の意義と CCBL に

おける建前の間に潜む緊張関係を経験していた。彼女の取組みの中で、しばしば教員と学生、一方では教員と学生課職員の争いが生じた。また、マリアは組織文化が変化したり、多様性の周辺で生じるいさかいにも直面した。"究極的には"「このチャレンジは私たちがカレッジの制度的文化の変化をどう定義するかということなのです」[26]。

　あらゆるチャレンジに対して、マリアの組織づくりは多くのことを成し遂げていた。彼女の経験については、マリアの著書である『*Transformative Civic Engagement through Community Organiging*』に述べられている。教育と学術の定義とその評価方法が大学全体で変化していた。新任教員の採用には、地域との連携活動の能力をもつ人材の採用が重視された。CCBL 教育委員会はカレッジの組織構造の中で次第に認められ、一目おかれるようになった。「私たちはオクシデンタルに互恵的な市民的関与を評価し、賞賛する文化を創造することができました」とマリアは説明している。「ある面では、この文化はとても制度的なものになり、特に教員が CCBL の活動を自分たちの活動であるとみなし始めたので、2011 年に私がこの仕事から離れても、市民的関与に関する様々な組織運営に関する取り組みとそれに伴う行動目標をこなしつつ、長続きしているのです」とも語っている。マリアはオクシデンタルでの取組みから離れ、現在、他の大学で同様の仕事を行っており、"イマジニング・アメリカ（Imagining America）"という高等教育機関のネットワークを組織し、今や「変われる」ことに対して確固とした信念を抱いている。「文化を変容させることは可能です。でも、それはとてもゆっくりで意図的かつ戦略的なプロセスなのです」と述べている[27]。

　まとめとして、組織づくりとは、大学とそこに所属する多くの個人がよりパブリックになるという活動である。すなわち、パブリックな目的に向かって行動し、大学内外において協同することといえる。大学マネジメント業務に関するマリアのことばは市民的インフラの職人となる可能性をもつ人々の役割に光をあてる。

市民的インフラ（基盤）の職人
デニソン大学（Denison University）

　2013 年からデニソン大学の学長を務めるアダム・ワインバーグ（Adam Weinberg）は、協力者の力をかりながら、市民に変化を促す基盤となるビジョンを掲げ、組織化し、構築するために重要な役割を担っていた[28]。ワインバーグは一般的な学長タイプとは異なっていた。ワインバーグは、研究者として社会科

学と人文主義の背景をもっていたため、構造や不正義、抑圧のパターンそして社会的問題に対するものの見方を備えていた。しかしながら、そうした学問的トレーニングを積んでいたからといって、たいていは市民的エージェンシーについて詳しくなれるわけではない。社会学者であるフィリップ・ナイデン（Philip Nyden）が評するように、アカデミズムは、解決ではなく、問題に重心を置く。同大学の社会学科も、「社会問題」に関するコースはあるものの、その解決に関するコースはない。対照的に、ワインバーグは、市民的エージェンシーを理解し、経験から学ぶ生き方を重視する。

　ワインバーグは南部のユダヤ家系で育った。彼の父は、思春期の躁うつ病のパターンを最初に解明した優秀な医師だったが、彼の家族はその信仰のために差別を受けていた。「学校での差別問題は、子どもたちが落ち着いて座ることができないということではなく、学校の構造そのものにあることを学校に理解してもらうために私の父は多くの時間を割いていました。学校が職員中心ではなく生徒中心だったら、子どもたちは健康に育つことができたのです」。ワインバーグは、専門的な研究とコミュニティ参加の両方にまたがって活動する社会学者の指導を受けた。「彼らは市民専門家でした。彼らが実践していることが好きでした。彼らの事例は私が必要としていた知識の深化と市民生活への関わりの両方を満たしてくれました」。ワインバーグは、「社会学的な想像性はこれら社会的過程（知識深化とコミュニティ参加）に対する理解と民主主義的な生活を送ることができる空間創造の両方に役立つ方法」として熱意をおぼえた。ワインバーグは、コルゲート大学（Colgate University）に若手教員として赴任した。その当時、コルゲートカレッジは、コミュニティの経済的、社会的再生に市民と取り組んでいた。ここでの経験からワインバーグは市民と研究者の双方の立場でコミュニティに参加する道を見出した。「フォーマルな教育（例えば学校教育）を受けてていない人々からも教えてもらうことができたのです」。

　ワインバーグがコルゲートカレッジの学生部長になったとき、学生課長も兼務していた。彼と同僚は、"Club Med"[訳注3]と揶揄されたキャンパスにみられた受動的で消費者的な文化を変えようと野心に燃えていた。彼らは当時の民主主義と市民性のためのセンターのコンセプトを取り入れ、活動を始めた。そしてパブリック・ワークの実践に取り組み、大学の文化に権限を求めるような文化ではなく、改革力、創造力、問題解決力を育成できるような大学文化の変容に取り組んだ。この取り組みは、"職員が学生のために問題を解決してあげる"というところのプロによるサービスモデルからの脱却と、市民的学習の起点について思考す

る新しい教育方法を必要とした。「私たちは学生をコミュニティワークの経験のために地域に送り込みました。事実上、それはキャンパスが市民性育成機会のラボとなったのです」。ワインバーグと同僚は、キャンパスにおける論争、寮生活、学生会といった場を学生がスキル、習慣、パブリック・ワークの価値を学ぶ機会と捉えるようになった。

　ワインバーグは、コルゲート時代に長くかかわったサービスラーニング、地域貢献、地域コミュニティへの関わりに基づく関心や経験をデニソンにもたらした。この彼の基盤こそが、新しい分野に教員、学生、職員たちと共に取り組む原動力となった。大学が市民生活に貢献できるというワインバーグのコンセプトは"民主主義"とは何かについて改めて考えるきっかけとなった。「私は学長という役職に就いたとき、いかにして学生と教員がよりサービスラーニングに取り組めるか、そして地域により投資ができるかに焦点をあてていました。しかし、民主主義の観点、市民的エージェンシー、そして大学のような複雑な組織の中で地域における役割をより深く理解する必要性がわかってきたのです」。民主主義の再考はワインバーグに次のような新たな問いをもたらした。

　「果たして私たちは、教員に対して、地域の社会的課題やプロジェクトに関わるように働きかけたことはあるのか。教員が市民的活動に関連した教育や研究を希望した際にサポートをしているといえるのか。職員に対し勤務時間中に市民によって組織されたミーティングに出席することを認めているか。教員や職員が大学には何らメリットがないにもかかわらず、パブリックの利益を優先するならばどう対応しているだろうか。学生が学内の重要なパブリックに関わる課題を指摘した時にどう私たちは対応しているだろうか」。大学やカレッジはその地域の雇用に大きな影響力をもつ存在である。「私たちの想像以上にカレッジや大学は地域コミュニティにとって大きな役割があります」とワインバーグは振り返る。「私たちは本当に市民的エージェンシーを育成する力を備えているのです。例えば、地域で重要な政策決定などがなされるとき、政治家、建設業者などディベロッパー関係者、銀行、あるいは地域の有力者などがかかわります。私は、大学の学長として、意思決定の場に招かれない人々を意思決定に関わらせることができるのです」。ワインバーグは「地域においてパブリック・ワークの機会を生み出すために、どのようにして大学という複雑な制度がもつ力を活用すればよいのでしょうか」と問いかける。そして彼は、学長の仕事に対して特有の他に類のない観点を持っていた。「しばしば学長は伝統的な政治観を持ちがちです。そうした学長たちは、彼らが押し通したい計画が何であろうともそれを押し通すために

協調してくれる支持者に影響を及ぼす、つまり働きかける方法を見い出しているのです」。

　対照的に、「あなたがもし、地域連携システムの変更を考えているなら、自分とは異なる意見をもっている人を意図的に見出し、適切な答えが見つかるように長い時間をかけてその人たちと、違いを乗り越えながら一緒に取り組むといいのではないでしょうか」。ワインバーグはまた、デニソン大学の教員に対して、パブリックな有識者であること、そしてオーガナイザーになることを奨励した。例えば、ジャーナリストとしての経歴をもつ英文学教授であるジャック・シュラーによって組織された"The Between Coasts"プロジェクトは、中西部在住のジャーナリストで構成されている。そのミッションは、地域コミュニティの新しい可能性を見出すために、ジャーナリストをパブリックな語り手として理解してもらうことを目的とした。ロスアンゼルスやニューヨーク、もしくはフェイスブック情報にのみ関心をもつ"エコチェンバー現象"[訳注4]を超え、"アメリカ中央部の遅れた田舎"で起こっていることなんて関心がないジャーナリストたちをパブリックな語り手にすることを目指していた。シュラーは「"Between Coasts"は、国際的な報道に焦点をあてたものではなく、コミュニティに焦点をあてた新しいジャーナリズムのモデルとなります。そして、今、私たちは地域に根差し、そこに住んでいる人々によって書かれたジャーナリズムを求めているのです」と述べている[29]。

　ワインバーグは、市民的学習の社会的実験の場としてキャンパスライフをとらえることで学生課職員との連携のあり方をも見出した。学生寮を学生たちが市民になるために学ぶ多様な地域ととらえる考え方は抗しがたいものであったが、その継続には学生寮という文化において政治的知識に基づく組織化と定着化が必要であった。教務担当副学長であるローレル・ケネディ（Laurel Kennedy）は、そのビジョンを気に入り、そのビジョンが大学の歴史や文化に根付く必要があるということに気づいていた[30]。ワインバーグが就任する以前から、「学生課の職員たちは、学生のダイバーシティ、健康問題、その他のクオリティなど学生の個々の特徴について考慮してきていた」。学生課の職員は、学生を楽しませたり、ルールや規則を守らせたりするだけの役割から離れて、大学職員としての考え方、あり方を求めていた。「私たちは活気のある学生生活を創り出したかった。それはいったいどんな生活なのか。その取り組みからどのように学ぶことができるか」。学生課の職員たちは、変化への取り組みを"デニソン・レガシーの強み（Denison Legacy Strengths）"と位置づけた。その取り組みのねらいをリーダー

シップ開発、市民的関与、創造的問題解決、社会変革、そして多様なものの見かたへの寛容さの育成とした。また特に、寮生活におけるチャレンジ（克服すべき課題）に着目し、「私たちは"寮生活"から "寮での教育"にシフトしたのです。つまり、学生のよりよい生活と粘り強さのコンセプトに基づく教育は、学生が生活能力を学ぶことができる場を生み出すでしょう。実際、その取り組みはかなり大変でした。寮は"古い施設、構造的な問題もある疲れた場所"であり、職員は施設改善の問題を二の次にしていました。新たなビジョンは、"デニソン大学独自の文化、価値観"、歴史そして学生たちに共鳴する寮のコミュニティのモデルを構築することでした」。ローレルは、コミュニティの共創による民主的生活のスキル育成といった要素を挙げており、学生にとって家庭的であり、尊厳、楽しさ、安全、面白さをもつコミュニティの構築を目指した。「もし実現できるなら、私たちは、大学の使命にまで達していることになりますし、学生が直面している複雑な世界の緊急を要する必要性と克服すべき課題に向き合っているともいえるでしょう」[31]とローレルは述べている。その取り組みは、まだ初期の段階ではあるが、広く認識され始めている。

ローンスター・コミュニティカレッジ（Lone Star Community College）

2017年8月、大事件がヒューストンで生じた。ハリケーン・ハービーは気象学者によれば、"千年に一度の出来事"だった[32]。シャーロッツビルの数週間後、労働者階級の人々は、知性の面では低くみられがちであるが、驚くべき活躍をした。「多くの労働者クラスの人々が、労働者クラスの人々によって助けられたのです」とマニー・フェルナンデス（Manny Fernandez）は、ニューヨークタイムズに彼らの活躍について寄稿した。「溶接工、屋根工事業者、機械工、漁師といった人々が、ショートパンツ、ヘッドランプ、ポンチョを着用して、エアボート、ジェットスキー、モーターエンジンの釣りボートといったレクリエーション向けの乗り物でで、家に閉じ込められていた人々の救助に活躍したのです」。政府の救出努力と並行して行われていたが、彼らの救助行動はほとんど正式な指示もない中で、大きな救助ボランティアとしての役割を担った[33]。この話のブルーカラーであるヒーローたちは、救助対象の人種、法的地位、所属する党派、性的志向、あるいは収入などは関係なく、救助を行った。それはまるで、1章でも記述したように、市民保全部隊へ参加した人々の子孫のごとく、大恐慌時代における彼らの祖父たちがそうであったように、多様性に対する寛容をもってコミュニ

ティと国家に貢献したと証言しているかのような働きであった。その救助した
人々の一団の中には、パブリック・アチーブメントの活動の参加者、そしてロー
ンスター・コミュニティカレッジのパブリック・ワーク活動に参加した人々もい
た。

　ハリケーンによる災害の4ケ月前に、私はヒューストン郊外のイタリアンレス
トランで開催されたパブリック・アチーブメントの成果発表会に参加した。ハリ
ケーンによる洪水の被害後、教授法、そして共創の市民政治について考えた。

　4月25日、イタリアンレストランのお祝いの場には多くの若者、その保護者、
教師、校長、そしてローンスター・コミュニティカレッジの教員と学生であふれ
ていた。また参加者の中には数名の政治家もいた。この発表会のメインイベント
は、子どもたちや若者たちからのパブリック・アチーブメントにおける活動の語
りを聞くことにあった。テキサス州クリーブラント南部にある小学校2年生、ス
プレンドーラの高校生、特殊教育プログラムでローンスター・コミュニティカ
レッジに併設されている「Humble　ISD　MOSAIC」の生徒たちによる語りで
あった。コーチや生徒たちは、自分たちの活動のテーマについて語った。例え
ば、ネットによる危険からいかに子どもたちを守るか、いじめ問題、野良猫の問
題、またリサイクル問題への活動について語られた。保護者は自分の子どもたち
が市の職員や学校職員と交渉して問題に対応したことに驚いていた。カレッジの
学生コーチはこの活動が自分の生き方を変える経験ができたと振り返った。

　ヒューストンでのパブリック・アチーブメントはローンスター・コミュニティ
カレッジのジョン・セイス（John Theis）によって運営されていた。ジョンは
2000年代初期にカンザスシティのアヴィラ・カレッジ（Avila College）で働い
ていたころから民主主義と市民性のためのセンターのパートナーであった。ジョ
ンは現在、政治学部の教員でもあり、ローンスターシステムの六つのキャンパス
の市民的関与を目指した取り組みのマネジメントも行っている。二つの役割の中
で、ジョンは変化を生み出す能力をもち合わせていることを証明した。彼は、市
民性教育の教授法として、パブリック・アチーブメントの可能性を見出した。ま
たローンスターの教育活動や学生生活において多くの市民性を学ぶ機会を創り出
していた。ジョンの所属するセンターは市民的熟議の場を構築し、そこでは人々
が、過激な時事問題についてでさえ、思想的立場の違いを超えて、お互いの意見
を尊重しながら話し合いを行った。当センターは、キャンパスに銃を持ち込むこ
とを許すテキサス州の法令を据え置く議論を行っていたことで地域の注目を浴び
るようになった。その熟議には、銃の保持に賛成する多くの地域住民が参加して

いたし、反対派も同様であった。全体的に参加者たちはお互いの考えを尊重し合っているように感じられた。ジョン・セイスはより進歩的であったが、今日のエリート的で官僚的な自由主義的政治に批判的だった。きわめて重要なことに、より大きなコミュニティにおいて彼の活動の中で、党派を超えた市民的大衆政治を具体化していったことであった。彼は党派の分断を超えて関係を構築することに長けていた。2013年にジョンと地域のティー・パーティ（Tea Party）に所属する有識者でもあるカイル・スコット（Kyle Scott）の二人は、「地域コミュニティにおけるパワーの始まり（Power Starts at the Local Level）」と題した市民的エージェンシーの重要性について述べた記事を共著し、それはヒューストン・クロニクル（Houston Chronicle）紙訳注5 に掲載された。数年間、当センターでディレクター補佐として勤務していたセス・ハワード（Seth Howard）は、テッド・クルーズや後にドナルド・トランプを支持する保守的な共和党員でもある。彼もまた、「パブリック・アチーブメントはこの国に必要である。私たちは、自分たち自身でできることをしなくなった。パブリック・アチーブメントは学生、生徒たちに彼らの保護者の世代が失ってしまったこと、つまり能動的な市民になること、そして彼らの人生のあらゆる分野において責任があることを教えてくれる」と考えていた。その結果、民主党員だけでなく、共和党員も信頼や市民的責任をより学ぶことを望んでいるとセスは考えるようになった[34]。

　ジョンの見解では、学校やカレッジ（大学）は、かつては生き生きと議論の場をもたらしていた市民性や民主主義的な目的を大きく置き去りにしてしまっている。「カレッジが生活に関する大きな問いかけをするとき―なぜ私たちはここにいるのか、何を私たちはしているのか。私たちが強力な市民でいるためには何が必要なのか。―私たちはよりよい成功の評価軸をもった」と述べている。「学生たちは、就職すること以上の価値があるからこそ、大学に入学するのです」。ジョンは落胆しているわけではなく、大学は「学生が人としてだれであるかという基本的な価値観を考え、自分は変われるかについて考えさせる変容的学習を経験する場」であるべきなのだと考えていた。またジョンは、学校やカレッジがパブリックな目的を回復するときに、その過程が大きな影響力をもたらすとした。米国民主主義の回復つまり再性化は「コミュニティが、カレッジや大学を頼りにすること」にかかっていると最後にジョンは話をまとめている。

　2章の米国コモンウェルス・パートナーシップと呼ばれる2012年カレッジ・大学連合の成果は、ジュリー・エリソン（Julie Ellison）によって開発された"市民（としての）卒業生"と呼ばれる概念であった。ジュリーは、芸術、人文

そしてデザイン分野の民主主義的な性質と連携の再生を目的とした学校連合である "イマジニング・アメリカ（Imagining America）" の創始者でもあった。"市民卒業生" は、市民的リソースと変化の主体となりうる卒業生との多面的な関係について社会実験を行う学校間ネットワークの名称である。その取り組みはまた野心的であり、近年、UMBC、オーグスバーグ、ミネソタ大学、デニソン大学、ローンスターなどの大学の多くの卒業生に目を向けている。そこでの卒業生たちは、市民として関わることの経験が豊富であり、卒業後においてもそうした経験を市民としての生活に活かしたいとしている。実際、リチャード・バティストーニ（Richard Battistoni）とタニア・ミッシェル（Tania Mitchell）の研究によると、市民的関与を経験した卒業生たちは、自分たちのキャリアや仕事が、市民としてどのように成長することにつながるかに関心を持つということを明らかにした[35]。より多くの共通善の職人を育成するためには、学問分野と専門性の市民的変容が必要となる。

訳注

1　徳永保（2015）「アメリカの大学の管理運営について」『東京大学政策ビジョン研究センターワーキングペーパー No. 21』参照
2　リバティ・ハイド・ベイリー（1858-1954）は米国の農学者である。
3　Club Med（クラブ・メッド）とは 1950 年に設立された国際的なバカンス会社。
4　同じ意見の人々とのコミュニケーションを繰り返す閉鎖的コミュニティ。
5　Houston Chronicle は WEB による地方紙。

9 民主主義を呼び起こす

ハリー・C・ボイト

　私たちは頻繁に民主主義という言葉を用いる。しかし、その言葉の本質がいまだに眠りについていて、全く呼び起こされていない状態にあることは言うまでもない。それは偉大な言葉であるが、その歴史は未記述のままである。
―ウォルト・ホイットマン[訳注1]『民主主義の展望（Democratic Vistas)』[1]

　市民性の強力な概念は、本書『民主主義を創り出す―パブリック・アチーブメントの教育―』におけるパブリック・ワークのネットワークと事例から明らかになる。それは新しい市民の気力と能力を引き出し、涵養する能力を持つ概念である。パブリック・アチーブメントは例えるならば、定型化された音楽というよりも、スタイルの自由、関係性、反復を重視するという意味でジャズといえる。市民の参加も、ジャズのごとく、地域性が強い[訳注2]。

　非常に多くの若者が、彼らの仕事をこの種類のパブリック・ワークに変換することを希望する。リック・バティストーニ（Rick Battistoni）とタニア・ミッチェル（Tania Mitchell）の研究と8章で引用した研究によれば、大学において市民として能動的であった若者は、「市民生活と専門的な生活とを分けて考えることを回避」しようとする。彼らの研究は、「職場での決定を行う際の行動とプロセスの双方において、卒業生が市民的アイデンティティと価値を彼らの職場に取り込んでいることが分かった」と結論づける[2]。言い換えると、若い専門家らは、すなわち合衆国のような今日の知識社会において際立ったリーダーシップ能力を持つグループは、自分たちをパブリックと場所の一部分、すなわち、彼らのコミュニティを強化し、彼らの関わる組織を市民生活に接続するために、他の市民と共に活動する市民として考える。

　しかし、願望と現実の間の矛盾を生み出す二つの大きな障害を検討することはこの最終章を有意義なものとする。専門家のシステムは、経験的かつ学問的な知識に価値を置き、他の種類の知識（文化的、相関的、地域的、精神的、実験的なもの）を二次的なものとして扱いがちである。そして、専門家は自分自身を、地域的な市民生活と市民としてのアイデンティティから切り離して考えるように訓

練される。ある物語で説明したい。

市民はどこにいるのか

　2013 年 1 月、ミネソタ州ファルコンの市長は、コネチカット州ニュータウン
で起きた恐ろしい学校銃撃事件に関するニューヨーク・タイムズの日曜対話
（Sunday Dialogue）を読んだ後に、オーグスバーグ大学にある民主主義とシ
ティズンシップのためのサボセンター（SCDC）[3] にタウンホールミーティングの
司会をするように依頼した。その日曜対話は、政府の銃規制法はそれ自体では問
題を解決できないし、市民は銃による暴力に対処するために立場の違いを乗り越
えて行うことができる多くの活動が存在することを論じた私の投書をうけて開催
された。オバマ政権は市民主導の解決策を議論するために集会を開催した。一つ
の解決策は地方のコミュニティにおける市民的熟議を実施することであった。も
う一つは、ミネソタ大学の市民の専門家センター（CPC）のディレクターである
ビル・ドハーティー（Bill Doherty）が提案したのだが、精神衛生版の CPR（心
肺蘇生法）で普通の市民を訓練するオーストラリアのプログラムを改変し、怒れ
る孤立した若者のような緊急課題に着目し、その課題に建設的に介入するように
促すものであった[4]。ホワイトハウス当局者はこれらの提案が大きな成果をあげ
うることを認めた。彼らはまた、その提案が非常に党派的なワシントンの政治情
勢において上手く進行するのか懐疑的であった。

　ファルコン・ハイツの市長はその話題を取り上げることを決定し、現在のサボ
センター所長であるエレイン・エッシェンバッハ（Elaine Eschenbacher）、デニ
ス・ドノヴァン（Dennis Donovan）、そして筆者は、フォーラムの進行役を務め
た。市長、警察署長、シティ・マネージャー、若干名の教員、地元の学校の校
長、企業経営者、社会福祉機関の労働者、ミネソタ大学建築学部の教授、4 名の
学生、2 名の年配の住民を含む約 25 名の人々がタウンホールに集まった。上述
した 2 名の年配の市民が学校における銃による暴力に対する恐怖について発言し
た。彼らはまた、このタウンホールミーティングに「市民がたった 2 人しかいな
い」ことに落胆した。

　沈黙が続いた。これら 2 名の住民のように、市民をボランティアとして定義づ
けることについては誰も疑問を呈さなかった。その部屋にいた人々の専門とする
仕事にこそ市民性があるという考えは出席者には思い浮かばなかった。筆者が出
席者になぜ自分自身が専門的な役割をもつ市民であると考えないのかと疑問を呈
したところ、人々が自らのワークを市民的立場でとらえ、職場が市民としての場

となるならば、コミュニティが銃による暴力の問題に取組むうえでどれだけパワーをもちうるかについて活発な会話が行われるようになった。筆者は、政府、財界、宗教生活、学校、大学などの場所において学生に対し市民としてのキャリアを積むためのプログラムが用意されたと仮定して、コミュニティが銃による暴力の問題――他の複雑な社会の課題もそうであるが――に取り組むためにもちうるパワーを想像してみた。その結果、現代世界が新しい種類の専門家をどれほど必要としているのかを痛感した。

専門職の危機

　専門家の欲求不満は急速に高まっている。シェーファー研究所によれば、聖職に就いた者の 60〜80％ が最初の 10 年以内に離職する[5]。牧師の 70％ 以上は非常に自信喪失（demoralized）しているので、常に離職することを考えている。聖職は多くの専門家の自信喪失の一例に過ぎない。

　健康の専門家の場合、ルシアン・リープ研究所によれば、「生産性と費用の圧力が、複雑で親密な介護を提供する関係を、厳格な時間制限の下で実施される一連の過酷な任務に縮減する」[6]と指摘する。ガバニング（*Governing*）誌によれば、地方政府の労働者の低い勤労意欲は手の施しようのない状態である。州・地方自治体の人事責任者の 92％ は、優秀な人材の採用と雇用継続が彼らの最も挑戦的な課題であるとしている[7]。マネー（*Money*）誌の最近の記事は、「あなたをみじめにする 5 つの高収入職業」について取り上げている。医師は最高給の職業（2014 年の収入の中央値が年間 15 万ドル以上）であるにもかかわらず、彼らのうちの 40％ が、もう一度医師をやらなければならないのならば、別の職業を選択すると述べている。その記事は、若い投資銀行家、営業マネージャー、歯科医、そして弁護士[8]の間でも同様に広がる自信喪失について言及している。

　初等中等教育（K-12）の学校の教員についても同様に欲求不満が見受けられる。40％ に至る教員が最初の 3 年に離職している。教育哲学者のドリス・サントロ（Doris Santoro）は、欲求不満が個人的な疲弊、絶望、怒りという意味での「燃え尽き」として誤診されていると主張する。対照的に、彼女は問いかける。「もし問題が、教員自身ではなく、教えるうえでの構造と制約にあるとすればどうでしょうか」。サントロは、教員の不満に関する諸報告は、教育システムが教師という職業から意義と関係性を奪っていることが事実だとしても、その責任は教師自身にあると結論づけている、と確信した。「燃え尽き症候群の物語は、結局、『残念だけど、君はしくじった。君はうまくやれなかった、君は自分を守る

ことができなかった』ということになる」と彼女は述べる。実際、教員は「生徒
を傷つけている制度の一部となることをもはや望まないので」離職したのだと彼
女は考えた。教員は、自分たちが間違っていると指摘されることによる生徒を教
育するうえでの混乱と不満について語る。彼らは、いわば科学技術に包囲されて
おり、その科学技術こそが教員たちに「教員として行うとされていること」をで
きなくしていると彼らは考えるのである。教員がそのような問題提起をすれば、
彼らはしばしば非常に利己的であると批判される。実際、彼らは、「教師として
のプロ意識、生徒の幸福、そして、彼らにふさわしい方法で生徒に配慮するかど
うか」という、より大きな目的について心配している。サントロは、都心部の学
校のみならず、US ニュース（*US News*）のリスト[9] に掲載されている上位校に
おいてもまた教師としての自信喪失が見受けられると指摘する。

　ノーム・シャイバー（Noam Scheiber）は、ニューヨーク・タイムズでそうし
た不満を取り上げた。彼は、「インターネットのような技術の発展は、専門的知
識を追求する姿勢を損ねる」と述べる。「予算削減により教員や公務員が自由に
できる資源が減少する。ヘルスケアとメディア産業における整理統合により、医
師、看護師、ジャーナリストは、彼らの価値を共有しえない企業という名のマシ
ンの歯車になったと感じるようになっている」[10]。技術、予算削減、整理統合に
加えて、専門教育における変化は、アイデンティティ、目的意識、専門家の市民
的つながりの範囲を限定してしまった。専門教育は専門家のアイデンティティを
「市民的なもの」から「学術分野への帰属に基づくもの」に移行させた。このこ
とは、多くの部分で、隠れた前提[11] に基づいている。

　ライス大学の社会学者エリン・セック（Erin Cech）は、エンジニアはその職
務の遂行において人々の安全、健康、福祉を最高の状態に保持しなければならな
いとする専門家団体の強力な主張にもかかわらず、実際には、「エンジニア教育
のコースにおいては、学生の公共の福祉に関する関心は著しく減少している」と
述べる。彼女の見解では、「エンジニア教育は、事なかれ主義の文化を助長し、
公共の福祉に対する関心を、それがエンジニアリングの実践に対してもつ意味と
は全く別のものとして扱うのである」。彼女はこの文化の由来を三つの見えない
「イデオロギー的支柱」に求める。これらは、エンジニアリングが非政治的なも
のであり、「公共の福祉のようないかなる『非技術的な』関心も『真の』エンジ
ニアの仕事と無関係である」とする概念、技術的な知識が人的相互関係に関する
「ソフトな」技術よりもはるかに優れていると想定する技術と社会の二分論、そ
して、個人の能力を強調する能力主義的成功モデルからなる。彼女は、「学生が

エンジニアになる過程において公共の福祉から距離を置くようになることは、すべてではないにしても、この文化に起因するのである」[12]と主張する。

　そのような支柱には、様々な種類があるものの、あらゆるタイプの専門教育において見つけることができる。専門家は、自分が市民そのものではなく、奉仕を行う市民、あるいは、せいぜい、外部の専門家として参加する市民であると考える。専門家の市民的アイデンティティを生き返らせる努力には、無関心に対する哲学的かつ実践的な取り組みが必要である。

シビック・スタディーズ

　専門的な訓練とワークのための新しい枠組みは、反科学感情に基づく怒りの高揚には存在しない。専門家の崇拝―それは学問的に訓練された専門家が複雑な問題に役立つ応答を行うことであるが―にも存在しない。学者と専門家は多くの貢献を行うが、彼らは概して差異を超えてパブリック・リレーションを形成するだけの政治的な知識と習慣が不足している。フィリップ・ナイデン（Philip Nyden）は、アメリカ社会学会の公共哲学に関する特別委員会の副議長であるが、「学者は方法論と理論についてはよく訓練されているかもしれないが、変化をもたらす政治プロセスについては、訓練されている、あるいは経験があるとは必ずしも限らない」と述べる。彼の見解では、彼らの「問題志向的アプローチは、それはコミュニティに問題があると想定するものであるが、問題があるのは学者自身の方であるとの事実を曖昧にする。そして、その学者が抱える問題は経験あるコミュニティの指導者と活動家によって是正される必要がある」[13]としている。

　ナイデンはシビック・スタディーズと呼ばれる新しい分野の一員であるが、それは専門家と学者自身が市民であるという概念を前提としており、「私たちは市民として何をすべきか」を問う。シビック・スタディーズの共同創始者であるピータ・レヴィン（Peter Levine）は、「学者は市民であり、他者と共に（私たちの）世界を創造するのである。そして、学者は、概念それ自体だけではなく、彼らの思想の実際的な結果が正当であると説明する責任を有するのである」と述べる。シビック・スタディーズは2007年に分野横断的な学問として開始されたのだが、部分的にではあるが、学者は外部の観察者・分析者であり、専門家は調停者・サービス提供者であって、コミュニティの生活における同胞市民ではないという想定を疑問視するものであった。シビック・スタディーズは、様々なレベルにおいて、個人的・集団的な人間のエージェンシーとコミュニティの共同創造

者としての市民を強調する。それは乖離した現代世界とその知識に関する理論を
再統合する試みである。つまり、自然科学・社会科学のような「事実」に基づく
学問分野、人文科学のような「価値」に基づく学問分野、職業論のような行動戦
略に基づく学問分野）の再統合である。シビック・スタディーズの観点からすれ
ば、これらすべてが学識のある方法で集団的、効果的、倫理的に行動する私たち
の能力を改善するために統合されるべきである[14]。

　シビック・スタディーズは、行動のための集団的能力を強調する社会科学のア
プローチに注目する。例えば、故エリノア・オストロム（Elinor Ostrom）は、
共同生活のための象徴的かつ物質的な基礎となる「コモンズ」が枯渇を免れない
との考えを疑問視した。彼女は、ギャレット・ハーディン（Garrett Hardin）の
有名な論文「コモンズの悲劇」を批判することで、効果的な集団行動の構成要素
を検討する。ハーディンは、「すべての人々が資源の利用に殺到し、コモンズの
自由を信じる社会において各々が最善の利益を追求することは破滅を帰結する」
と述べる[15]。

　オストロムと彼女の同僚は、森林経営、灌漑、沿岸漁業、インターネットを含
む実際のコモンズの事例に注目する。彼らは、高度に市民的な参加を伴う分権的
なガバナンスが効率、持続可能性、平等の点で優位であることを発見した。これ
らの優位性は、コミュニティに特有な知識の動員、信頼でき、互恵・互酬の原理
を尊重する人々の大規模な参加、資源の微細な変化に関する振り返り、よりよく
適合したルール、より低い実施コスト、冗長性（それはシステム全体が失敗する
可能性を減少させる）を含む。より大きなシステムから切り離されて機能する分
権的なシステムにも、コミュニティ内の使用者による不公平な関与、「コミュニ
ティ特有の専制」と差別、革新と科学的知識へのアクセスの欠如、コミュニティ
の領域を超えるようなより大きな共同利用資源に対処する能力の欠如といった不
利益がある。オストロムは分権的ガバナンスと総合的ガバナンスの混合について
論じているが、「そこでは市民が様々なレベルで一つだけではなく複数の統治を
行う権威を組織できる」。そのような混合システムは面倒なものであるかもしれ
ないが、地域経済の研究においてそれらは「限られた数の大規模な統一政府が受
けもつ大都市圏よりも資源利用と管理に関するパフォーマンスが著しく上回って
いた」[16]。2009 年、シビック・スタディーズの共同創始に寄与した直後、オスト
ロムはノーベル経済学賞を受賞した。

　ガバナンスに関する取り組みはコモンズの維持における要素に焦点を当てる。
パブリック・ワークはもう一つの側面、すなわち、その形成に関連する努力を強

調する。レヴィンによれば、「そのような取り組みは」、「社会資本を形成し、コミュニティを強化し、人々に集団的シティズンシップに必要なスキルを付与する」[17]。パブリック・ワークは、使用者から生産者に重点を移す[18]。

　シビック・スタディーズもまた、時おり「ニューサイエンス」、あるいは動的なシステム理論と称されるものの要素によって知られている。エスター・テーレン（Esther Thelen）は児童発達の分野における当該科学の先駆者である。彼女は、むしろ児童が実験的かつ自己実現的なエージェントであり、周囲の環境と非常に関係的かつ相互的であると論じることで、児童が事前に決められた発達「段階」を経るとする見解に異を唱えた。彼女もまた、科学にとらわれない[訳注3]形態の知識と知識形成を高く評価した。彼女の見解によれば、知識のエンパワーは、科学的方法だけでなく、他の科学者と同じく、「アマチュア」、両親、家族との、豊かで相互的な一連の多元的関係から生じる。彼女の科学は、人を単なる問題解決者としてのみならず、より広範に、問題解決が行われるコンテキストの共同創造者として捉える概念を提示する。多くの彼女の実験に基づいて、かつての弟子と同僚のグループは、児童が常に、概念をテストし、知覚し、フィードバックを受け取り、考えを実験に移すことを含めて、多くの要素から、何かに手を伸ばしたり（reaching）、あるいは歩いたりするような、いろいろな要素を結びつけて全体としての行動パターンを身につけていると結論づけた。「精神と肉体の統合はすべての目標の達成を目指す行動の基本的な特徴である［…］思考は常に認識と行動に根ざしている」[19]。

　2005年のエスターの死後、彼女の夫であり、民主主義運動に関する指導的なアメリカの歴史家で筆者の古い友人であるデビッド・テーレン（David Thelen）は、児童発達に関するダイナミック・システムズ理論の理論家と私たちのパブリック・ワークに関わる人々を集め、対話集会を開催した。参加者の中には、マリー・ストローム（Marie Ström）、スコット・ピーターズ（Scott Peters）、ジェラルド・テイラー（Gerald Taylor）、疾病対策センター（Center for Disease Control）のボビー・ミリスタイン（Bobby Milstein）、ミネソタ大学の市民専門家センター（Citizen Professional Center）の創設者であるビル・ドハーティーらが含まれていた。これらの対談から生まれたシビック・サイエンスの概念は、科学者に対し、自分自身を市民であると考える人間的エンパワメントのための源泉として科学を理解するよう促す。シビック・サイエンスは、科学に関する古くからある民主的な理解を言明する方法を提供する。それは、特に人間生活と環境が関連する分野において、現代の科学的実践と科学教育をやり直す方法を構想し

始める手段でもある。エスターの弟子であり、彼自身も児童の脳発達とシステム理論に関する指導的な科学者であるジョン・スペンサー（John Spencer）が創設したデルタ・センターは、頼みになるパートナーであった。、私たちは2014年にシビック・サイエンスという概念とその意味づけに関するアメリカ国立科学財団（National Science Foundation）のワークショップを開催した。

　シビック・サイエンスは、気候変動、エネルギー保障、ヘルスケア、持続可能かつ適正な食料システム等々といった私たちの国や世界が直面する最大の課題を扱うために様々な種類の知識を身につける必要があることと、科学者がパブリック・ワークのスキルを学ぶことが必要であることを強調することにより、知識戦争に立ち向かうのである。このプロセスは、新しい形態の市民あるいは民主的専門主義を生成し、それに依拠する[20]。これから取り上げる3つの事例は、教育の面で信頼できる市民専門家の足跡をたどるものであり、また、公民権運動の際にシティズンシップ・スクールを結成した美容師と、優れた民主的教育者であったデューク大学の用務員オリバー・ハーベイ（Oliver Harvey）が提示した伝統から成り立っている。以下の記述は、マイク・ローズ（Mike Rose）の優れた著書『*The Mind at Work*』[21]で言及された意味において、彼らのワークの職人としての性質に着目している。このように、これらの事例は、7章で言及した特殊教育における市民教師と、8章で言及した高等教育における市民職員、教員、経営者のようなものである。

　第1の事例は、ミネソタ大学の市民専門家センターの学部グループであり、それは家族セラピーと健康の分野における市民専門家のモデルを促進する。第2の事例は、オーグスバーグ大学の看護実習における医療プログラムであり、それは看護師が市民看護師になるように育成する。第3の事例は、ウィスコンシン州オークレアのクリア・ビジョンであるが、それはシティ・マネージャーのマイク・ハギンズ（Mike Huggins）が政府を市民によるパブリック・ワークのカタリスト（触媒者）として位置づけたことにより生み出された。クリア・ビジョンは、コミュニティ全体を通じて能動的なシティズンシップの文化を創造することによって、既述した分野以外においても市民専門家を育成している。

バスツアーにおける市民セラピスト

　2017年8月6日に、NBCの「ミート・ザ・プレス（*Meet the Press*）」でワシントン・ポストのチーフ国内記者のダン・バルツ（Dan Balz）は、「私たちは全国的な分裂に向かっているのだろうか」との問いを発した。「私たちの壊れた政

治」という番組で、チャック・トッド（Chuck Todd）は、どんな具合に主要な政治運動がもはや「中間層」を参加させようとはせず、むしろ彼らの基盤を動員しようとしているかを指摘した。共和党と民主党の分断、すなわち「赤と青の分断」を乗り越えて常に立法を行おうとする下院議員の数は、2002 年の 137 名から 2013 年の 4 名に激減した。公式な政治におけるそのような分断は様々な認識の方法に原因があり、それはまた分極化でもある。例えば、NBC リポーターのアンドレア・ミッチェル（Andrea Mitchell）は、共和党員の 58％が、カレッジと大学が「この国で起こっていることによくない影響を与える」と考えていると報告した。革新派の政策集団デモスの議長であるヘザー・マクギー（Heather McGee）は、ナショナル・レビュー（*National Review*）の保守派ライターであるデビッド・フレンチ（David French）の「システムが機能していない」[22] という見解に同意している。

　アメリカのメディアと政治的エスタブリッシュメントの中には市民どうしの絆の浸食を憂慮する声があるが、草の根の人々はそのような状況に対しても行動を起こしている。市民専門主義を通じてパブリック・ワークの哲学を展開する私たちの同僚ビル・ドハーティは、その好例である。

　市民専門主義の概念は専門職の市民的側面を強調するが、それは専門家が、他の市民について、あるいは他の市民のためにというよりは、むしろ関係構築とエンパワーメントを通じて他の市民と共に活動することを学ぶことである[23]。アルバート・ジュール（Albert Dzur）は、専門家の仕事が、彼らが専門家集団から「距離を置く」場合に、どれほど変化を促進し、かつ力強さを発揮しうるかについて詳述してきた。彼は、医療、法、家庭内暴力防止運動等々においてみられる普通の市民の権威と効力を高める民主主義の動向を記録している[24]。

　ビル・ドハーティ、タイ・メンデンホール（Tai Mendenhall）、ジェリカ・バージ（Jerica Berge）、他の同僚と学生は、ミネソタ大学の市民専門家センターと連携し、そのような専門主義の理論と実践を開拓してきた。パブリック・ワークの概念と実践を家族・健康科学に適合させつつ、彼らの市民専門家モデルは、複雑な問題の解決が多くの知識の源泉を必要とするという前提で始まる。彼らはしばしば、健康と社会的幸福を改善するための最大の未開発資源とは、日々の生活において挑戦的な課題に立ち向かう個人、家族、コミュニティの知識、知恵、エネルギーであると論じる。市民専門家センターは、この市民的哲学を具体化する様々なパートナーシップを生み出した。FEDS は、ツイン・シティーズのインディアンの高齢者による糖尿病に関するプロジェクトであるが、コミュニティの

メンバーと医療従事者を一堂に会させた。これまでの評価によれば、それは非常に明白な健康上の成果を示した。その他のパートナーシップには、次のような運動が含まれる。過密なスケジュールの消費者主義的生活を抑制するために活動する郊外の家族の運動、家族が児童らの間での肥満に対処するための戦略を展開するミネソタ州バーンズビルのプロジェクト、積極的な父親のモデルと実践を促進するアフリカ系アメリカ人の「市民の父親たち」プロジェクト、公務員の実務をパブリック・ワークに変換するヘネピン郡のプロジェクト、そして自分自身の健康に対する個人と家族の責任と患者のリーダーシップを育成する機会を重視する市民ヘルスケアホームと称されるヘルス・パートナーズ・コモ・クリニックとのパイロット・プログラムである[25]。

　2017年の初頭、ビルは、「心理セラピーの巡礼」と題する心理セラピスト育成に関する概説を発表し、当該分野の主要雑誌であるサイコセラピー・ネットワーカー（*Psychotherapy Networker*）において、専門職のパブリックに与える影響を明らかにした。彼は、「セラピストのオフィスという見せかけの聖域で生じていることと、より広範な文化における混乱との緊密な関係」を調査した。市民専門家センターとのビルの取り組みは、集団プロセスや各個人が持つコンプレックスに対する理解といった、セラピーの中核的なスキルを、エンパワーとなりうるパブリック・ワークに変換できることを示した。トランプの選挙運動とそれに類似する世界中の権威主義的かつ分断的な趨勢の台頭という兆候は、「セラピストに対し、益々社会の接着剤が弱まっているときにあって、個人の精神衛生上の問題だけに注目すべきではないと警鐘を鳴らすものであった」。2016年に彼は、「トランプ主義に対抗する市民セラピスト」を組織した。この組織は、「パブリックの目線でセラピーを実践するための方法を開発・普及し、コミュニティにおける民主的能力を再構築し、尚且つ反民主的なイデオロギーと実践に抵抗する組織であった」。選挙後、同団体は「民主主義のための市民セラピスト」に名称を変更した。「この名称変更により新たに取組んだのは民主主義というテーマである。それは、誰しもが、公共領域に関心をもち、（トランプ支持者も含め）パブリックを重視する姿勢から影響を受け、ソーシャルネットワークを通じて社会の課題について語るといった個人的行為や他者と協働して何かを変えるといった集団的行為を通じて社会的課題解決の一部となりうるとの仮定に基づく民主主義なのである」[26]。

　「民主主義のための市民セラピスト」の最初の主要なプロジェクトとして、ビルは、党派的分断を超えて意見交換を行い、関係を持とうとする、ベター・エン

ジェルス（Better Angels）と呼ばれる新しいグループを結成した。彼らは、シンシナティ・デイトン間にあるオハイオ州ウォーレン郡の地方コミュニティにおける共和党と民主党の有権者の間にある一見したところ深く見える隔たりに対する取り組みを開始した。

　アメリカ合衆国の政治的地理は、「赤」の地方の海によって「青」の都市部の島々が包囲されている状態として記述されてきた。しかし、人々はウォーレン郡のような地方のコミュニティにおいて党派で分断された状況で生活できてしまう。アンディ・ムーン（Andie Moon）は、オバマへの支持を呼びかける戸別訪問をはねつけてきた。彼女は、人々がお互いの差異を乗り越えてお互いの人間性を認識していた時代に戻ることを絶望視していた。アフリカ系アメリカ人のアンジェラ・ブラウン（Angela Brown）はトランプ支持者とかかわりをもちたくないと述べた。というのは、彼らがトランプの人種差別主義に賛成するに違いないと思ったからである。グレゴリー・スミス（Gregory Smith）は、トランプ支持者であるが、「保守派ではない誰か、支持政党や思想が違う誰か」と話せることを望むが、それは想像することが難しいと述べることがあった。「私は口を開くことを恐れています」。キース・ジョンソン（Keith Johnson）は、「トランプを愛しているが、それは彼の人格が理由ではない」と述べる。彼はトランプが国家に貢献していると考えた。「問題なのはそのメッセージを伝達する方法です」。イスラム教徒の移民であるコウヒャー・モスタシフィ（Kouhyar Mostashfi）は、「この敵意の文化が増大すれば、人々に暴力に訴える口実を与えるかもしれない」と憂慮した。

　多くの人々が政党、人種、宗教の分断を超えてシティズンシップの感覚を共有したいと望んでいることは、選挙後に開催された2つの週末をかけて行われた対話集会において明らかとなった。その集会には、党派を超えて投票者が集まり、トランプ支持者とヒラリー・クリントン支持者がほぼ同数参加した[27]。2回目の対話の終了時に、すべての人々が準備された次の声明に合意した。「何人かの参加者は、支持者がいずれであるかに関係なく、支持者の異なる相手のことを合理的な考えに基づいて扱っていないと納得したうえで集会を開始した。私たちは、お互いについて話すというよりも、お互いが一緒に話すという経験こそが特定の支持政党に固執するという凝り固まった考えを放棄させるということで意見が一致した」。人々は自分の見解がどのように変化したのかを述べた。アンジェラ・ブラウンは、「私は結局彼らを人間として好きになりました」と述べる。アンディ・ムーンは、「もしより多くの人々がこうした経験を得られるのであれば、

私たちの国は再び結束し、差異を受入れることができるでしょう」と語る。グレゴリー・スミスは、モスタシュフィについて語りつつ、「私は彼のことを私のイスラム教徒の友人と呼ぶ許可を得ました」と述べた。「私たちは自分がやってきたことを実行しています。彼はキリスト教の教会に出席し、私は彼と一緒にモスクを訪問しています」。「私はその変化を生み出す力に非常に感銘を受けました」とも語る。「もしあなたが国中の人々とこのような交流を 2 万回行うならば、あなたは世界を変えるのですが」。そのグループは、革新主義者としてよく知られるフォークシンガーのピーター・ヤロー^{訳注4}によるコンサートを開催しつつ、ティーパーティーの指導者が所有する納屋でその週末に起こったことを祝った。住民は「私たちは勝利する（We Shall Overcome）」と「我が祖国（This Land is Your Land）」を歌った。上述した二つの週末対話に参加した 15 名の人々は、育児休業や選挙の際のゲリマンダリングのような問題について共同作業を行うベター・エンジェルスの支部を創設した。

　ビルがセラピストとしての彼の専門的訓練と経験を、パブリックという市民としての目標を実現するための場に活用することを学んでいたので、重要な点でオハイオの対話は成功した。彼は温厚で好奇心のある家族セラピスト・大学教授である。彼は、物腰が柔らかいために、教育学上の才能をもつようには見えないが、その才能は 20 年以上にわたって私が直接認識してきたものである。彼は質問を行う技術に長けている。彼は、その背景が何であれ、十分な尊敬の念をもって人々の話に耳を傾ける。彼は、非常に党派的な教育者が見落としがちな隠された能力と利益に目を向ける。彼は、人々が学びたいことを学びたいように学ぶスペースを創造することができる。

　オハイオの週末対話において、ビルは、人々が相互の固定観念を打ち破り、多面的な方法で「相手方」を認識するために学ぶ方法を用いた。例えば、その対話は、金魚鉢方式といわれる、お互いの壁をなくし、相手方が自らの支持者に対して抱いている懸念に耳を傾ける対話手法を用いた。集会の参加者たちは、イデオロギー上で敵対する人々がどのようにして想像にまかせて他者を判断するかについて述べるのを耳にした。彼らは、「相手方」が想像していたよりもはるかに繊細で、複雑かつ深い考えをもっていたことを理解した。

　オハイオでの対話の後、ビルとある参加者は全米公共ラジオ局で取り上げられた。多くの人々がラジオ局に、自分たちの地域にも来て同じような対話を開いてくれるよう要望する E メールを送った。ビルと彼の妻リーヒ、デイビッド・ブランケンホーン（David Blankenhorn）（ベター・エンジェルスの共同創始者）

と、他の二人は、「ワン・アメリカン・バス・ツアー」と自ら称する遠征を開始した。それは合衆国建国記念日にちなみ7月4日に愛国的な歌の集いと共に開始され、その歌の集いには再びピーター・ヤロー（Peter Yallow）[訳注4]とウォーレン郡の地元ティーパーティー楽団を再び出演した。このバスツアーは、最初のシリーズとなり、オハイオ、テネシー、バーモント、ニューヨーク、ニュージャージー、ペンシルバニア、メリーランド、バージニアの8州15のコミュニティを巡回した。党派横断的なグループであるベター・エンジェルスの新しい支部が地方の対話に引き続いてこれらの州に設置されている。同時に、2017年9月に、「分断された社会における対話」をテーマとしてミネソタ州で開催されたオーグスバーグ大学ノーベル平和賞フォーラムにおいて、ビルは、同様の共和党・民主党間の対話を主催するために、市民学生運動（Citizen Student Movement）に参加する大学生グループを結成した。この運動に参加した学生にとって、市民専門主義の概念は変化の主体となるエージェントとして彼らの将来のキャリアを考える方法を提供する。ツイン・シティーズの他の学生もまた彼らの取り組みを通じて自分自身が市民であることを学んでいるが、そこには行く手に立ちはだかる重要な課題が存在する。

市民看護師を育成する

　オーグスバーグ大学看護学部は、健康に関する専門的知識とそれに伴うパブリック・ワークのスキルや概念は切り離して考えるべきであるとの仮定を問題視することにおいて先駆者となってきた。その当初オーグスバーグ大学は健康社会を組織するよう学生と教員を支援した。後に看護学士修了プログラムは、学生を指導的な役割を担い革新的な実践を行えるよう育成することを特に重視して、1974年に正式に開始された[28]。1992年の秋、看護学部長のベブ・ニルソン（Bev Nilson）率いる教員と学生は、彼女が所属していたミネアポリスのセントラル・ルーサリアン教会において、ホームレスの人々のための独立した健康サービスを行うオーグスバーグ中央看護センター（ACNC）を組織した。それはサービスセンター以上のものであり、人間の尊厳のための相互利益と尊重に重点を置いた。ACNCの訪問者の大半はホームレスを経験しており、また、多くが薬物中毒と精神疾患の試練を経験していた。25年間にわたり、同センターは、厳しい状況で訓練を積む看護学部学生のために、限界状態で生きる人々と意義のある相互交流ができるスペースを創造してきた。その結果、その看護学部生たちは、限界状態で生きる人々と関係を構築し、看護に必要な力（strengths）に気づいた

のである。

　1999 年には、新しいプログラムとして、文化横断的な看護実践の修士号が、「多様な文化をもつコミュニティにおいて集団重視型看護を実践できる上級看護師」育成のために開設された[訳注5]。このプログラムは、ニルソンとチャーリー・ロイニングが 2 年前に開始した文化横断的な看護コースから生まれた。2010 年秋に、米国で唯一となる文化横断的な看護における看護実践の博士号（NDP）が加わった。最初から、当該プログラムは、認識論的多元主義を重視し、その文化固有の伝統的な治療に価値を置くものであった。ことで、そのプログラムは認識論的な多元主義を強調した。それは社会正義と健康上の公正に対する強い関わりを含む。2011 年に、看護学部の教員と学生は、オーグスバーグ周辺の地域におけるソマリア移民の中での懸案事項を把握するために、近隣の病院と地方の非営利の健康団体と連携した。「近隣のソマリア移民は、彼らの文化に精通したプロヴァイダーの不足とケアに対するアクセスの問題をめぐる懸念に声をあげた。ソマリア女性のグループは彼女らがカウンセリングを目的としてアクセスできるセンターの必要性を主張した」。オーグスバーグ大学看護学部はシダー・リバーサイド区域にヘルス・コモンズを設置することで対応した[29]。

　教員のメンバーは、理念とスキルのギャップという、看護教育における共通の問題と格闘し続けてきた。キャサリン・クラーク（Kathleen Clark）、ジョイス・ミラー（Joyce Miller）、シェリル・ロイニング（Cheryl Leuning）、キャサリン・バウムガートナー（Kathleen Baumgartner）は、看護教育雑誌（*Journal of Nursing Education*）に掲載した論文「市民看護師（The Citizen Nurse）」において彼らのプログラムの展開を振り返った際に、「社会正義は多くの看護師育成プログラムの綱領と中核となる実践モデルに関わるテーマであるが、その社会正義を実現するための道程は依然として不明瞭である」と述べた。彼らは、「私たちのコミュニティにおける不正義に立ち向かうための根本的な手段を看護師に授けることは、社会における悪を是正し、より健康で、よりよい世界を形成したいとの願望に火をつけるための決定的な第一歩である」[30] と考えている。看護学部は 2014 年に、民主主義とシティズンシップのためのサボセンター（SCDC）と協力し、大規模なカリキュラムの刷新に着手した。そのカリキュラム刷新の目的は、パブリック・ワークの理論に関する一連のセミナーを開催し、市民的エージェンシーのスキルをカリキュラムの各レベルに取り込むためであった。その市民的エージェンシーとしてのスキルには行動するための能力、それはすなわち行動するための関係構築力ともいえ、多様な政治を学びパワーに対して多様な視点を養

うことから生まれるスキルといえるのである。看護学部では大学院課程において
コミュニティ・オーガナイザーを客員講師として登用している。「学生、教員、
コミュニティ・オーガナイザーは、ヘルスケア制度におけるパワーの意味、その
言葉（パワー）自体がもつ前提、緊張と向き合うことの重要性について議論し
た」とクラークと彼女の共著者は述べる。学生はワン・オン・ワンミーティング
の実施と彼らの経験を共有するための方法、そして彼らの職場あるいはコミュニ
ティのパワー・マップ作成方法を学ぶ。もう一つのスキルは、異なるカリキュラ
ムを貫くものであるが、コミュニティのメンバーと重要なパブリック・リレー
ションを創出する方法を学習することである。これはまた、看護師が、「文化仲
介者の知恵を尊重しつつ、行動を通じてコミュニティに影響を与える能力を身に
つけるために、地域というコンテキストに深くかかわることを含む」。最後に、
そのカリキュラムは継続的な内省と集団的評価について教える。

　留学中のある学生は、健康を巡るパワーの結びつきを分析するためにグアテマ
ラの地方にある診療所でコミュニティのヘルスワーカー者と共にパワー・マッピ
ングの手法を活用した。彼らは「診療所で決定権をもつ人々のパワー・マップを
作成した。それからそのグループは、リーダーシップをもつ人々に対して、ワ
ン・オン・ワンインタビューを行う計画を立ち上げた」。そのプロセスは、地域
のヘルスワーカーたちに対し、自分たちで決めることを重視し、公式・非公式の
パワーの関係を分析・理解し、その文化固有の知恵を取り入れるようケアに関す
る診療モデルを変更することを可能にした。

　カリキュラムを変更してからは、学生からは非常に肯定的な反応が得られてい
る。「私は看護医療プログラムの第2セメスターを履修していますが、私は既に
問題を新しい視点で検討するようになりました」と、ある学生は語っている。別
の学生は、彼らが「市民看護師」の概念に鼓舞されており、過度に批判的になら
ないことを学んだと述べた[31]。

　オーグスバーグ大学の市民教員育成教育プログラムと同様に、オーグスバーグ
大学の市民看護師育成に向けた努力も初期の段階から今日の公衆衛生制度におけ
る多くの困難に直面している。しかし、この取り組みには多くのエネルギーが存
在することも事実である。クラークと彼女の共著者は、「同カリキュラムの設計
は、他者との関係構築の重要性、行動を起こすことの緊急性、健康と治療のプロ
セスにおいて変化を主導する手段を理解する市民を育成することを目指してい
る」[32] と結論づける。

　パブリック・ワークにより、健康という課題に関係構築を導入すると、ときに予

期せぬ結果をもたらすことがある。それはウィスコンシン市政府によるオークレアの事例であり、そこでは市政府が市民によるパブリック・ワークとコミュニティ全体のシティズンシップのためにカタリストとしての役割を演じる実証事例となった。

市民的カタリスト（Civic Catalyst）としての政府

　近年、大半の学者と活動家は、政府を同盟者ではなく敵対者あるいは標的とみなしてきた。イギリスの政治地理学者であるジェーン・ウイリス（Jane Willis）は、「あらゆる分野において、リベラルな民主主義に対してはとりわけ強い敵意をもち、議会、審議会、公的な政治組織といった諸制度とは一線を画す急進的な政治形態を支持する傾向がみられる」と詳細に述べてきた。そのような観点は「闘争と対立」を優先し、「通常の民主政治」を無視し、「共通善」を促進するために政府がどのように市民と相互に交流しうるのかについてほとんど注意を払わない[33]。

　しかし、その傾向に逆らって、ウィリスのような学者は、政府機関はそれらが展開する場所とコンテキストに取組む必要があると主張し、また、政府機関が能動的シティズンシップのための資源になりうると述べてきた。彼らの視点はかつて理論と実践において有力であった伝統をよみがえらせた。それは 1930 年代から 40 年代にかけての大恐慌時代における注目すべき事例である。

　1935 年から 41 年にかけて、アメリカ農務省の科学者とオーガナイザーの集団は、アメリカ農業地帯の未来に向けた壮大なイニシアチブを展開するために、ランドグラント大学（Land Grant University）とその科学者、協同普及事業普及員（cooperative extension agents）訳注6、コミュニティの指導者と協働した。ジェス・ギルバート（Jess Gilbert）は、その著書『*Planning Democracy*』において、「彼らは歴史的伝統、地方の知識、地域の文化、団結したコミュニティ、家族農業的慣行を強く支持した」と述べる。アメリカ農業地帯全体の議論には、農場組織と組合、教会、ユースクラブ、専門家と実業家の集団、そして政府の関係者が参加した。約 6 万人のディスカッションのリーダーが訓練を受け、300 万人以上の人々が参加した。並行して行われた現代社会の課題に関する「哲学スクール」は、3 万 5 千人の普及事業普及員と他の専門家に対し、彼らの視野を自らが社会で通用すると信じてきた知識の境界を超えて拡大しようとするものであった。彼らが社会的に適合してきた学問上の境界を越えて。「彼らの民主的な計画のビジョンは、大衆にパワーと資源をより広範に配分することで、アメリカ

農業地帯をより平等な社会に変化させることを（想定していた）」[34]。

　私たちは、1993 年から 95 年にかけて私がウィリアム・ギャルストン（William Galston）[訳注7]と大統領国内政策諮問委員会と共にコーディネートしたシティズンシップ再構築（Reinventing Citizenship）の中で、パートナー及びカタリストとしての政府の歴史を当時の公共政策とその実践に当てはめてみた。その目的は、市民と政府の断絶を克服する戦略を発展させることであった。クリントン大統領の一般教書演説の前に、同政権はキャンプ・デービッドで政策に関する助言を求めるミーティングを行った。後に政治理論家となるベンジャミン・バーバー（Benjamin Barber）[訳注8]と私は、同ミーティングの成果として先行事例はもちろんのこと、最新の事例も紹介した。私たちのリサーチ・ディレクターであったカーメン・シリアッニ（Carmen Sirianni）は、政府が、パートナー及びカタリストとして、健康、環境、教育、経済・都市開発といった課題に市民と協働して取組んだパブリック・ワークの豊富な実践例を明らかにした。私たちは当時支配的であった市場―政府中心のアプローチによって市民生活が浸食されていることを強調した。キャンプ・デービッドでのミーティングで他の何名かのメンバー（ロバート・パットナム（Robert Putnam）[訳注9]、アラン・ウォルフェ（Alan Wolfe）、オズ・ギネス（Os Guinnes））は同様に、政府は、市民活動に自らが責任を負うのではなく、それを支援することが必要であることを強調した[35]。

　クリントンはそれらの意見を彼の 1995 年の「新しい契約」と題した一般教書に取り入れた。「今日のアメリカにおいて私たちの市民生活は受難の時代にある。市民はお互いに協力することが少なくなり、逆にお互いに大声で言い合うことが増えている」と彼は述べる。「私たちの国の、まさしくその建国から大きな強みとなってきた共通の絆はひどくぼろぼろになっている」。彼はアメリカ人に党派の分断を超える「シティズンシップの取り組み」を再活性化するように促した。私たちはスタン・グリーンバーグ（Stan Greenberg）の調査から、パートナーおよびカタリストとしての政府の概念が世論の支持を得ることができたことを認識した。しかし、クリントンの一般教書演説の後、ワシントン・ポストの友人は私に、彼らの世論調査は国民がそのメッセージに興味を持っていることを示しているが、「ワシントンの住民は誰しも彼（クリントン大統領）は正気を失ったと考えている」と述べた。彼は、市民が望んでもいないのに、クリントン大統領がそのシティズンシップの再活性化に関するメッセージを主張し続けることはできないだろうと考えたのである。しかし、彼の懸念はすぐさま消滅した。私は、政

府はカタリストであるとの考えが米国の政治における重大なテーマとなるには、地方のコミュニティにおけるその強力な実例が必要であることを認識した。

ウィスコンシン州のオークレアがデモプロット[訳注10] となった。

デモプロットとしてのオークレア

1930 年代の協同普及事業は、当時の農業地帯における対話とパブリック・ワークでもあったが、その教育としての伝統においては、「デモプロット」の概念が大きな役割を果たした。その「デモプロット」は、そこを訪問した人々が学ぶことのできる場所を含む[36]。これは「模倣」あるいは「指導」とは異なる普及のモデルである。実際それは 1990 年代にパブリック・アチーブメントがここでいうプロットに相当するセント・バーナード小学校において拡大したのに類似している。

世界中が民主主義に対する脅威に直面する状況にあって、私たちは地域民主主義実現のために新しいデモプロットを必要としている。世界中で行われているパワーを分散させる実験に関するジェーン・ウィリスの調査は新しい制度の構築が必要であると示唆している。その新しい制度とは、「地域の人々の多様性を代表し［…］地域で共有しうる問題と関心を認識し［…］これらの問題と取組むために連携し組織となり、そして［…］地域の他の有力者と交渉すること」[37] である。彼女は、その新しいデモプロットの例として、ウィスコンシンのオークレアのクリア・ビジョン（Clear Vision）に着目するのである。

パブリック・ワークのアプローチは、その起源や土台となる歴史と文化を通じて最もよく理解される。「澄んだ水」を意味するオークレアは、チッペワ川峡谷の南端でチッペワ川に注ぐ川の名前に由来している。その峡谷はウィスコンシン州北西部にある大きな流域となっている。そのコミュニティの歴史はときおり苦い紛争によって、しかしまた、協働のパターンによって特徴づけられてきた。

1849 年、オジブワ・インディアンの代表団は居住地域からの強制移住[訳注11] 命令に対して訴訟を起こした。ワシントン DC への旅の途中、彼らはその主張を記した象形文字を用いた。それはチッペワ峡谷にあるワイルドライスが自生する沼地につながる目と心をもつといわれるオジブワ（チッペワ）族を表している。1830 年代の初め、材木業者と土地投機家は、北西部領域の一部であるその地域への立ち入りと、インディアンの移住を連邦議会に働きかけた。条約によって合衆国政府が 1837 年にチッペワ峡谷を獲得したことは、チッペワと他の部族が直面する危機を大いに増大させた。その後の 20 年間にわたって、彼らは自らの権

利のために、強制移住に対抗して戦い、成功を収めた。にもかかわらず、イン
ディアンとヨーロッパ系アメリカ人の間の対立は継続した[38]。

　人種隔離の問題はオークレアの歴史を大いに特徴づけるものであった[39]。1900
年には、16 の外国語新聞がチッペワ峡谷で発行されており、うち 5 つはドイツ
語であった。「各人種グループは、彼らの遺産を保持し、親交を深め、異文化間
の懸け橋となり、そして経済面で生活を安定させるために、教会、病院、学校、
生協、保険会社、集会所を設立した」ことをチッペワ峡谷博物館の展示はものが
たっている[40]。1910 年代と 1920 年代になると、ドイツ人は迫害を経験し、
クー・クラックス・クラン[訳注12] はドイツが敗戦国となった第一次大戦後数年間
で爆発的に拡大し、かれらはカトリックを非アメリカ人であるとして攻撃の標的
にしたのである。

　たとえオークレアが紛争を抱えたとしても、ここでも多種多様な市民的オーガ
ナイジングが重要な役割を果たすことにより、コミュニティの絆を築き、それを
通じて活動する人々を訓練するであろう。そのコミュニティは生活協同組合、農
業、労働組合結成の中心であった。納屋の建築、縫製、消防団、そして人種間の分
断の架橋となる市民グループといったコミュニティとしてのパブリック・ワーク
の実践がチッペワ峡谷博物館の展示において重要な役割を果たしている。

　10 年にわたって市議会議長を務めてきたケリー・キンケイド（Kerry
Kincaid）によれば、政府の構造は協働の規範と実践も生み出す。彼女は、1947
年に創設されたシティ・マネージャー型の政府が市長型のそれよりも本来的に一
層協働的であると考えている。彼女は市議会のミーティングで市民性の必要性を
強調する際にリーダーシップを発揮する。しかし、彼女は、「市議会は非常に平
板な組織構造をもち、市議会議長の職に弱い権限しか与えません。議長は拒否権
をもたないし、年間予算の提出は行わず、面会の約束もしません」とも述べる。
彼女の見解では、「この仕組みが私たちの協働に役立つのです」。ケリーは、市と
郡の保健局による協働は米国で初となる保健パートナーシップとなり、サービス
と支出を共同で提供し、共通の責任者を置いたと指摘する。「それは私たちが同
じ屋根の下にいることができるという実践的なモデルなのです」[41]。

　21 世紀初頭、人口 6 万 6 千人のオークレアは多くの試練に直面した。ユニロ
イヤル・グッドリッチ社の工場は、長年にわたって地域経済の頼みの綱であった
が、1992 年に閉鎖され、1200 名の人々が失業した。1995 年に開始された自治体
への財源配分に対する州政府分担金の削減は毎年 400 万ドルの損失を出した。燃
料、エネルギー、ヘルスケアの費用の急激な上昇は学校における大教室化と博物

館への予算削減につながった。2007 年には、市の試算によれば、学校、芸術施設、図書館、裁判所・刑務所、下水道、コミュニティ・センターといった公共インフラに必要な予算額が総額 4 億ドル以上に上った[42]。シティ・マネージャーのマイク・ハギンズは、このような状況をコミュニティとの協働体制を構築し強化する機会と捉えていた。

　マイク・ハギンズは、未成年者の飲酒に関するプロジェクトに参加するコミュニティにおける副シティ・マネージャーとして、1990 年代半ばに民主主義とシティズンシップのためのセンターと共に活動していた。疫学部が、同センターと、米国立衛生研究所からの大口助成金を使ってミネソタ州とウィスコンシン州にある 8 つの小さな町における未成年飲酒を減少させるとする契約を結んだ。これに関わった疫学の専門家たちは、彼らの提案において「コミュニティ・オーガナイジング」アプローチをとることを約束した。しかし、結局のところ、彼らの提案は動員アプローチであり、私たちのセンターの市民的オーガナイジングではなかった。これら疫学の専門家たちは、コミュニティが、飲酒者の年齢を確認することに失敗したバーの経営者の処罰を含む、厳格な年齢確認法（carding legislation）を制定すべきであると主張した。研究によれば、これは未成年者の飲酒を低下させる上で一定の効果があることを示している。言い換えると、彼らの解決策はあらかじめ決まっていたということになる。この専門家たちの意図は善意に基づくものであったが、彼らの「市民参加」に対する理解は、あくまで専門家としてコミュニティと連携するという狭いものであった。

　3 年にわたって、私たちは、「専門家が答えを知っている」という想定がコミュニティから彼らのエージェンシーとしての潜在能力を奪い、道徳、文化、地域の知恵を無視すると論じてきた。私たちは、よりオープンで、ジャズのように自由なアプローチを主張するが、それは人々がお互いの違いを超えて活動しうるだけのスキルを育成するものである。およそ半分のコミュニティが動員アプローチを採用し、残り半分が市民的オーガナイジングを試行した。トーマというコミュニティでは、コミュニティの多様なグループによる熟議の結果、既述した年齢確認法が地元における未成年飲酒の蔓延に対して根本的に対処できないことが明確になると、「専門家至上主義」の限界が誇張されるようになった。その問題の根本は、広範囲にわたる気軽な飲酒の規範を作り出してきた毎年の「ビア・バッシュ」にあった。コミュニティは祭りを改革するように組織化した。その結果、未成年者のアルコール摂取は著しく低下した。マイク・ハギンズは、疫学の専門家とシティ・マネージャーを対比してみた。すると、彼は、専門家至上主義

も含め、テクノクラシーの隠された力に気づいたが、これは、大半の市民参加ア
プローチにおいて見逃されているのである。「もし政府が地域の問題解決という
領域の中心ではないのであれば、政府のリーダーとしてのシティ・マネージャー
の役割は一体何なのであろうか」と彼は問う。「それは多くのマネージャーに
とって理解することが困難な概念である。市民中心の問題解決の概念は、マネー
ジャーに対してコントロールの放棄を要求するが、それは難しい」。彼の見解で
は、シティ・マネージャーは、「私たちが重要であると考える結果を得るための
構造とプロセスを運営することができる」。「最上の問題解決者」になるべく訓練
されている。「良い結果を期待すれば」、市民中心による問題解決を信頼すること
は困難となる。

　マイクの経験では、シティ・マネージャーにパワーの関係を理解させることで
さえ困難である。「マネージャーとして、私たちはパワーについて公に議論する
ことは不安でした。それは何か、誰がそれをもつのか、どうやってそれを形成す
るのか、どうやってそれを使用するのか」。これらすべての課題にもかかわらず、
彼は地方政府が、「市民中心の地域民主主義のための 21 世紀ビジョン」という、
パラダイムシフトを必要としているとも考えていた。問題はその実行方法であっ
た。パブリック・ワークのアプローチは潜在的な枠組みとして彼に感銘を与え
た。彼はハンフリー研究所で開催された民主主義とシティズンシップのためのセ
ンターの会議に出席し、そこで解放運動（the freedom movement）におけるシ
ティズンシップ教育プログラム前ディレクターであったドロシー・コットン
（Dorothy Cotton）、そして、産業地域事業団（IAF）のオーガナイザーであった
ジェラルド・テイラー（Gerald Taylor）とトニー・マッセンゲイル（Tony
Massengale）のような市民オーガナイザーの話を聞いた後、彼はそれを地域の
民主主義に適合させることができると確信した[43]。

　2007 年、マイク・ハギンズは、政府と非営利団体のリーダーらと社会サービ
スとインフラの課題にどのように対処するのかを議論するための非公式ミーティ
ングを開催した。その結果は、大変異例なビジョンと計画を有するプロセスと
なったが、それは政府が関わるものの、あくまで中心はコミュニティであるとい
うプロセスであった。そのグループは、市、郡、商工会議所、ユナイテッド・
ウェイ、オークレア・コミュニティ財団、ウィスコンシン大学、チッペワ・バ
レー工科大学を含む、広範囲にわたるパートナーから、4 万ドルの初期費用を得
た。彼らは、由緒ある全米都市連盟（National Civic League）と接触した。同連盟は
参加型市民生活に貢献するグループであり、優先順位を設定し、戦略を開発し、

測定可能な結果を生み出すために、大規模なグループ・ミーティングと小規模な
ワーキング・グループを含む計画プロセスを創造していた。委員会を立ち上げた
15 名のメンバーには初期のリーダーとその他のメンバーが含まれていたが、彼
らはコミュニティの顔といえる人物であった。委員会は約 500 名の人々を 1 年間
に延長された同委員会に招いた。マイクが、フォード財団の支援を受けて、2007
年にイングランドのサセックス大学で開催された参加型地方自治に関する国際会
議において報告を行った際に、同会議のオーガナイザーはオークレアのプロセス
を他に例がないと称賛し、マイクに一層詳細なケース・スタディを要求した。

　マイク・ハギンズのレポートは、いかに同委員会への参加者が性別、年齢、立
地、人種、職業、収入といったコミュニティの多様性を反映していたかを記述し
ている。委員会が当初、特に努力したことは低所得でマイノリティのグループか
ら参加者を募ることであり、それはモン族コミュニティ（同市における大規模な
新しい移民人口）、アフリカ系アメリカ人、地域の労働組合のメンバーとのミー
ティングを含んでいる。「成果としてはオークレアを完全に代表するものではな
かったが、それはきわめて多様性のあるグループでした」と、マイクは述べた。
パブリック・ミーティングは、数週間ごとに開催され、参加者たちは誰もが話し
やすいようにとテーブルを囲んで着席した。200 名の人々が初期のミーティング
に出席し、約 120 名が 2018 年 6 月に幕を閉じるまで同ミーティングに参加した。
同ミーティングが終了すると同時に、オークレアのクリア・ビジョンが誕生した
のであった。マイクが立ち上げた委員会に設置されていたワーキング・グループ
は、コミュニティの協働、教育、ヘルスケア、運送、生活の質、経済発展におけ
る優先順位を確認した。

　そのプロセスはいくつかの点で特徴的であった。それは、ほとんど他に類がな
いほど大いに多様であり、市民主導であり、普通の市民がもつ知識を尊重するも
のであった。ほとんどの公共計画のプロセスにおいて、「市民は計画の立案段階
から貢献しました。そのオークレアのプロセスでは、市民は、立案と実施の段階
に積極的に関わり、勧告の書式と内容を決定し、最終報告を執筆し、それに基づ
いて計画の実行戦略を決定するまでのことを行ったのです」。マイクが市民一人
ひとりは微力ながらも集団では強力な知識をもちうると認識したことにより、計
画のプロセスにおいて、「市民の情熱が技術的・専門的知識と見事に融合した」
のである[44]。

　同グループがパブリック・ワークを組織するためのスキル、習慣、概念を統合
できたとき、これらの要素は、（オークレアの）クリア・ビジョンのアイデン

ティティの一部となった。民主主義と市民性のためのセンターのエレイン・エッシェンバッハとデニス・ドノヴァンは、トレーニングの機会を提供し、関係構築を通じた問題解決モデルを開発するために、マイクやクリア・ビジョン委員会と緊密に連携した。クリア・ビジョンは、パブリック・アチーブメントのコーチ向けガイドブックを適用するかたちでツール・キットを開発した。パブリック・アチーブメントと、アフリカのIdasa[訳注13]の市民リーダーシップ・プログラムのようなパブリック・ワークに基づく他のアプローチのように、継続的な市民のトレーニングと育成はきわめて重要であった。

　クリア・ビジョンの任務は「我々のコミュニティを共通善の実現へと参加させることである」。それは、生活の質の保障、地域経済の変革、市民に対するエンパワメントという三つの基本原理から成り立っていた。そのウェブサイトによれば、その全般的な目的は、「オークレアの直近かつ未来の必要性に対処する市民の取り組みのために、コミュニティの様々な人々を招集、育成、支援することである」。ハーバード大学のアメリカ政府イノベーション賞は、クリア・ビジョンに対し、アッシュ賞の最終選考者として1万ドルの賞金を授与した。同賞は、その活動において、パブリック・ワーク、パワー、パブリック・リレーション、多様性、自己利益といったコア・コンセプトが活用されていると指摘し、クリア・ビジョンがタウンホールを利用した対話、人間関係づくりのためのワン・オン・ワンミーティング、パワー・マッピング、パブリック・エバリュエーション、アクションプラン作成といったスキルを教えるものであることに注目している[45]。マイク・ハギンズは、ウィスコンシン大学オークレア校で地方自治のコースを教えているが、クリア・ビジョンでしばしばコーチをしている彼の学生に、これらのスキルと概念を習得させた。

　クリア・ビジョンにおいて、チームはコミュニティが懸案とする課題に取り組む。課題と格闘中の者もいれば、かなりの成功を収めた者もいる。その成功例は、ソジャーナハウス・ホームレス・シェルターの創設であり、これは前科のある者をリーダーとして累犯防止に取組むチームにより創設されたプロジェクトである。クリア・ビジョンはコミュニティ庭園を造ってきたが、それは全市にわたるパブリック・アートに関するプロジェクトであり、かつ（鮮やかなバス広告を含めて）公共サービスを低所得コミュニティに広く周知するイニシアチブである。その活動は、「コンフルアンス・プロジェクト（Confluence Project）」の推進力になっている。このコンフルアンス・プロジェクトとは4,500万ドルの舞台芸術センターと3,500万ドルの商業・住宅の開発プロジェクトとを合流

（confluence）させるものである。最近の努力は、貧困に対処するためのコミュニティ全体のイニシアチブであり、それは貧困という新たな課題に対するコミュニティメンバーたちの意識を高揚するためにクリア・ビジョンが開催したミーティングである「貧困サミット」から出現したものである。「コミュニティは貧困について何をすればよいかわからないのです」と、クリア・ビジョン初期の委員会メンバーであり、かつ市議会メンバーでもあるキャサリン・エマニュエル（Catherine Emmanuelle）は言う。「貧困という課題はかれらにとっては難しく、お手上げでした。しかし、オークレアは難しいからこそその問題を取り上げ、取組む方法を見出そうと希求したのです」[46]。

　コミュニティのリーダーたちは多くの波及効果を目の当たりにしたのである。ケリー・キンケイドは、クリア・ビジョンの計画開始当初からそのプロセスに参加したのだが、市がより大きな社会になればなるほど党派分断的傾向の影響を免れないことに気づいた。彼女はソーシャル・メディアが徹底的に個人主義をあおることにより人々がしばしば匿名で重要課題について「攻撃的に発言する」ことを憂慮し、アメリカにおける怒りに基づく党派重視の姿勢を憂慮している。「オークレアは私たちの地方選挙における高圧的な党派支持に慣れていません」と彼女は述べる。「これまで、候補者は自らの経験と見解に基づいて選挙に出馬した。しかし、2018年春の選挙は無党派的であるというのは名ばかりでした」。彼女は、「地方の選挙における党派性が今にも地方自治を侵害するかもしれない」と恐れている。しかし、彼女はまたクリア・ビジョンの継続的な影響に期待する。「誰もがワン・オン・ワンとパワー・マップが何であるのかを知っています」とキンケイドは述べる。彼女はクリア・ビジョンが広く実践的な「熟議のしくみ[47]」を創出してきたと考える。キャサリン・エマニュエルは、最初の拡大版初期委員会のメンバーとして、引き続き委員会のメンバーとして、クリア・ビジョンに参加し始めた。彼女は公的支援を受ける若いシングル・マザーであったが、クリア・ビジョンと共に取り組んだ経験が彼女に変革ともいえる手段と自信を与えた。「私がクリア・ビジョンから教えられた最も大きなことは、私の市民としての体力を作り上げていくことでした」。彼女は、「私はフード・シェアやその他の種類の公的支援を受けていました。私はコミュニティに影響を与える人々は地位あるいはお金をもつ人々であると考えていました。私は社会の課題に重要な影響を及ぼすためにそれらが必要ないとわかったのです」と回想する。

　エマニュエルは、クリア・ビジョンにおける多くの場面やエクステンション・エデュケーターとしての彼女の取り組みにおいて、ワン・オン・ワンやパワー・

マップのようなスキルを活用した。キャサリンは近隣のトレムピーロー郡において人気のあるラテン系のリーダーシップ育成・コースを創設した。「パブリック・アチーブメントはリーダーシップの核心にありました」と彼女は述べる。「スペイン語を話しつつ、私は一軒一軒を訪問しました。私は人々に、メキシコ出身の偉大な祖母について語り、私たちはあなたたちに一層のパワーを与えたいと考えています。私たちは、パブリック・アチーブメントに基づくクリア・ビジョンのツール・キットをスペイン語に翻訳しました。私たちは人々にワン・オン・ワンミーティングの実践方法とパワー・マッピングの作成方法を教えたのです」。彼女はまた、各ミーティングに導入されたパブリック・エバリュエーションの実践に高い価値があることを見出した。「それは私や皆が自分の意見を述べる上で手助けになりました」。エマニュエルは、21 名のスタッフを抱えるウィスコンシン・エクステンション・サービスで三つの郡を束ねる地域ディレクターとなった。彼女はそのようなスキルと実践を彼女の同僚全員に教え、同僚たちは多くの様々なプロジェクトでそれらのスキルや実践を活用した。彼女はそのアプローチを、政府が意見を求める「タウンミーティング」から、彼女がいうところのパブリック・アチーブメント・モデルへの移行であると認識した。「公聴会を開催するという点では同じですが、パブリック・アチーブメントにはテーブルに着席して問題を解決するという価値もあります。その意味では、この両者は異なるのです」。彼女はウィスコンシン大学オークレア校の近隣区域での公共の場での飲酒をめぐる論争の事例に注目している。彼女はすべての声を議題とするプロセスを導入し、市議会は全会一致で改正案を支持した。「いまや市は、バーの経営者、警察、学生、近隣住民が一堂に会するミーティングを開催し、何が事実なのか、私たちを動機づけているものは何か、私たちはなぜここにいるのか、私たちは何をしようとしているのかについて話し合うのです」。その結果が書類上は公聴会のプロセスと類似しているとしても、市民的オーガナイジングのプロセスはきわめて重要であり、当事者意識と市民的エージェンシーを創出する[48]。

　ヴィッキー・ヘーン（Vicki Hoehn）が初期クリア・ビジョン委員会の副議長に就任した際、彼女は非常に尊敬されるビジネス・リーダーであり、2.3 億ドルの資産、42 郡と 2 州、28 の信用組合、18,000 名以上のメンバーからなるロイヤル・クレジット・ユニオン（RCU）の市場売買担当の副社長であった。ヘーンの見解では、クリア・ビジョンはコミュニティにおいて根本的な変化を生み出した。「開始当初は、私たちのコミュニティは政府に批判的でした。コミュニティの人々は、政府の対応があまりに遅いから何も変わらないよというのです」。彼

女はクリア・ビジョンが「多くの人々の目を開かせた」と考えている。それは、多くの人々が自分を市民であると考えるようになったことである。「政府に依存するのや政府を非難するのではなく、私たち自身が市民として責任と当事者意識をもつことなのです」。ヘーンは市のビジネス・コミュニティの考え方と行動における変化を目にしてきた。例えば、商工会議所のディレクターであるボブ・マッコイ（Bob McCoy）はクリア・ビジョンに参加した。彼にとってそれがクリア・ビジョンそれ自体の経験であるのか、あるいは彼がそこで学んだ協働のツールと概念なのかはわからないが、ヘーンにはマッコイの変化が見て取れた。「かつての商工会議所は会費を払うそのメンバーにのみしばしば関心を向けていました。今やビジネス・コミュニティの外部とも同様に協働しています」。協働アプローチは RCU による重要な決定にも影響を与えてきた。RCU が新しい大規模オフィスビル用の土地を獲得した際に、彼らの計画はそれを川沿いに直接建設するものであった。「私たちは近隣住民と対話を開始しましたが、人々からは、『もしあなたたちがそこにビルを建てたら私たちは川に行けなくなる』との意見がありました。そこで私たちはビルの前に道と公園を設けたのです。もし私たちが近隣住民と面会せず、市と話し合うこともなく、解決策を見出さなければ、このようには決してならなかったでしょう」。彼女が「モデル」と呼ぶものは彼女自身の取り組みにも影響を与える。ヘーンは今や副社長として、ロイヤル・クレジット・ユニオンに対し、コミュニティ参画という新風を吹き込んだのである。ロイヤルが新しい支店を開設する際には、彼女はきまってコミュニティを知ろうとする。「『これは他人にどんな影響を与えるのか』というのが私のやること言うことの全部なのです。私はより多くの人々の声に耳を傾けます。私は質問し、協働の可能性について徹底的に調査し、そして、スタッフに『あなたは他の人々とどのように取り組むのか』と問うのです」[49]。

　クリア・ビジョンでの 10 年間の取り組みは試練と成功の連続であった。マイク・ハギンズもまたクリア・ビジョンを民主主義における実験であると考えており、彼は組織化のスキルとパブリック・ワークの慣習を教えることで多くの市民に対し市民的・政治的能力を育成させることを熱望している。「パブリック・ライフはただ素晴らしいのではありません。それは絶対的に必要なのです」と彼は説明する。「あなたはパブリック・ライフ、すなわち、あなたの近所とコミュニティと学校をよりよい場所にするために他者と協働する方法を学ぶことなくして人間としての充実した生活を送ることはできないでしょう」。すなわち、彼はそのような取り組みが民主主義の将来にとっても不可欠であると考えるのである。

彼はこう続ける。「民主主義は決して確実なものではない。それは地域のコミュニティにおける勝つか負けるかの闘争なのです」[50]と。

ネヘミヤの契機

　2008 年の選挙期間中、候補者は、国として私たちの抱える問題に取組むために私たちが必要とするリーダー像を描くために、聖書のレパートリーを利用した。2007 年 10 月 18 日のキリスト教保守派の集会（Value Voters Summit）において、マイク・ハッカビー（Mike Huckabee）は「ゴリアテよりもダビデになった方がずっといい」と自分をダビデと同一視して語った。バラク・オバマ（Barack Obama）は、有名な 1965 年の公民権の行進[訳注14]を記念した 2007 年 3 月 4 日のアラバマ州セルマのスピーチで、自分を「ヨシュア世代」の一員として位置付け、「モーセの世代」が去ったと理解した。

　今日、その課題が市民的修復である場合、私たちは聖書のネヘミヤ記[訳注15]におけるパブリック・ワークの偉大な物語を必要とする。実際、お互いに壁を設けずにパワーを付与しあうパブリック・リレーションを構築するネヘミヤのリーダーを生み出すことは、新しいオバマ財団の任務であった。『*Common Wealth : Return to Citizen Politics*』[訳注16]において、私は、東ブルックリン教会が 1980 年代において IAF と連携してそれまで荒廃していた地区に何千もの単身者向け住宅を建設したのは、ネヘミヤ記に鼓舞されたものであったと著した。このネヘミヤの家と呼ばれることになった住宅の建設は、コミュニティに対し自信とアイデンティティを回復することを助長した。都市部を顧みなかったレーガン政権時の公共政策の時期においてさえ、それは都市部における再活性化モデルとなり、それを鼓舞するものとなった。クイーンズ区のアフリカ系アメリカ人、ラテン系、ホワイト・エスニック集団が開会式に出席した。1995 年のクリントン政権とのキャンプ・デービッドのミーティングで、私はコモンウェルスの著書について簡潔に語り、「ネヘミヤのリーダーたち」の事例を強調した。現在でもネヘミヤの物語には広い範囲にわたって訴える潜在力がある。

　ネヘミヤは、敏腕政治家であり、紀元前 446 年に、ユダヤ人を主導してエルサレムの壁を修復するために、ペルシャ王からエルサレムへの帰還を許された。「みんなには私たちが直面する困難がわかるだろう。エルサレムは廃墟と化しており、その門は焼け落ちてしまった」と彼はそこに集まった群衆に語る。しかし、ネヘミヤはモーセのような救世主としては登場しなかった。むしろ、彼は人々に一生懸命働くよう呼びかけた。「来たれ、エルサレムの城壁を再建する。

そして、この侮辱はもはや続かない」。人々は応答した。「さあ始めよう。さあ建設しよう」。聖書は「喜んで彼らはよい仕事を始めた」と述べる。ネヘミヤは自分の袖をまくり上げ、自ら壁の建設に参加した[51]。

その城壁は、エルサレムのコモンウェルスの一部であるが、今日におけるアメリカの膨大なインフラと類似している。アメリカ土木学会による 2017 年の米国のインフラ評価（Infrastructure Report Card）は、全国の道路、橋、飲料水システム、その他のインフラの状態を評価し、D プラスという総合評価を下した[52]。多くのインフラについて再建が急務であるとの超党派的合意がなされた。道路や橋の設計、水道利用といった課題への市民の参加が重要であるが、常に見落とされている。エルサレムの壊れた壁もまた、今日の米国におけるエルサレムの壁よりも大規模なコモンウェルスの劣化を示唆するものであり、それは公園地帯から海岸線、清浄な大気から学校、博物館、美術館にまで至る。しかし、ネヘミヤ記の文化的な側面こそが最も重要な教訓であると考えられる。

イスラエルのバビロン捕囚の間、彼らの敵は増幅したが、ユダヤ人は侮蔑的な態度をとる門番をものともせずに耐えた。しかしながら、迫害の真っただ中で、貪欲と利己主義が彼らを悩ませた。将来の自信と信念は著しく減退した。城壁の再建は、思ったより複雑でかつ深いため、それには市民的修復を必要とした。

ネヘミヤは、寄せ集めともいえる集団を集めたが、それには 40 もの異なるグループがノミネートされた。その中には商人、聖職者、親方、貴族、香水と金細工師のギルドのメンバー、女性が含まれていた。あるとき彼は貧者から過剰に利益を得ている貴族に説明を求める大規模な集会を開催した。ユダヤの人々は、共に城壁を再建するにつれて、人民（people）としての目的とアイデンティティを取り戻した。

今日のアメリカでは、私たちが問題を解決するために、有名人、専門家、偉大なリーダーといった他者を頼るにつれて、私たちもまた同様に市民的病理に悩まされるようになっている。党派、収入、人種、宗教、地理をめぐる私たちの激しい対立は、学歴、学位、有名人の地位をもたない人々の才能と知識を過小評価することによって悪化する。私たちが観客としてもてなされ、顧客としてなだめられ、消費者として迎合させられるにつれ、私たちのシティズンシップは減退してきた。私たちのリーダーシップのモデルはあまりに型どおりで上から目線である。

私たちには、ネヘミヤのようなリーダーが必要である。そのようなリーダーは、自力更生、生産力、未来志向性といったアメリカの市民がもつべき民主主義

の特質を呼び起こすことができる。そして、ここでいうアメリカの市民とは私たちのインフラのような共通の富を創造し、持続的に利用し、管理できる市民を指すのである。これらは救世主としてのリーダーではなく、人々のために活動するというよりも、人々に対し市民的修復のための活動を迫るリーダーといえる。そのようなリーダーは、気候変動から学校改革に至る公共の問題に取組むために市民の才能を育成しかつ引き出すのである。また、この公共の問題への取組みには政府が関わる必要があるものの、それを政府だけで行ってしまってはいけないのである。ネヘミヤ型のリーダーたちは、人々が健康で暮らせるコミュニティを創造するよう私たちに課題を与えるのであり、ヘルスケアへのアクセスを提供するわけではない。彼らは民主主義がジャズのような生活様式であり、単なる投票箱への旅ではないことを思い起こさせる。

　私たちはこれまで述べてきたリーダーたちに注目し始めている。そのリーダーたちとは、オークレアのマイク・ハギンズ、キャサリン・エマニュエル、ヴィッキー・ヘーンから、本書で取り上げた他のオーガナイザー、教育者、市民専門家（多くは本書で名前を挙げていない）である。これらリーダーたちは、ネヘミヤ型リーダーの新世代であり、市民に対しパブリック・ワークを求めることにより社会的課題の解決を図るのである。

　そのプロセスにおいて、この新しきネヘミヤ型リーダーたちは民主主義の覚醒に向けた基盤構築を支えているのである。

訳注

1　Walt Whitman （1819-1892）。民主主義精神の重要性を説いたアメリカの詩人。なお、Democratic Vista の邦訳として、ウォルト・ホイットマン（佐渡谷重信訳）『民主主義の展望』（講談社学術文庫、1992 年）がある。

2　ジャズが立地場所の特性をもつことについては以下の文献を参照されたい。山田晴通「米国のポピュラー音楽系博物館等展示施設にみるローカルアイデンティティの表出とその正統性」東京経済大学人文自然科学紀要第 130 号 155 頁（2011 年）。

3　ここでの nonsciencific は、数値化されない、必ずしも実証的ではない、という意味で用いられている。

4　Peter Yallow （1938-　）。アメリカの歌手。

5　看護学では population-focused practice は「集団に焦点を当てた看護」、community-oriented practice は「地域志向の看護実践」と称される。詳細は以下の文献を参照。牛尾裕子ほか「米国における population に焦点をあてた看護実践の学士課程教育の動向」兵庫県立大学看護学部・地域ケア開発研究所紀要第 23 巻 1 頁（2013 年）

6 1914年のスミス・レバー法によって創設された事業。上述のランドグラント大学
によって運営される。アメリカにおける農業教育の歴史については以下の文献を参
照。會雅・秋山邦裕「米国における農業普及体制の変遷及び大学の役割」鹿児島大
學農學部學術報告第 55 巻 77 頁（2005 年）。

7 William Galston （1946-）。アメリカの政治学者。

8 Benjamin Barber （1939- ）。アメリカの政治学者。

9 Robert Putnam （1940- ）。アメリカの社会学者。

10 デモプロットとは、本来、農業でいうところの展示圃場を指す。

11 インディアン各部族に対して行われた合衆国による強制移住政策を指す。

12 南北戦争後に南部で結成された自警団に端を発する白人至上主義の秘密結社。アフ
リカ系アメリカ人への差別・迫害を行うのみならず、第一次大戦後にはネイティ
ヴィズム（移民排斥主義）の立場からカトリック教徒やユダヤ人の排斥を主張し
た。KKK については、浜本隆三『クー・クラックス・クラン―白人至上主義結社
KKK の正体―』（平凡社新書、2016 年）を参照。

13 Institute for Democracy in South Africa. 南アフリカ民主主義研究所。

14 公民権運動の際に、有権者登録を呼びかけるキング牧師らによる 1965 年 3 月のア
ラバマ州セルマからモントゴメリーへのデモ行進は、州警察がそれを妨害した「血
の日曜日事件」（同年 3 月 7 日）をはじめ、大きな反響を呼び、ジョンソン政権に
1965 年投票権法の制定を促した。

15 旧約聖書のネヘミヤ記を指す。

16 ボイトの 1989 年の著書。

注

日本語版への序文

[1] Harry C. Boyte（2018）"Preparing Citizen Professionals : New Dimensions of Civic Education in Higher Education."（ハリー・ボイト「シティズン・プロフェッショナルの方へ：高等教育における市民教育の新たな局面」（藤枝聡・川上英明訳）東京大学教育学研究科基礎教育学研究室『研究室紀要』（45）125-142 頁、2019 年 7 月）。

[2] アレントについては、以下より引用。Mary Dietz（1994）"'The Slow Boring of Hard Boards': Methodical Thinking and the Work of Politics," *American Political Science Review* 88, no. 4, p.876.

[3] Shigeyoshi Matsumae（1982）*My Turbulent Life in a Turbulent Century*, Tokyo: Tokai University Press, pp. 41, 208-209.（松前重義（1980）『わが人生』東海大学出版会、44 頁および 206 頁）。

[4] President Tatsuro Matsumae."Education for a renewed civilization,"Tokai University website, at https://www.u-tokai.ac.jp/english/about/greetings.html.（学校法人東海大学総長 松前達郎「総長挨拶：新しい文明社会に向かって」https://www.u-tokai.ac.jp/about/message/）。

イントロダクション

[1] 個人ノートより（2017 年 10 月 26 日）。

[2] 以下より引用。Charles Payne, *I've Got the Light of Freedom : The Organizing Tradition and the Mississippi Struggle*（Berkeley：University of California Press：1965）, p.68.

[3] このフレーズや歌の歴史については、ピーター・レヴィン（Peter Levine）の以下のブログを参照。Peter Levine's blog, March 9, 2011, peterlevine.ws/?p = 6105.

[4] ペインは、以下で伝統的なリーダーと草の根のリーダーについて論じている。Payne, *I've Got the Light of Freedom*, pp.67-68.

[5] このフレーズや、このような政治についての説得力のある説明は、以下を参照。Luke Bretherton, *Resurrecting Democracy : Citizenship, Faith, and the Politics of a Common Life*（Cambridge：Cambridge University Press, 2015）.

[6] CBS Morning News, May 7, 1992, and May 13, 1992 ; CBS Evening News, May 24, 1992.

[7] Alison Oosterhuis, "What Do You Stand For? The Citizen Student Movement Experience," December 19, 2017, directed study, Humphrey School, with Harry Boyte.

[8] Steven Vogel, "The Citizen Student Movement," December 29, 2017, directed study, Humphrey School, with Harry Boyte.

[9] Maria Avila, *Transformative Civic Engagement through Community Organizing*（Sterling, VA：Stylus, 2018）, p.43, 53.

(see below)

2000, p.2.

[2] Jan Shaw-Flamm, "Romping Room," *M：The University of Minnesota Alumni Magazine*, Fall 1999, p.1.

[3] James Walsh, "Young Movers and Shakers," *Minneapolis Star Tribune*, September 17, 1993.

[4] Theresa Monsour, "Playing at Fame," *St. Paul Pioneer Press*, March 4, 1999.

[5] 以下からの引用。Shaw-Flamm, "Romping Room."

[6] デニス・ドノヴァン（Dennis Donovan）によるアライーナ・リンチへのインタビュー（2017 年 4 月 17 日）。

[7] Carr, quoted in Walsh, "Young Movers and Shakers."

[8] Jim Farr, quoted in Shaw-Flamm, "Romping Room."

[9] Jim Farr, quoted in Walsh, "Young Movers and Shakers."

[10] この物語は以下より。Harry C. Boyte, "Resurrecting Democracy：The Citizen Politics of Public Work," paper delivered to the Havens Center, Sociology Department, University of Wisconsin-Madison, April 11, 2001.

[11] Quoted in Shaw-Flamm, "Romping Room."

[12] デニス・ドノヴァンによるタミシャ・アンダーソンへのインタビュー（2016 年 6 月 6 日）。

[13] デニス・ドノヴァンによるザック・バウマンへのインタビュー（2016 年 6 月 15 日）。

[14] アンダーソンおよびバウマンへのインタビュー。

[15] バウマンへのインタビュー。

[16] リンチへのインタビュー。

[17] アコーンの物語は以下より。Harry C. Boyte, "A Tale of Two Playgrounds：Young People and Politics"（paper presented to the Annual Meeting of the American Political Science Association, September 1, 2001, San Francisco, California）, eric.ed. gov/? id = ED458155.

[18] 以下からの引用。Boyte, "Tale of Two Playgrounds."

[19] Harry C. Boyte, Heather Booth, and Steve Max, *Citizen Action and the New American Populism*（Philadelphia：Temple University Press, 1986）. 企業による動員と市民活動家の反応については、以下の 1 章で詳説されている。Harry C. Boyte, *The Backyard Revolution：Understanding the New Citizen Movement*（Philadelphia：Temple University Press, 1980）. 以下も参照。Boyte, "Tale of Two Playgrounds."

[20] Dana Fisher, *Activism, Inc.*（Palo Alto, CA：Stanford University Press, 2006）.

[21] Chuck Todd and Carrie Dann, "How Big Data Broke American Politics," NBC News Report, March 15, 2017.

[22] ハリー・ボイトによるリンダ・ホノルドへのインタビュー（2018 年 4 月 3 日）。

[23] Boyte, "Tale of Two Playgrounds"；Harry C. Boyte, *Everyday Politics：Reconnecting Citizens and Public Life*（Philadelphia：University of Pennsylvania Press, 2004）.

[24] Charles Payne, *I've Got the Light of Freedom : The Organizing Tradition and the Mississippi Struggle* (Berkeley : University of California Press, 1965), p.68.

[25] Ibid.

[26] Bernard Crick, *In Defense of Politics* (Chicago : University of Chicago Press, 1962).

[27] Gene Sharp, *The Politics of Nonviolent Action : Part One, Power and Struggle* (Boston : Porter Sargent, 1973). この議論については、以下を参照。April Carter, "The Literature on Civil Resistance," in *Civil Resistance and Power Politics : The Experience of Non-violent Action from Gandhi to the Present*, ed. Adam Roberts and Timothy Garton Ash (New York : Oxford University Press, 2009), pp.25-42 ; Mark Engler and Paul Engler, *This Is an Uprising : How Nonviolent Revolt Is Shaping the Twenty-first Century* (New York : Nation Books, 2016).

[28] 以下より。Harry C. Boyte and Marie-Louise Ström, "Nonviolent Civic Life Worksheet," January 24, 2017.

[29] この課題に結びついた私のクー・クラックス・クランとの出会いについての説明は、以下を参照。"Populism in the USA : A First-Hand Account of Its Changing Nature from the 1960s, Interview with Professor Harry C. Boyte," *International Affairs Forum* 2, no. 1 (Spring 2017) : pp.29-34.

[30] Zeynep Tufekci, "Does a Protest's Size Matter? ," *New York Times*, January 27, 2017.

[31] 行進の始原については、以下で詳述されている。Charles Euchner, *Nobody Turn Me Round : A People's History of the March on Washington* (Boston : Beacon, 2010), p. 1 ; また以下の CNN ドキュメンタリーも参照。*We Were There : The March on Washington-An Oral History*, hosted by Don Lemon, 2013, cnnpressroom.blogs.cnn. com/2013/08/01/we-were-there-the-march-on-washington-an-oral-history-debuts-friday-august-23-at-1000pm-et-pt. Program notes in author's possession.

[32] ラスティンの行進への戦略的なビジョンに関する見事な説明は、上述の CNN ドキュメンタリーを参照。

[33] 私は COPS について以下で詳述している。Harry C. Boyte, *Community Is Possible : Repairing America's Roots* (New York : Harper & Row, 1984)。EBC や BUILD については、以下を参照。Boyte, *CommonWealth : A Return to Citizen Politics* (New York : Free Press, 1989). クリーブランドは、サラ・エヴァンス (Sara Evans) との共著である *Free Spaces : The Sources of Democratic Change in America* (New York : Harper & Row, 1986) のニューヨーク・タイムズの書評をみて、研究所に私を招いてくれた。

[34] Harper quoted in Philip Foner, *The Voice of Black America* (New York : Simon and Schuster, 1972), p.431.

[35] Smith quoted in Boyte, *Everyday Politics*, p.163.

[36] David Mathews, *Reclaiming Public Education by Reclaiming Our Democracy* (Dayton, OH : Kettering, 2006), p.vii.

[37] Oscar Handlin and Mary Flug Handlin, *Commonwealth : A Study of the Role of*

Government in the American Economy, Massachusetts, 1774-1861（Cambridge, MA：Harvard University Press, 1969）, pp.29-30.

[38] Bertha Heilbom, "Second Generation Devoted to Pursuits of Culture," *St. Paul Pioneer Press*, December 31, 1933.

[39] President Barack Obama and Marilynne Robinson, "A Conversation in Iowa," *New York Review of Books*, November 5, 2015, www.nybooks.com/articles/2015/11/05/president-obamamarilynne-robinson-conversation.

[40] ナン・カリによるアル・ハンマーへのインタビュー（1995 年 5 月 27 日）。

[41] Blanchard and Leavitt quoted in Harry Boyte, "The Fight for America's Soul," BillMoyers.com, December 15, 2015.

[42] Susan Faludi, *Stiffed：The Betrayal of the American Man*（New York：William Morrow, 1999）, p.39, 23, 599.

2 章

[1] Mike Rose, *Lives on the Boundaries*（New York：Penguin, 1989）, 7, 8, 1, 2.

[2] より詳細な説明については以下を参照。Wayne Au, "Teaching under the New Taylorism：High-Stakes Testing and Standardization of the 21st Century Curriculum," *Curriculum Studies* 43, no. 1（2011）：25-45.

[3] Sue Halpern, "They Have, Right Now, Another You," *New York Review of Books*, December 22, 2016, *www. nybooks. com/articles/2016/12/22/they-have-right-now-another-you.*

[4] Cathy O'Neil, *Weapons of Math Destruction：How Big Data Increases Inequality and Threatens Democracy*（New York：Crown, 2016）, 3, 4, 5, 8.

[5] Alyson Klein, "No Child Left Behind：An Overview", *Education Week*, April 10, 2015.

[6] Ibid.

[7] Diane Ravitch, "How, and How Not, to Improve the Schools", *New York Review of Books*, March 22, 2012.

[8] Natasha Singer, "The Silicon Valley Billionaires Remarking America's Schools", *New York Times*, June 6, 2017, *www. nytimes. com/2017/06/06/technology/tech-billionaires-education-zuckerberg-facebook-hastings.html.*

[9] Peg Tyne, "Can a Tech Start-Up Successfully Educate Children in the Developing World?", *New York Times Magazine*, June 27, 2017, *www.nytime.com/2017/06/27/magazine/can-a-tech-start-up-successfully-educate-children-in-the-developing-world.html.*

[10] Paul Barnwell, "Are Teachers Becoming Obsolete?", *Atlantic*, February 15,2017, *www.theatlantic.com/education/archive/2017/02/becoming-obsolete/516732.*

[11] 以下におけるダンカンに関する引用を参照。Allie Bidwell, "Duncan Relaxes Testing Push, but Teachers Want More," *US News and World Report*, August 21,

2014, *www.usnews.com/news/articles/2014/08/21/education-secretary-arne-duncan-loosens-reins-on-teacher-evaluations-testing.*

[12] Ravitch, "How, and How Not, to Improve the Schools", *New York Review of Books,* March 22, 2012.

[13] Ibid., 159-160.

[14] Grant Wiggins, "A Veteran Teacher Turned Coach Shadows 2 Students for 2 Days—A Sobering Lesson Learned", *Granted, and... Thoughts on Education by Grant Wiggins,* October 10, 2014, *grantwiggins. wordpress. com/2014/10/10/a-veteran-teacher-turned-coach-shadows-2-student-for-2-days-a-sobering-lesson-learned.*

[15] Joaquin Muñoz, "The circle of Mind and Heart : Integrating Waldorf Education, Indigenous Epistemologies, and Critical Pedagogy" (PhD Dissertation, University of Arizona, Tucson,2016), 56.

[16] Harry C. Boyte, "When Deliberation Becomes Democracy", Kettering Working Paper, July 4, 2016, 4 からの引用.

[17] Lawrence A. Cremin, *The Transformation of the School : Progressivism in American Education, 1876-1957* (New York : Alfred A. Knopf, 1962), 13, 12, 10.

[18] Deborah Meier, "Who Is Making the Decisions", *Education Week,* February 28, 2007.

[19] ニューアーク・パブリックスクールの改革として、当時のコリー・ブッカー市長、クリス・クリスティ知事、そしてフェイスブック社の創業者マーク・ザッカーバーグ氏によって計画された外側からの取り組みの悲惨な影響については以下を参照。"Assessing the $100 Million Upheaval of Newark's Public Schools," an interview with journalist Dale Russakoff, National Public Radio, September 21, 2015.

[20] Luke Bretherton, Reviews of *Public Engagement for Public Education : Joining Forces to Revitalize Democracy and Equalize Schools,* ed. Marion Orr and John Rogers, and *A March on Dry Grass : Community Organizing as a Catalyst for School Reform,* by Mark R. Warren, Karen L. Mapp, and the Community Organizing and School Reform Project, *Perspective on Politics* 11, no.3 (2013) : 958. doi. org/10. 1017/S1537592713001722.

[21] Barack Obama, "Community Schools", July 15, 2007.

[22] 詳細については以下を参照。Harry C. Boyte, ed., *Democracy's Education : Public Work, Citizenship, and the Future of Colleges and Universities* (Nashville : Vanderbilt University Press, 2015).

[23] 連合については、ハリー・ボイトが 2019 年 4 月 14 日にイラ・ハーカビーに対して行った電話インタビューおよび、以下 URL 所収の関連資料による。*www. communityschools.org.*

[24] John Dewey, "Democracy in the Schools" (1937), in *Intelligence in the Modern World : John Dewey's Philosophy,* ed. Joseph Ratner (New York : Random House, 1939), 717.

[25] John Dewey, "The School as Social Centre," *Elementary School Teacher* 3, no. 2 (1902) : 73-86 ; also available at *www.jstor.org/stable/992485.*

26 Ibid.

27 Ibid.

28 Ibid.

29 修正第 1 条をめぐる諸運動については、以下による。James Salzer, "It's Teachers' Union versus Unknown in Georgia's School Amendment Fight", *Atlanta Journal Constitution*, October 4, 2016；Ty Tagami, "Opportunity School Director Rejected", *Atlanta Journal Constitution*, November 8, 2016；ハリー・ボイトが 2017 年 8 月 23 日にジェラルド・テイラーに対して行った電話インタビュー。

3章

1 ローマ教皇フランシスが 2015 年 7 月 7 日にエクアドルの首都キトにあるエクアドルカトリック大学（the Pontifical Catholic University of Ecuador）を訪れた際に行った演説。

2 当該箇所はハーバート・ガットマンによる次の文献からの引用である。Herbert Gutman, *Work, Culture, and Society in Industrializing America* (New York : Vintage, 1977), 69.

3 James Gee はその著書「談話分析入門（An Introduction to Discourse Analysis)」において次のように述べている。「政治は政党間の争いに関するばかりでない。そのはるかに深いレベルにあるのは社会において社会的財産をどのように配分するかについてである。すなわち、金銭的、地位、権力、そしてある種のより深い意味において契約といったすべての社会的財産に関して誰が何を得るかである。私たちが交渉を行うときには、社会的財産とその分配がいつも問題となることから、言語はいつも深い意味において『政治的』である」。James Paul Gee, *An Introduction to Discourse Analysis : Theory and Method*, 3rd ed. (New York : Routledge, 2011), 7.

4 Meira Levinson, *No Citizen Left Behind* (Cambridge, MA : Harvard University Press, 2012), 12.

5 Ibid., 87-88.

6 オーグスバーグ大学の同僚ジェームズ・トレスタッドーポーターに私を「異文化理解感受性発達」分野の研究に導いてくれたことに感謝する。

7 異文化感受性発達の分野については、次の文献を参照のこと。Joseph J. Distefano and Martha L. Maznevski, "Creating Value with Diverse Teams in Global Management," *Organizational Dynamics* 29, no. 1 (2000): 45-63.

8 著者が 2017 年 3 月 30 日にミネソタ州セントポールにてナン・スケルトンに対して行ったインタビュー。

9 次のアイザック・トランヴィック著による文献からの引用である。Isak Tranvik, "The History of Public Achievement," working paper, Sabo Center for Democracy and Citizenship, November 16, 2015. See also "Youth Need Integration of Work, Education, and Community," *Minnesota Department of Education Newsletter* 23, no. 6 (March 1989).

10 人々は、多様な利害と組織知（institutional resources）を有しているが、シティズ
ンシップとしての要素をもつ若年層の育成に対しては強い関心を共有している。そ
のシティズンシップ教育は明らかに政治的ではあるが、党派対立とは一線を画する
ものである。この市民教育イニチアチブには、ミネソタ州 4-H クラブ代表のディッ
ク・バーン（Dick Byrne）をはじめ、在双子都市のビジネスリーダーであったビ
リー・コリンズ（Billy Collins）、長年にわたる公民権運動のリーダーでハンフリー
研究所の上級研究員であるジョシー・ジョンソン（Josie Johnson）、ミネソタ州 4-H
クラブ向けに文化・芸術プログラムを指導したキャロル・シールズ（Carol
Shields）、セントキャサリン大学（the College of Saint Catherine）において職業理
論を教授したナン・カリ（Nan Kari）、都市地域協議会（the Metropolitan Regional
Council）のジョン・カリ（John Kari）、ミネソタ大学のジム・ファー、セントバー
ナード小学校のデニス・ドノヴァン（Dennis Donovan）、そしてエイズ―HIV 撲滅
運動活動家のフアン・ジャクソン（Juan Jackson）が加わった。私たちはまた、産
業振興財団（Industrial Areas Foundation）と活動していたジェラルド・テイラー
（Gerald Taylor）とトニー・マセンゲイル（Tony Massengale）、しばしば小規模学
校運動の生みの親といわれるデボラ・マイヤー（Deborah Meier）、そして公民権運
動における私の指導者であったドロシー・コットン（Dorothy Cotton,）といったア
ドバイザーを活用した。さらに、私たちは、若年層ばかりでなく、様々な地区や人
口層を対象に、市民政治を実験するためのグループと制度を共創した。これは、パ
ブリック・ライフプロジェクトとよばれ、若者による行動や学校改革に対する努力
が結実すれば民主主義全体の危機と取り組めるようになることを伝えるために、市
民政治のための公的な舞台を創造した。パブリック・ライフプロジェクトは、ペッ
グ・ミッシェルズ（Peg Michels）と幾年間にわたり協調し、フランシス・ムーア・
ラッペ（Frances Moore Lappé）と彼女が所属するフード・ファースト・インス
ティテュート（Food First Institute）及びケタリング財団とラーニング・パート
ナー（learning partner）として協力することにより、パブリック・アチーブメント
に加え、ミネソタ州協同組合連合会（Minnesota Cooperative Extension）、セント・
カトリックカレッジ（現大学）、オーガスタ高齢者住宅（Augustana Nursing
Home）、「自閉症の子どもをもつアフリカ系アメリカ人グループ」である ARC（a
group of African American parents with autistic children）からなるチームを包含す
るようになった。

11 Jim Scheibel, interviewed by Harry Boyte, St. Paul, March 20, 2017. ハリー・ボイト
が 2017 年 3 月 20 日にセントポール市において行ったジム・シャイベルへのインタ
ビュー。

12 著者（ハリー・ボイト）が保有する協定書からの引用。

13 この歌詞はパブリック・アチーブメント保管資料にある当該会議の次第からの引用
である。当該資料は 1991 年春に発行された「パブリック・アチーブメントプロジェ
クト年鑑要約版 1」（*Public Achiovoment Project Summary Year One*）に収録されて
いる。当該資料には、パブリック・アチーブメントについて次のように述べられて
いる。パブリック・アチーブメントは国全体で展開された「若年層と政治に関する

イニシアチブ」（「」は訳者による）のパイロット事業ある。また、パブリック・アチーブメントは若者にビジネスの経験を提供するジュニア・アチーブメント教育に類似している。私たちは、1990 年春にセントポール市において当時のジェームズ・シャイベル市長及びいくつかのコミュニティ組織と協力し、パブリック・アチーブメントを創始し、同年の秋にいくつかのチームが集まって実際に活動を開始した。1年目の活動においては次の 3 点が精査すべき問題となった。①若者を重要な公共問題の解決に巻き込むことは可能か。②（公共問題の解決に関わる）若者の活動を政治的要素として位置づけなおすことは可能か。③成人はこの若年層向け政治教育の過程においてどのような役割を担うべきか。

[14] 今日までパブリック・アチーブメントは、十代の若者が、通常は政治とは無縁のように位置づけられるほど、決して政治に無関心ではないことを明示してきた。パブリック・アチーブメントにおける政治とは、退屈なスポーツ観戦ではなく、興味をそそり、魅力的で、やりがいがあり、生きる力を与えるものである。

[15] Kay Miller and Richard Green, "The Minneapolis School Superintendent Believes 'When the Public Schools Have Failed and Ceased or Are Weakened This Nation Will Have Failed," *Minneapolis Star Tribune*, September 7, 1986.

[16] Harry C. Boyte, "Catholic Teachings a Fit with Democracy's Future," *Catholic Spirit*, August 20, 1998.

[17] デニス・ドノヴァンが 2016 年 8 月 25 日にミネソタ州セントポール市においてスコット・ピーターズに行ったインタビュー。

[18] Andy Sturdivant, "Successive Waves of Immigrants Put Their Stamp on St. Paul's North End," *MinnPost*, March 11, 2015.

[19] デニス・ドノヴァンが 2016 年 10 月 22 日にミネソタ州セントポール市においてジェフ・マウラーに対して行ったインタビュー。

[20] Ibid.

[21] Carmen Sirianni and Lew Friedland, *Civic Innovation in America*（Berkeley：University of California Press, 2001), 251-52.

[22] Bill Salisbury, "Students Learn Lesson in Ways of Washington," *St. Paul Pioneer Press*, June 11, 1997.

[23] スコット・ピーターズによるデニス・ドノヴァンへのインタビュー。

4章

[1] Miskat Az-Zubair, quoted in John Carras, "Developing a Civic Sense," Kansan, August 7, 1998.

[2] Ken Burns, director, Jazz, PBS, 2000, quoted in Harry C Boyte, "A Tale of Two Cities"（paper presented to the American Political Science Association, September 1, 2001, San Francisco).

[3] ハリー・ボイトが 2017 年 7 月 19 日に南アフリカのヨハネスブルクからカリフォルニアへの電話を通じてシェリー・ロバートソンに対して行ったインタビュー。

[4] Ross Roholt, Robert Hildreth, and Michael Baizerman, Year Four Evaluation of Public Achievement, 2002-2003 : Examining Young People's Experience of Public Achievement (Kansas City, MO : Kauffman Foundation, 2003), 3, 12, 5, 6.

[5] Harry Boyte, "Public Achievement in Minneapolis : An Interview with Joe Groves," Creating the Commonwealth Newsletter, Winter 1999.

[6] Frances Green, Katie Green, Pat Hennes, Cheryl Mandala, Matt Mohs, Jonathan Palmer, Darrell Washington, "Creating Public Work/Changing Private Lives : Public Achievement at Andersen Elementary," final paper, December 1997.

[7] 記事は、ボイトのジャーナル・ノートより。

[8] リーナ・ジョーンズが2016年7月11日にミネソタ州ミネアポリスにおいてジェイミー・マイナーに対して行ったインタビュー。

[9] Adapted from Harry C. Boyte, "Reconstructing Democracy : Citizen Politics as Public Work" (lecture given at the Havens Center, University of Wisconsin-Madison, April 11, 2001), havenscenter.org/vsp/carmen_sirianni_amp_harry_boyte.

[10] Joseph Kunkel, Clark Johnson, Heather Bakke, and Jason Miller, "Teaching Together : School/University Collaboration to Improve Social Studies Education," Today's Social Studies Bulletin 98 (Silver Springs, MD : National Council for the Social Studies, 2001), 95.

[11] Ibid., 99.

[12] Ibid., 96.

[13] Ibid., 101-102.

[14] Ibid., 102.

[15] 以下から引用。Scott Hanson, "We the (Young) People : Public Achievement and the Changing Face of Change," Center for Democracy and Citizenship at Augsburg University, posted by OAV, vimeo.com/33221907.

[16] Brenda Kay Lewis, "St. Gregory Students Showcase their Public Achievement Participation," Nodaway News Leader, February 18, 1999.

[17] 財団のミッション等については以下から。"Our Work : Healthy Communities," Heartland Foundation, www. heartlandfoundation. org/what-we-do/healthy-communities ; Judy Sabbert quoted in Jan Greene, "Building a Healthier Community Starting with the Young and Alienated," Hospitals and Health Networks 84, no. 4 (April 10, 2010) : 48.

[18] 数値やエピソードについては以下から。Shelly Robertson, email correspondence and notes, July 24, 2017.

[19] Greene, "Building a Healthier Community," およびハリー・ボイトが2017年7月19日にシェリー・ロバートソンに対して行った電話インタビュー。

[20] Shelly Robertson, "Effect of Public Achievement on the Resilience of School-Aged Youth at Risk" (Master's thesis, Northwest Missouri State University, 2012), 13.

[21] ロバートソンに対して行ったインタビュー。

[22] ハリー・ボイトが2017年8月21日にミズーリ州セント・ジョセフにおいてキャ

シー・マッキンリーに対して行ったインタビュー。

[23] ハリー・ボイトが 2017 年 8 月 22 日にアイオワ州ウエスト・デモインにおいてボブ・ブッシュに対して行ったインタビュー。

[24] Judith K. Sabbert with Christel A.K. Gollnick, Come Together, Think Ahead!：Inspiring People, Organizations, and Communities to Thrive（Kansas City, MO：Chandler Lake Books, 2015）, 152.

[25] ハリー・ボイトが 2017 年 9 月 20 日にジュディ・サバートに対して行った電話インタビュー。

[26] ハリー・ボイトが 2017 年 11 月 20 日にマリー・シュタイヘンに対して行った電話インタビュー。

[27] マリー・シュタイヘンから 2017 年 12 月 6 日に提供されたハートランド財団の調査報告書

[28] Heartland Foundation, "Our Work：Scholarships," www.heartlandfoundation.org/what-wedo/scholarships.

[29] Thomas B. Coburn, "Peace Within, Peace Without," Naropa! Magazine, Spring 2006, 1；Eric Fretz, faculty profile, "Conversations in the Classroom," Naropa! Magazine, Spring 2006, 3.

[30] センタウルス高校の記述については以下から。Susie Aquilina, "Student Introduction," in We Are the Ones We've Been Waiting For：A Student Guide to Public Achievement, prepared by Naropa student coaches（Boulder：Naropa, 2006）, 6.

[31] Ibid.

[32] Leanne Bird, "A Letter to a New Public Achievement Coach," in We Are the Ones, 9-14.

[33] Joseph Kahne and Joel Westheimer, "The Limits of Political Efficacy：Educating Citizens for a Democratic Society," PS：Political Science and Politics 39, no. 2（2006）：289, 290, 293, 294.

[34] Darwyn Fehrman and Aaron Schutz, "Beyond the Catch-22 of School-Based Social Action Programs：Toward a More Pragmatic Approach for Dealing with Power," Democracy & Education 19, no. 1（2011）：4.

[35] Warren and Randall quoted in "Making Citizens DC Launch," posted by National Association of Scholars, January 24, 2017, YouTube video, 2：05：07, www.youtube.com/watch?v=6euzujOVVME. Quotes on Public Achievement from David Randall, Making Citizens：How American Universities Teach Civics（Washington, DC：National Association of Scholars, 2017）, 78, 83.

[36] 以下を参照。Center for Democracy and Citizenship, Midterm Report to the Kauffman Foundation on National Expansion, 2002.

[37] RMC Research Corporation, Public Achievement 2005-2006 Evaluation Brief（Denver：RMC, 2006）, 1-2.

[38] Robertson, "Effect of Public Achievement," 38.

[39] R. W. Hildreth, "Theorizing Citizenship and Evaluating Public Achievement," PS：Political Science and Politics 33, no. 3（September 2000）, 629.

[40] Ibid.

[41] ここでの引用は、the Mankato Public Achievement の 2002 年のウェブサイト所収の資料にもとづく。

5章

[1] 北アイルランドの教育者の出版記念イベントとそこでの発言については次を参照のこと。Harry Boyte and Dennis Donovan, "Public Achievement Goes to Northern Ireland," *Creating the Commonwealth*（newsletter）, Spring 1999, 1-2. Angela Matthews is interviewed in the newsletter on 3-4.

[2] "Salzburg Global Seminar：Anniversary Video," filmed 2017, posted by Salzburg Global Seminar, June 28, 2017, *YouTube* video, 3：08, *www. youtube. com/watch? v=BW7dDr3ulKo.*

[3] 2017 年 8 月 11 日のタミ・ムーアによるデニス・ドノバンへの電話インタビュー。

[4] Ibid.

[5] Brian Porter, "The 1989 Polish Round Table Revisited：Making History," Journal of the International Institute 6, no. 3（1999）, hdl.handle.net/2027/sp0.4750978.0006.301.

[6] 2017 年 9 月 16 日のタミ・ムーアによるアリツィア（アラ）・デルコウスカ（ポーランドのノヴィ・ソンチから参加）とジュリー・ボルドー（マサチューセッツ州ボストンから参加）とのテレビ会議インタビュー。

[7] Ibid.

[8] Alicja Derkowska and Julie Boudreaux, "Measuring Educational Initiatives：How and Why?"（paper presented at the Annual Meeting of the Comparative and International Education Society, Chicago, Illinois, March 1-5, 2010）, 1.

[9] ミッションステートメントは学校のウエブサイトから入手。*www.splot.info/s7-misja.html.*

[10] School Plus Network のミッションステートメント *www.schoolplusnet.org/mission. html#History%20*（now inactive）.

[11] アリツィア・デルコウスカとジュリー・ボルドーへのインタビュー。

[12] デニス・ドノバンへのインタビュー。

[13] アリツィア・デルコウスカとジュリー・ボルドーへのインタビュー。

[14] Ibid.

[15] 2017 年 9 月 15 日のタミ・ムーアによるアリツィア・デルコウスカとジュリー・ボルドーとのテレビ会議インタビュー。

[16] 当初、パブリック・アチーブメントのタスクについての議論は、パブリック・アチーブメントのオーガナイザーであるトルコの Serdar Degirmencioglu のウエブサイト（www.paunite.org）に存在していたが、現在は閲覧不可。ウエブサイトにあった内容は、2016 年 7 月、MTO のアーカイブにあったもので、アラ・デルコ

ウスカによって作者に提供された。

[17] Ibid.

[18] 2016 年 10 月 15 日のアリツィア・デルコウスカとジュリー・ボルドーへのインタ
ビュー。

[19] "PA Monitoring in Bakhchisaray UA Groups"（2016 年 7 月にアラ・デルコウスカか
ら提供された School Plus Network archives にある未公開文書）.

[20] Ibid.

[21] Ibid.

[22] Ibid.

[23] 2017 年 9 月 16 日のアリツィア・デルコウスカとジュリー・ボルドーへのインタ
ビュー。

[24] David Sobel, *Place-based Education : Connecting Classrooms and Communities*
(Great Barrington, MA : Orion, 2004).

[25] エレメール・ハンキッシュによって作られた言葉は、特に共産主義政権と共存する
国家、特に共産主義政府とは関係なく、プライベートな関係に存在する影の文化を
指すものであった。Elemer Hankiss, "The 'Second Society' : Is There an Alternative
Social Model Emerging in Contemporary Hungary?," Social Research 55, nos. 1/2
(1988) : 13-42；and Elemer Hankiss, *East European Alternatives* (Oxford : Clarendon,
1990).

[26] 2016 年 10 月 15 日のアリツィア・デルコウスカとジュリー・ボルドーへのインタ
ビュー。

[27] 2016 年 10 月 15 日のタミ・ムーアによるハリマ・ファトゥラエワへのテレビ会議イ
ンタビュー。

[28] Ibid.

[29] Ibid. 詳しくは次も参照のこと。Harry Boyte, "A Democratic Educational Awakening
Begins with Public Relationships," Huffington Post, February 27, 2017, www.
huffingtonpost. com/entry/ademocratic-educational-awakening-begins-with-public_
us_58b41ca0e4b0e5fdf61974a4.

[30] マリー・ストロームからの引用。"Citizens at the Centre"（2014 年 10 月に出された
Isada の未公刊書）.

[31] Harry C. Boyte, *Constructive Politics : The Contributions of the Institute forDemocracy
in South Africa（Idasa）*(Pretoria : Idasa, 2004), 10-11. の引用。

[32] Ibid., 62.

[33] Ström, "Citizens at the Centre" 4.

[34] これは、Marie-Louise Ström, "Democracy on a Hillside : Developmental Politics,
Democratic Pedagogy, and the Christian Missional Imagination"（final paper,
CL8530, December 12, 2012, Luther Seminary）に書かれている。

[35] Mamphela Ramphele, *Laying Ghosts to Rest : Dilemmas of the Transition in South
Africa* (Cape Town : Tafelberg, 2008), 147.

[36] President Harry Truman, "Four Point Program for Developing Countries" (1949),

quoted in "Point Four Program," Wikipedia, *en. wikipedia. org/wiki/Point_Four_ Program.*

[37] Vijayendra Rao and Michael Walton, eds., *Culture and Public Action* (Palo Alto : Stanford University Press, 2006), 259.

[38] オランダの雑誌「The Broker」に記されたこの記事はよいサマリーである。ハ リー・ボイトは、オリジナルオーガナイザーの一人である。Willemijn Verkoren, "Civic Driven Change," *Broker*, July 22, 2009, www.thebrokeronline.eu/Articles/ Civic-Driven-Change.

[39] Citizenship DRC, *Blurring the Boundaries : Lessons from a Decade of Collaborative Research on Citizen Engagement*, 2011, 4-5, *archive. ids. ac. uk/drccitizen/pages/ overarching-lessons.html.*

[40] Ibid., 9-15.

[41] Ramphele, *Laying Ghosts to Rest*, 147.

[42] Harry C. Boyte, "Civic Driven Change and Developmental Democracy," in *Civic Driven Change*, ed. Alan Fowler and Kees Biekart (The Hague : ISS, 2008), 119-38.

[43] 「テクノクラティック・パラダイム（technocratic paradigm)」については、Harry C. Boyte, "*Laudato Si'*, Civic Studies, and the Future of Democracy," *The Good Society* 25, no. 1 (2016) : 46-61 参照。

[44] これはハリー・ボイトの次の文献において詳述されている。Harry C. Boyte, "John Dewey and Citizen Politics : How Democracy Can Survive Artificial Intelligence," *Education and Culture* 33, no. 2 (2017) : 13-47.

6章

[1] 「フリドリーのパブリック・アチーブメント―特別支援教育を変える（Public Achievement in Fridley—Transforming Special Education)」、publicworkcitizen 投 稿、YouTube ビデオ、38：26, 2013 年 6 月 2 日, www.youtube.com/watch? v= VaRimtavig8.

[2] Jane Addams, "A Function of the Social Settlement," *Annals of American Political and Social Science* 13 (January-June 1999) : 8-9.

[3] Peter L. Berger and Thomas Luckmann, *The Social Construction of Reality* (New York : Doubleday, 1966), 15 ; Isaiah Berlin, *Concepts and Categories* : Philosophical Essays (New York : Penguin, 1981), 4, 10.

[4] Harry C. Boyte, "The Struggle against Positivism," *Academe* 86, no. 4 (2000),eric. ed.gov/? id=EJ613215. に引用

[5] 地域全体で行われる教育というアダムズの見方については以下を参照。Nick Longo, *Recognizing the Role of Community in Civic Education:Lessons from Hull House, Highlander Folk School, and the Neighborhood Learning Community,* CIRCLE Working Paper, no. 30 (College Park, MD : Center for Information and Research on Civic Learning and Engagement, 2005), 3, 4, 5 ; Addams quoted on 5.

[6] Jane Addams, "Educational Methods," in *Jane Addams on Education*, ed. Ellen Lagemann (New Brunswick, NJ：Transaction, 1994), 98-99.

[7] Ellen Lagemann, introduction to Lagemann, *Jane Addams on Education*, 2-3.

[8] Ibid., x.

[9] Boyte, "Struggle against Positivism." における Addams の引用より

[10] Dewey, "School as Social Centre."

[11] 以下参照：Myles Horton with Herb Kohl and Judith Kohl, The Long Haul：An Autobiography (NewYork：Teachers College Press, 1997)；Longo, "Recognizing the Role of Community"；and Nick Longo, *Why Community Matters: Connecting Education with Civic Life* (Albany：SUNY Press, 2007).

[12] Katherine Mellen Charron, *Freedom's Teacher: The Life of Septima Clark* (Chapel Hill：University of North Carolina Press 2009), 224.

[13] 学校のための場所を探し、ロビンソンを最初の教員に選ぶ過程については、以下を参照。同., 248-50；Robison quoted on 251.

[14] 彼らの会話については以下を参照。Harry C. Boyte, *The Backyard Revolution: Understanding the New Citizen Movement* (Philadelphia：Temple University Press, 1980).

[15] Ibid., 279-80.

[16] Ibid., 259.

[17] 例えば、以下を参照。"Rosenwald School," Wikipedia (2018 年 3 月 18 日最終改訂) en.wikipedia.org/wiki/Rosenwald_School.

[18] Charron, *Freedom's Teacher*, 79.

[19] Ibid., 294. 目的については、以下を参照：Charles Payne, *I've Got the Light of Freedom: The Organizing Tradition and the Mississippi Struggle* (Berkeley：University of California Press：1965), 68.

[20] Charron, *Freedom's Teacher*, 302

[21] Ibid., 284-85.

[22] Ibid., 303-4.

[23] Ibid., 338.

[24] Ibid., 315.

[25] Sarah Polus, "Full Transcript of President Obama's Toast at the Nordic State Dinner," *Washington Post*, May 13, 2016.

[26] ホートンとサウスカロライナの成人教育に対するデンマークのフォルケホイスコーレの影響については、以下を参照：Charron, *Freedom's Teacher*, 219, 130.

[27] N. F. S. Grundtvig and Niels Lyhne Jensen, *A Grundtvig Anthology: Selections from the Writings of N. F. S. Grundtvig(1783-1872)* (Greenwood, SC：Attic, 1984), 29.より)

[28] Holger Bernt Hansen, " Grundtvig and the Third World：The Transfer of Grundtvig's Ideas to Other Peoples and Cultures," in *Heritage and Prophecy: Grundtvig and the English-Speaking World, ed.* A. M. Allchin et al. (Aarhus,

Denmark：Aarhus University Press, 1993)，307.

29 学習者と教員の間、そして学習者同士の間の「生きた交流」は、グルントヴィの教育原理における一つの軸だった。これは高圧的な講義とは根本的に異なる方法であった。.

30 N. F. S. Grundtvig, "The School for Life," in *Selected Writings*, ed. Johannes Knudsen (Philadelphia：Fortress, 1976), 156.

31 Ibid., 155. 最初のフォルケホイスコーレは若い男性しか受け入れなかったが、その後程なく若い女性も受け入れるようになった。.

32 Ibid., 157.

33 Grundtvig, "A Letter Concerning the Folk High School to Peter Larsen Skraeppenborg in Dons," in Knudsen, *Selected Writings*, 173.

34 Grundtvig, "School for Life," 154.

35 Ibid., 156.

36 Grundtvig, "The Danish High School," in Knudsen, Selected Writings, 162.

37 Ibid.

38 Anders Pontoppidan Thyssen, "Grundtvigianism as a Movement until around 1900," in *N. F. S. Grundtvig, Tradition and Renewal:Grundtvig's Vision of Man and People, Education and the Church, in Relation to World Issues Today,* ed. Christian Thodberg and Anders Pontoppidan Thyssen (Copenhagen：Det Danske Selskab, 1983), 383.

39 Paul Wellstone, *How the Rural Poor Got Power* (Amherst：University of Massachusetts Press, 1978), 211.

40 BYNC の創立趣旨は以下に引用されている：Robert A. Slayton, *Back of the Yards: The Making of a Local Democracy* (Chicago：University of Chicago Press, 1986), 203；Slayton describes the organizing work of BYNC in detail；see also Fisher, People, 54-56.

41 Payne, *Light of Freedom*, 68.

42 ハリー・ボイトによるシスター・マーガレット・スナイプへのインタビュー、バルチモア（1987 年 11 月 6 日）。

43 See Boyte, *Everyday Politics*.

44 ハリー・ボイトによるアーネスト・コルテスへのインタビュー、サン・アントニオ（1983 年 7 月 4 日）。

45 Industrial Areas Foundation, *Organizing for Family and Congregation* (Huntington, NY：Industrial Areas Foundation, 1978), 13.

46 この変化の過程の詳細は以下を参照：Harry C. Boyte, *CommonWealth:A Return to Citizen Politics* (New York：Free Press, 1989), especially chs. 6 and 7.

47 デニス・ドノヴァンによる授業 PA 1401（2017 年秋）におけるマックス・トムズ（Max Thommes）のレポートより（承諾の上引用）、2017 年 12 月.

7章

[1] Rebecca Riffkin, "Climate Change Not a Top Worry," *Gallup*, March 12, 2014, *www. gallup.com/poll/167843/climate-change-not-top-worry.aspx.*

[2] 人種と貧困の関連については以下の文献を参照。Gary L. Cunningham, Marcia L. Avner, and Romilda Justilien, "The Urgency of Now：Foundations' Role in Ending Racial Inequity," *Foundation Review* 6, no. 1（2014）：51-65.

[3] オバマ氏の発言は以下の文献から引用。Michael D. Shear, "Obama Starts Initiative for Young Black Men Noting Statistics and His Own Experience," *New York Times*, February 28, 2014, A11.

[4] 例えば、人類学者アネット・ラロー（Annett Lareau）は自身の研究で、幼稚園から高校までの教育に存在するコミュニティの価値観と個人主義的かつ競争社会主義的学校文化の分裂について調査している。この研究で彼女は、彼女が呼ぶところの"文化論理"について、貧困層にあり労働者階級の家庭と学校や教育者を比較している。郊外に住んでいようが、貧困者の多い都心部の過密地区に住んでいようが、教育者はラローが呼ぶところの"どのように子どもを育てるかについての支配的な文化的基準"で訓練されている。その中には個人主義的、競争的かつ達成重視の基準が含まれる。それに対して、労働者階級の貧困家庭にとっては、友だちと家族との関係を保つことが重視されている。Annette Lareau, *Unequal Childhoods：Class, Race and Family Life*（Berkeley：University of California Press, 2003）, 4, 5. ノースウエスタン大学（Northwestern University）ケロッグ経営大学院（Kellog School of Management）が後援する研究によると、同じようなダイナミクスが高等教育の中で見られる。この研究では個人主義的な達成基準は学部生に影響し不平等へとつながるという。それゆえ、"自分自身のことをやる""自分の道は自分で作っていく""自分の個人的な能力に気づく"などの達成基準は、中流、上流階級の生徒にとって、大学を"独立心の究極の象徴とする。しかし、労働者階級の家族出身の生徒にとってはそのような基準は全く異なった経験となる。後者からすると、「大学への期待は共に働く、他者と繋がる、貢献するなどのような相互依存的動機を軸として展開する」とニコール・ステファン（Nicole Stephens）は報告する。4つの研究で、ステファンと彼女の共同研究者たちは労働階級の学生たちは個人的成功や自立のメッセージに晒されているほど、強い社会階級のパフォーマンスギャップが顕著になることを発見した。以下の文献からの引用。"Unseen Disadvantage," at *www. kellogg.northwestern.edu/news/unseen_ disadvantage.htm*. For full article see Nicole M. Stephens, Stephanie A. Fryberg, Hazel Rose Markus, Camille Johnson, and Rebecca Covarrubias, "Unseen Disadvantage：How American Universities' Focus on Independence Undermines the Academic Performance of First-Generation College Students," *Journal of Personality and Social Psychology* 102, no. 6（2012）：1178-97.

[5] ハリー・ボイトによるアトゥム・アザーへのインタビュー、ミネアポリス、ミネソタ州（2006年5月23日）。

[6] Diane Ravitch, "Schools We Can Envy," *New York Review of Books*, March 8, 2012,

[7] Alissa Blood-Knafla, "Experiences of Students with Special Needs in Public Achievement" (Master's thesis, Augsburg College, 2013), 1.

[8] 州によって障害の分け方は異なる。ミネソタ州では現在、生徒が特殊教育のサービスを受けることを可能にする 13 のカテゴリーがある。

[9] Renee Cameto, Phyllis Levine, and Mary Wagner, *Transition Planning for Students with Disabilities : A Special Topic Report of Findings from the National Longitudinal Transition Study-2 (NLTS2)* (Menlo Park, CA : SRI International, 2004), *www. nlts2.0rg/reports/2004_11/nlts2_report_2004_11_complete.pdf.*

[10] Bonnie S. Billingsley, "Special Education Retention and Attribution," *Journal of Special Education* 38, no. 1 (2004) : 39-55.

[11] Jane Splean and Edward Caffarella, *Understanding Retention and Attrition of Special Education Teachers in Nevada through a Longitudinal Study : A Model for Other States* (Washington : US Office of Special Education Programs, 2010), *personnelcenter. org/documents/Understanding%20Retention%20and%20Attrition%00f%20Special% 20Education%20Teachers%20in%20Nevada%20(abridged%20version).pdf.*

[12] Linda Darling-Hammond, "Keeping Good Teachers : Why It Matters, What Leaders Can Do," *Educational Leadership* 60, no. 8 (2003) : 7-13.

[13] Jan W. Valle and David J. Connor, *Rethinking Disability : A Disability Studies Approach to Inclusive Practices* (New York : McGraw Hill, 2011), xii.

[14] Ibid.

[15] Christy Ashby, "The Trouble with Normal," *Disability and Society* 25, no. 3 (2012) : 345-58.

[16] Scot Dansforth, ed., *Becoming a Great Inclusive Educator* (Bern, Switzerland : Peter Lang, 2014).

[17] Ellen Gelinsky, *Mind in the Making : The Seven Essential Life Skills Every Child Needs* (New York : HarperCollins, 2010).

[18] Michael M. Gerber, "Emerging Issues in Teacher Education for Inclusion in the U. S.," in *Future Directions for Teacher Education for Inclusion*, ed. Chris Forlin (New York : Routledge, 2012, 71).

[19] 生徒の名前は変更している。

[20] Blood-Knafla, "Experiences of Students with Special Needs," 16, 17, 18, 19, 21, 22.

[21] ブラッドとリッチーの自分たちの教授法についての会話から引用。詳細については次の文献を参照。Harry Boyte and Jen Nelson, "A 21st Century Freedom Movement," *Huffington Post*, June 12, 2013, *www.huffingtonpost.com/harry-boyte/a-21st-century-freedom-mo_b_3421977.html.*

[22] シェリル・マクリーランの発言は以下の文献からの引用。Wendi Wheeler, "From Problem Students to Problem Solvers," *Augsburg Now*, July 1, 2011.

[23] 2017 年の秋に民主的目的の再生の必要性を主張する多くの声が聞こえた。その例が以下の文献にある。Erika Christakis, "The War on Public Schools," *Atlantic*,

October 2017.

[24] シェリル・マクリーラン "Problem Solvers." からの引用

[25] スーザン・オコナーによるコートニー・アンダーソンへのインタビュー、フリドリー、ミネソタ州（2016 年 5 月 25 日）。

[26] クレブスとマクイネスの発言は以下の文献からの引用。Wheeler, "Problem Solvers."

[27] Dana Lynn Wagner, Elizabeth Madson Ankeny, Susan O'Connor, Donna Patterson, and Diane Cole Vodicka, "Preservice Teacher Self-Efficacy and Public Achievement: An Exploration of Effects" (presentation to Minnesota Association of Colleges for Teacher Education, Bloomington, Minnesota, 2012).

[28] スーザン・オコナーによるノーラ・アルセスへのインタビュー、ミネアポリス、ミネソタ州（2016 年 5 月 13 日）。

[29] スーザン・オコナーによるジェス・ボウマンへのインタビュー、ミネアポリス、ミネソタ州（2016 年 5 月 18 日）。

[30] ノーラ・アルセスへのインタビュー。

[31] Elaine Eschenbacher, "The Oz behind the Curtain—Phil O'Neil: Public Achievement Coach," *Sabo Center News*, Augsburg University, April 22, 2016, *www. augsburg. edu/sabo/2016/04/22/the-oz-behind-the-curtain-phil-oneil-public-achievement-coach.*

[32] ジェス・ボウマンへのインタビュー。

[33] ジェームズ・ネコ（James Gnecco）からスーザン・オコナーへの私信、ミネアポリス、ミネソタ州（2016 年 10 月 27 日）許可を得て使用。

[34] 数値は以下の文献による。Donna Patterson, "Special Education: Recruitment and Retention Survey," August 2016.

[35] スーザン・オコナーによるベッキー・ハムリン（Becky Hamlin）へのインタビュー、ミネアポリス、ミネソタ州（2017 年 5 月 16 日）。

[36] Ehsan Alam, "Rondo Neighborhood, St. Paul," MNOPEDIA, June 14, 2017, *www. mnopedia.org/place/rondo-neighborhood-st-paul.*

[37] Ibid.

[38] Laura Yuen, "Central Corridor: In the Shadow of Rondo," *MPR News*, April 29, 2010.

[39] Maxfield Elementary School, St. Paul, "Public Schools Start Class," August and October 2016, updated March, 2017, *public-schools.startclass.com/1/5007/Maxfield-Magnet-Elementary* (accessed September 10, 2017).

[40] Elaine Eschenbacher, "Public Achievement in Maxfield, 2016-17," Augsburg University, October 21, 2016, Sabo Center for Democracy and Citizenship Blog, *www. augsburg.edu/sabo/blog.*

[41] Elaine Eschenbacher, "R. E. S. P. E. C. T—Mukway Uses Public Achievement to Encourage Others to Respect Different Cultures," *Sabo Center News*, Augsburg University, March 4, 2016, *www.augsburg.edu/sabo/2016/03/04/e-s-p-e-c-t-mukwa-uses-public-achievement-to-encourage-others-to-respect-different-cultures.*

42 ブランディ・ポトルの影響に関する考察については次の学術集会で報告されている。Minnesota Civic Studies Civic Renewal Conference, October 24, 2017, Minneapolis.

43 Elaine Eschenbacher, "Brandi Pottle, Maxfield Elementary Teacher," Augsburg University Profile, September 2, 2016, *www. augsburg. edu/sabo/blog* (accessed September 10, 2017).

44 Atum Azzahir, " Maxfield Elementary School celebrates 125th anniversary, " *Spokesman-Recorder*, May 5, 2016, *spokesman-recorder. com/2016/05/05/maxfield-elementary-school-celebrates-125th-year-anniversary.*

8章

1 Rebecca Shamash, "Judging Higher Education on the Merits," Good Society 25, nos. 2/3（2016）：341. より引用。

2 John Allen Jr., "On New Year's Eve, Pope Francis Delivers His 'Silent Majority' Speech," Cruz, December 31, cruxnow. com/vatican/2017/12/31/new-years-eve-pope-francisdelivers-silent-majority-speech. より引用。

3 Francis, "Speech to the Pontifical Catholic University of Ecuador," Quito, Ecuador, July 7, 2015, saltandlighttv. org/blog/featured/pope-francis-in-ecuador-address-to-educators- pontificalcatholic-university-of-ecuador.

4 Lani Guinier, The Tyranny of the Meritocracy：Democratizing Higher Education (Boston：Beacon, 2015), 138.

5 当該センターとハーカヴィはまた、疑問を呈し、「民主主義のための教育」の実践を進めることにおいて国際的に重要な役割を担った。例えば、the Council of Europe's videos of the twenty-fifth anniversary of the Netter Center：www. nettercenter. upenn.edu/25th-Anniversary-Conference/Videos.

6 高等教育に関する大統領委員会、 Higher Education for American Democracy (New York：Harper, 1948), 102.

7 David Mathews, " Remembering the 1977 Arlie House Conference Report, " Kettering Foundation, April 27, 2016, www.kettering.org/blogs/airlie-report.

8 Kenneth Wheeler, Cultivating Regionalism：Higher Education and the Making of the American Midwest (Dekalb：Northern Illinois University Press, 2011), 5, 45, 27.

9 ミシガン大学のこの報告は、 Lewis S. Feuer, "Dewey and Back-to-the-People Movement," Journal of the History of Ideas 20 (1959)：546 から得た。また、以下も参照。Brian A. Williams, Thought and Action：John Dewey at the University of Michigan (Ann Arbor：University of Michigan Bentley Library, 1935).

10 Liberty Hyde Bailey, The Holy Earth (New York：Charles Scribner's Sons, 1915), 41.

11 Andrew Jewett, Science, Democracy, and the American University：From the Civil War to the Cold War (Cambridge, MA：Harvard University Press, 2010)；ビー

ヴィアーは Scott Peters, "Learning from Stories" (unpublished essay, 2017), in author's possession. から引用。

12 Kaylesh Ramu and David Hoffman, "On Campus, the Good Side of Politics," Baltimore Sun, September 4, 2012.

13 Charlie Carlson, Kat Gehl, and Zach Macon, "Beyond Polarization：Challenge Others and Yourself and You Will Learn a Lot," MinnPost, May 10, 2017. 他のチームメンバーにはキャンプベル・フィッシャー（Campbell Fisher）、キャサリン・ウー（Katherine Xu）、スペンサー・ウィリアムズ（Spencer Williams）、そしてデュプリー・マクブライアー（Dupree MacBryer）が含まれる。

14 テイラー・モーガン（Taylor Morgan）による最終レポート（科目名：PA 1401）、担当教育はデニス・ドノヴァン（Dennis Donovan）、"Organizing for the Public Good," University of Minnesota, December 12, 2017, 学生本人の許可に基づき引用。

15 Steven Vogel, "Prison Reflections," ミネソタ州立大学におけるハリー・ボイト指導による学生の個人研究（2017年10月19日）を学生本人の許可に基づき引用。

16 Ali Oosterhuis transcription, "Social Media Deliberation," Purple Onion, Minneapolis, June 27, 2017. より引用。

17 Ibid.

18 Ali Oosterhuis, "Reflection on Blood Struggle," November 27, 2016, independent study with Harry Boyte, University of Minnesota, used with permission.

19 ハリー・ボイトによるアイビー・ディストル（Ivy Distle）への電話インタビュー（2017年9月15日）。

20 ハリー・ボイトによるエリック・ファーリー（Erik Farley）への電話インタビュー（2017年9月8日）。

21 Maria Avila, Transformative Civic Engagement through Community Organizing (Sterling, VA：Stylus, 2017). 34-35.

22 Ibid., 36.

23 Ibid., 45.

24 Ibid., 38-39.

25 Ibid., 48-49.

26 Ibid., 53-54.

27 Ibid., 55.

28 クインバーグのプロフィールについては、Harry C. Boyte, "Adam Weinberg—An Eye to Civic Agency," Huffington Post, September 30, 2016, www.huffingtonpost.com/entry/adam-weinberg-an-eye-to-civic-agency_us_57ee96a9e4b095bd896a0c85. から転用。

29 Jack Shuler, "Between Coasts" (unpublished concept paper, July 26, 2017), in author's possession.

30 ハリー・ボイトによるローレル・ケネディ（Laurel Kennedy）への電話インタビュー（2017年8月30日）。

31 ケネディへのインタビュー。

32 Matt Ferner, "Eleven Staggering Numbers That Help to Put the Harvey Catastrophe into Perspective," Huffington Post, September 3, 2017.

33 Manny Fernandez, "Plying the Urban Sea, Armed with a Boat and Raw Courage," New York Times, August 30, 2017.

34 ハリー・ボイトによるセス・ハワード（Seth Howard）への電話インタビュー（2017 年 6 月 29 日）。

35 Richard M. Battistoni and Tania D. Mitchell, "Civic Identity and Agency after College," Diversity & Democracy（近刊, June 2018）.

9章

1 ホイットマンの引用は、Harry Boyte, *The Backyard Revolution*（Philadelphia：Temple University Press, 1980), x による。

2 Battistoni and Mitchell, "Civic Identity and Agency After College."

3 私たちがミネソタ大学から移転した後、民主主義とシティズンシップのためのセンターは、以前からあったサボセンター（Sabo Center）と合併した。

4 "Cardiopulmonary Resuscitation," *Wikipedia*, last edited April 6, 2018, *en.wikipedia.org/wiki/Cardiopulmonary_resuscitation.*

5 From Robert Gauger and Leo Christie, "Clergy Stress and Depression," course for Professional Development Resources, 2013.

6 American Medical News, "Warning Sounded on Demoralized Health Care Work Force," March 18, 2013. Also Laura Joszt, "Nearly Half of Physicians Are Discontent," *MD Magazine*, June 14, 2013.

7 Howard Fisher, "Why Is Public Employee Morale So Bad?," *Governing,* August 23, 2016.

8 Brad Tuttle and Jacob Davidson, "5 High-Paying Jobs That Will Make You Miserable," *Money*, September 9, 2014.

9 Doris A. Santoro, "Good Teaching in Difficult Times：Demoralization in the Pursuit of Good Work," American Journal of Education 118, no. 1（2011）：1-23, quoted in Tim Wallace, "Teacher Burnout or Demoralization? What's the Difference and Why It Matters," *NEA Today*, January 18, 2018.

10 Naom Scheiber, "When Professionals Rise Up More than Money Is at Stake," *New York Times,* March 27, 2018.

11 Thomas Bender, *Intellect and Public Life:Essays on the Social History of Academic Intellectuals in the United States*（Baltimore：John Hopkins University Press, 1992）.

12 Erin A Cech, "Culture of Disengagement in Engineering Education?," Science, Technology, and Human Values 39, no. 1（2014）：42-72.

13 Philip Nyden, "Public Sociology, Engaged Research, and Civic Education," in *Civic Studies,* ed. Peter Levine and Karol Soltan（Washington, DC：AAC&U, Bringing Theory to Practice, 2014）, 109.

14 Peter Levine, "The Case for Civic Studies," in Levine and Soltan, *Civic Studies,* 7.

15 Garret Hardin, "Tragedy of the Commons," *Science* 162 (1968): 1243-48, at 1244.

16 Elinor Ostrom, "Polycentricity, Complexity, and the Commons," *Good Society* 9, No. 2 (1999): 37-41, at 39, 40.

17 Peter Levine, "Collective Action, Civic Engagement, and the Knowledge Commons," in Charlotte Hess and Elinor Ostrom, *Understanding Knowledge as a Commons:From Theory to Practice* (Boston: MIT Press, 2006), 247.

18 パブリック・ワークのパートナーシップは、パブリック・ワークを通じて育成されてきた市民的エージェンシーと同様に、共同創造者及び生産者（producer）としての市民という概念を育成してきた。ボイトとその同僚の議論について、さしあたり、以下の文献を参照。Harry C. Boyte and Nan Kari, *Building America:The Democratic Promise of Public Work* (Philadelphia: Temple University Press, 1996); Harry C. Boyte and James Farr, " The Work of Citizenship and the Problem of Service-Learning," in *Experiencing Citizenship,* ed. Richard Battistoni and William Hudson (Washington, DC: AAHE, 1997); Harry C. Boyte, "Public Work and Civil Society," in *Oxford Handbook of Civil Society,* ed. Michael Edwards (Oxford: Oxford University Press, 2011), 324-36; Harry C. Boyte, *We the People Politics:The Populist Promise of Deliberative Public Work,* with introduction by David Mathews (Dayton, OH: Kettering Foundation, 2011); Harry C. Boyte, "Constructive Politics as Public Work: Organizing the Literature, " in *Democratizing Deliberation: A Political Theory Anthology,* ed. Derek W. M. Barker, Noëlle McAfee, and David W. McIvor (Dayton, OH: Kettering Foundation Press, 2012), 153-83 (originally published in *Political Theory* 39, no. 5 [2011]); and Harry C. Boyte, "Reinventing Citizenship as Public Work," in *Democracy's Education:Public Work, Citizenship, and the Future of Colleges and Universities,* ed. Harry C. Boyte (Nashville: Vanderbilt University Press, 2015) (a version was originally published by the Kettering Foundation in 2014, with an introduction by David Mathews).

19 John P. Spencer, Melissa Clearfield, Daniela Corbetta, Beverly Ulrich, Patrick Buchanan, and Gregor Schröner, "Moving toward a Grand Theory of Development: In Memory of Esther Thelen," 2005 Presidential Address, Society for Research in Child Development, Atlanta Conference; also see *Child Development* 77, no. 6 (2006).

20 See Albert W. Dzur, *Rebuilding Public Institutions Together: Professionals and Citizens in a Participatory Democracy* (Ithaca: Cornell University Press, 2018), a "Cornell Selects" publication of his lecture on receiving the Brown Democracy Medal for 2017.

21 多くの肉体労働を扱った優れた議論については次の注目すべき文献を参照。Mike Rose, *Mind at Work:Valuing the Intelligence of the American Worker* (New York: Random House, 2005)。

22 "Our Broken Politics," *Meet the Press*, NBC, August 6, 2017.

23 市民専門主義の理論的基盤はジョン・デューイの初期の著作から見出されるが、彼は「すべての使命［および］職業」の教育的側面を強調した。その後、ウィリアム・サリバンとジュールが市民専門主義の政治理論をさらに発展させた。See William Sullivan, *Work and Integrity: The Crisis and Promise of Professionalism in America* (San Francisco：Jossey-Bass, 1995), 28.

24 Albert W. Dzur, *Democratic Professionalism: Citizen Participation and the Reconstruction of Professional Ethics, Identity, and Practice* (University Park：Pennsylvania State University Press, 2008).

25 William J. Doherty, Tai J. Mendenhall, and Jerica M. Berge, "The Families and Democracy and Citizen Health Care Project," *Journal of Marital and Family Therapy* 36, no. 4 (October 2010)：389-402.

26 William Doherty, "Psychotherapy's Pilgrimage：Shaping the Consciousness of Our Time," *Psychotherapy Networker*, January/February 2017, *www. psychotherapy networker.org/magazine/article/1070/psychotherapys-pilgrimage.*

27 Quotes from "Finding Common Ground in Ohio with Peter Yarrow," posted by Better Angels Media, *YouTube* video, 9：27, June 5, 2017, *www.youtube.com/watch? v = 9LSvR9Ahrhs.*

28 この歴史は、オーグスバーグ大学の歴史に関する、"Agency in an Avalanche," by Catherine Bishop, Harry Boyte, Kathleen Clark, Elaine Eschenbacher, Margaret Finders, Michael Lansing, and Joe Underhill, forthcoming in Tim Eatman and Scott Peters, *Democracy's Colleges*, a research project supported by the Kettering oundation の草稿に基づく。

29 Ibid.

30 Kathleen M. Clark, Joyce P. Miller, Cheryl Leuning, and Katherine Baumgartner, "The Citizen Nurse：An Educational Innovation for Change," *Journal of Nursing Education* 56, no. 4 (2017)：247.

31 Ibid., 248-49.

32 Ibid., 249.

33 Jane Wills, "The Geo-Constitution：Understanding the Intersection of Geography and Political Institutions," *Progress in Human Geography*, prepublished April 15, 2018, 5, 10, doi. org/10.1177/0309132518768406.

34 Jess Gilbert, *Planning Democracy: Agrarian Intellectuals and the Intended New Deal* (New Haven：Yale University Press, 2015), 8-9. See also Harry Boyte, "Democratic Awakening," BillMoyers.Com, October 14, 2016.

35 シティズンシップ改革については、Barber, *The Truth of Power*；and Carmen Sirianni and Lew Friedland, *Civic Innovation in America* (Berkeley：University of California Press, 2001) を参照。後者は、健康、環境、都市開発、その他の分野における市民政府パートナーシップの詳細な実例を取り上げている。

36 さしあたり、"Demonstration Farm," *Wikipedia*, last edited March 9, 2018, *en. wikipedia.org/wiki/Demonstration_farm* を参照。

[37] Wills, "Geo-Constitution," 15.

[38] 強制移住に対抗するインディアンの闘争を説明した、「アニシュナベ・アキ（インディアンの国）」の歴史記念碑は、オークレア市歴史建造物保存委員会とウィスコンシン大学によって建立された。オークレア市のサイト（*www. hmdb. org/marker. asp? marker = 75477*）を参照。最初の移住者は、Brian L. Blakeley, *A History of Eau Claire, Wisconsin, Volume 1:The Lumbering Era*（Eau Claire：Chippe Valley Museum Press, 2017）, 24-25 において記述されている。

[39] Ibid., 178.

[40] From personal notes, April 7, 2018.

[41] Kerry Kincaid, interviewed by Harry Boyte and Marie Ström, Eau Claire, April 21, 2018.

[42] Mike Huggins, "Communities with Clear Vision," a case study for the Ford Foundation- funded Champions of Participation—Engaging Citizens in Local Governance project, University of Sussex, 2008, 1.

[43] Mike Huggins, interviewed by Harry Boyte (telephone), August 9, 2017.

[44] Huggins, "Communities with Clear Vision," 2, 3, 4.

[45] Clear Vision Eau Claire website, *ec. clearvisioneauclaire. org*；"Clear Vision Eau Claire," Government Innovators Network, Harvard Kennedy School, *www. innovations. harvard. edu/clear-vision-eau-claire*.

[46] Julian Emerson, "Eau Claire Clear Vision Effort to Address Poverty," *Eau Claire Leader Telegram*, July 26, 2016.

[47] キンケイドへのインタビューによる。

[48] Catherine Emmanuelle, interviewed by Harry Boyte and Marie Ström, April 21, 2018, Eau Claire.

[49] Vici Hoehn, interviewed by Harry Boyte and Marie Ström, April 20, 2018, Eau Claire.

[50] Mike Huggins, interviewed by Tami Moore (telephone), June 2, 2016.

[51] Nehemiah 2：17-18.

[52] "2017 Infrastructure Report Card," American Society of Civil Engineers, *www. infrastructurereportcard. org*.

事 項 索 引

人 名 索 引

付録：パブリック・アチーブ メントについて

古田 雄一

　パブリック・アチーブメント（PA）は、アメリカをはじめ世界15ケ国以上で取り組まれてきた、市民教育の実践である。PA は、当時ミネソタ大学の附属機関であった「民主主義と市民性のためのセンター（The Center for Democracy and Citizenship）」を拠点に1990年に開始された実践であり、参加者が学校、近隣地域、あるいは広く社会や世界の公共的な問題の解決に取り組む経験を通じて市民性を育むことを目指している。

　本書では PA の実践の数々の物語が描かれてきたが、ここでは PA の取り組みがどのように行われているのか、その概略を補足的に示すこととしたい。

導入・実施体制

　PA は、学校内外の様々な場所で導入されてきた。実施対象は小学生から高校生が比較的多いものの、他にも大学生や成人などを対象とする事例もある。

　PA は基本的に、関心のある学校や団体などによって草の根的に実施されてきた。その導入にあたっては、理念や考え方を関係者で丁寧に共有し議論しながら作り上げていくことが期待されている一方で、具体的な導入方法は国や地域、各現場の実情に応じて多様である。初等中等教育段階の学校で行われる場合、教科学習での活動、教科外の（正課の）教育活動、放課後の任意参加の課外活動などの実施例があるが、教科外の教育活動として週1回程度、半年から1年ほどかけて活動する場合が多いようである。ただし、十分な学習活動の時間を確保できるよう、なるべく年間を通じて行うことが推奨されている。大学の場合は、科目や各種プログラム等で行われることも多い。

　参加者は取り組むテーマ（イシュー）ごとにチームに分かれて活動を進めていくことになるが、その際、各チームには「コーチ」と呼ばれる支援者が1～2名程度つくのが一般的である。子どもを対象とした実践の場合、コーチは、近隣の大学に通う大学生などが務めることが多いが、学校の教員や地域住民などが参加するケースもみられる。なかには、大学の授業やゼミナールと連携して行い、学生側の大学での学びと結びつくよう設計されている事例もある。また、派遣され

るコーチを束ねる「コーチ・コーディネーター」という担当者（センターや関連団体のスタッフや大学の教員・職員など）が、コーチの支援や力量形成を担うほか、現場（実施校）との連絡調整などを務める。

実践の流れ

　PA では、はじめに参加者が自身の関心のある課題＝イシュー（issue）を出し合う。これはしばしば「イシュー・コンベンション（issue convention）」と呼ばれる。挙がったイシューの一覧から各々が関心のあるものを選択し、同じイシューを選んだメンバーでチームを作る。このチームが、以後の PA の活動の基本単位となる。各チームの人数はおおよそ 4〜8 名程度が目安である。

　それ以降は、チームごとに、先述のコーチとともにミーティングや活動を進めていく。表1に示したように、イシューに関する調査や分析を行い、問題解決のための「プロジェクト」と呼ばれる活動を考え、準備・実行していくといった大まかなステップは想定されているものの（これはコーチが適宜示しながら進めていく）、各チームの進め方や具体的な活動内容は、チームのメンバーとコーチで話し合って決める。これは、チームの一つひとつの活動について議論し、意思決定を行い、協力して進めていくプロセス自体が、自治の経験であり、民主主義を体感し学ぶ重要な場所として考えられているためである。そのため、PA ではあ

表1　PA における 6 つの学習活動のステップ[1]

活動のステップ	具体的な活動例
①導入	・自己紹介 ・チームビルディング ・チームにおけるルールの作成 ・PA についての説明
②イシューの探究 ③問題の調査	・イシューや問題に関係する人の声や情報の収集 　（聞き取り、ゲストスピーカー、校外学習、書籍、インターネットなど） ・パワー・マッピングによるイシューや問題の整理・分析 ・チームで取り組む問題の絞り込み
④プロジェクトの計画	・プロジェクト案の洗い出し ・プロジェクトの決定
⑤プロジェクトの実行	・プロジェクトの行動計画やタイムラインの作成 ・プロジェクトの準備／実行
⑥振り返りと発表	・振り返り ・発表会に向けた準備／発表会での発表 ・祝福会

らかじめ決められた年間計画のようなものは存在しない。実際の学習活動は表1
に示したようなステップの通りに直線的に進む場合ばかりではなく、進んでは戻
るを繰り返す場合や、一度プロジェクトを行った後、新たな課題が見えてステッ
プを踏み直す場合などもある。こうした試行錯誤の過程もまた、重要な学びだと
考えられている。このように、参加者や関係者が自らの手で活動を作り上げてい
く性質ゆえ、ハリー・ボイト氏はしばしば PA を「プログラム」というよりも
「ジャズ」や「手仕事（craft）」に近いと表現する[2]。

各ステップの考え方と内容・方法

①導入

　まず、メンバーおよびコーチの自己紹介や関係づくり、また PA の活動へのガ
イダンスなどが行われる。PA には「民主主義」「政治」「多様性」「パワー」な
ど、鍵となる概念（コア・コンセプト）が存在し、これらについても導入時に説
明がなされ、さらに活動の過程においてコーチが折に触れて示していく。（これ
らの概念については訳者解説も参照されたい。）

　加えて、初期に行うこととして重視されるのが、チームのルール作りである。
PA では、参加者自身で話し合って、チームのミーティングや活動におけるルー
ルを作る。このように自らルールを決めることで、チームに責任感をもたせるこ
とができる。また、コーチが過度に介入しなくても、チームが一人ひとりの声を
尊重しながら民主的に活動を進められるようになることも期待できる。表2に示
したのは、ある小学校で、一つのチームが実際に作成したルールの例である。

表2　チームが作成したルールの例（小学生のチームの事例）

1. 誰か他の人が話しているときは邪魔をしない。	6. やるべきことに集中する。
2. 自制心を働かせる。	7. 責任をもつ。
3. 互いに協力する。	8. 指示に従う。
4. 話している人の目を見て、耳を傾ける。	9. 文句を言わない。
5. 他の人に敬意を払う。	

②イシューの探究／③問題の調査

　このステップでは、参加者は、イシューに関連して具体的にどのような問題が
あり、そこにどのような人が関係しているのか、さらにそれらの人々がどのよう
な関心や意見をもっており、どのような資源を有するのか、といったことを明ら
かにしていく。用いられる方法は多様だが、本や新聞、インターネットなどの二

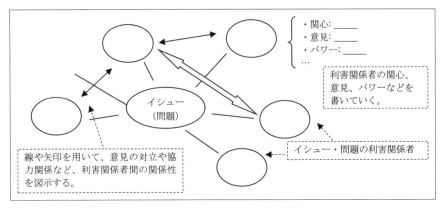

図1　パワー・マッピングの例[3]

次情報に加え、聞きとりやアンケートも重視される。イシューに関係する様々な
人の問題関心や意見、またその背景にあるものを大切にするからこそ、一人ひと
りの声に丁寧に耳を傾けることが重要と考えられているのである。

　調査を通して得られた内容は、「パワー・マッピング（power mapping）」と呼
ばれる方法を用いて整理される（図1）。こうしたマッピングにより、イシュー
や問題の関係構造を理解が深まり、その後の自分たちの活動の方向性を考えてい
く手掛かりを得ることができる。

---

④プロジェクトの計画／⑤プロジェクトの実行

　自分たちが取り組む問題を絞り込んだら、問題解決のためのプロジェクトの立
案に移る。このプロジェクトも、あくまで参加者が自ら考え、実行する。PAで
行われるプロジェクトは、表3に示すように多岐にわたる。いわゆる慈善活動だ
けでなく、現状の社会への批判や変革を志向する活動も視野に入っていることが
わかる。

表3　PAで行われるプロジェクトの分類[4]

①発信・啓発	②影響・変革	③創造・構築	④奉仕
過去の例： ・パンフレットを作る ・本を書く ・ビデオを作る ・集会を企画する ・プレゼンテーション	過去の例： ・議員やロビイストと 　協働する ・市民権テストを 　変える ・学校のマスコットを 　変える	過去の例： ・リサイクル用の 　ゴミ箱を設置する ・地域庭園を作る ・遊び場を作る ・木を植える	過去の例： ・公園を掃除する ・食品整理をする

　こうしたプロジェクトは、多様な利害関係者と協力しながら、また立場や意見の異なる人々と交渉しながら進められていく。例えば1章で描かれるセント・バーナード小学校での事例も、その典型例といえる。こうしたプロセスは、まさにボイト氏のいう「政治」そのものであり、また「多様性」や「民主主義」を学ぶ恰好の機会となっている。

⑥振り返りと発表

　PAでは、毎回のミーティングごとに簡単な振り返りを行うほか、定期的に振り返りを行う。そうした振り返りは、活動を"やりっぱなし"にせず、得た学びや教訓を参加者のなかで深めていくための大切な機会である。また振り返りでは、コーチがコア・コンセプトを提示することで、自分たちの活動を意味づけながら、「民主主義」「政治」「多様性」「パワー」といった概念への理解を深めることも期待されている。

　一連の活動が終わると、成果発表の場が設けられる。自分たちの活動を広く発信するこうした機会も、参加者の自信を育み、また市民としての力量を育む重要な場として捉えられている。

コーチの役割と力量形成

　PAのコーチに求められる役割は多様だが、大きくは、①評価や振り返りを通してPAの経験とコア・コンセプトを結びつける支援を行う「経験的教育者」、②参加者の話し合いをサポートし、彼らのチームとしての成長を促す「グループ・ファシリテーター」、③イシューの探究や問題の調査、プロジェクトの立案・準備・実行のサポートを行う「プロジェクト・マネージャー」としての役割があると考えられている。

　コーチたちは、事前にコーチ・コーディネーターが実施する研修を受ける。加えて、毎週のPAの活動後に、「ディブリーフィング（debriefing）」と呼ばれる振り返りセッションに参加する。そこでは、コーチ同士が自身のコーチングを振り返り、互いの課題を共有し合い、協同的に解決していく。また、コーチ・コーディネーターも、個々の関わりに対してフィードバックを加えたり、彼らの活動をPAのコア・コンセプトと結びつけて学びを深めたりする。

　以上、概略的ではあったが、PAの内容や方法、実施体制などについて紹介してきた。PAの市民教育としての特徴は、チームにおける民主的な意思決定や活

動を基盤としつつ、チームのメンバーや様々な関係者と出会い、対話や交渉、協力を重ねながら、学校や近隣地域、社会の問題解決に取り組んでいくという具合に、市民としての自治や参加の経験の機会が、幾重にも組み込まれていることにある。

　こうした取り組みを実際に形にしていくことは容易ではない。しかしその理念や方法に示唆を得ながら、それぞれの場所で関係者が議論や試行錯誤を重ねながら実践を作り上げていく、その地道なプロセスそのものが「民主主義を創り出す」営みでもあるといえよう。

参考文献

Boyte, H. C.（2000）"Civic Education as a Craft, Not a Program", in Mann, S. & Patrick, J. J.（eds.）*Education for Civic Engagement in Democracy : Service Learning and Other Promising Practices*, Bloomington, IN : ERIC Clearinghouse for Social Studies/Social Science Education, pp. 61-72.

Boyte, H. C.（2004）*Everyday Politics : Reconnecting Citizens and Public Life*, Philadelphia, PN : University of Pennsylvania Press.

Hildreth, R. W.（1998）*Building Worlds, Transforming Lives, Making History : A Guide to Public Achievement 2nd ed.*, Minneapolis, MN : Center for Democracy and Citizenship.

Hildreth, R. W.（2014）*A Coach's Guide to Public Achievement 3rd ed.*, Minneapolis, MN : Center for Democracy and Citizenship.

古田雄一（2016）「社会変革への効力感を育む市民性教育―アメリカの「パブリック・アチーブメント」を事例として―」『公民教育研究』第 23 号, pp. 53-67.

注

1　古田（2016）を一部改変し再掲（Hildreth（2014）pp. 6-7, Hildreth（1998）pp. 67-71, 106-117, 122-127, 131-133, 136-143, 153-154. および「民主主義と市民性のためのセンター」作成資料をもとに筆者作成）。

2　Boyte（2000, 2004）ほか。

3　「民主主義と市民性のためのセンター」作成資料をもとに筆者作成。

4　「民主主義と市民性のためのセンター」作成資料をもとに筆者作成。

訳者あとがき

堀本麻由子

　本書『民主主義を創り出す―パブリック・アチーブメントの教育』（*Awakening Democracy Through Public Work: Pedagogies of Empowerment*）（2018）は、「パブリック・ワーク」に関するハリー・C・ボイト（Harry C. Boyte）と彼の共同創造者たち(co-creators)によって編み出された書の日本語への完訳である。

　ボイトとの出会いは 2013 年にさかのぼる。当時、東海大学では、全学共通教養教育においてシティズンシップ教育の再考が検討されていた。堀本は所属する日本社会教育学会の研究プロジェクト「学校・家庭・地域の連携と社会教育」によって、ボイトによるパブリック・アチーブメント（PA）の教育活動を知り、PA が東海大学のシティズンシップ教育の参考になるのではないかと考え、オーグスバーグ大学（Augsburg College, 現在は Augsburg University）の 民主主義と市民性のためのセンター（Center of Democracy and Citizenship）に連絡をとることにした。ボイトとデニス・ドノヴァン（Dennis Donovan）は、突然の日本からの連絡にもかかわらず、丁寧に東海大学の教育ニーズや関心を聞き取り、シティズンシップ教育の再構築や日本の高等教育におけるパブリック・アチーブメントの可能性を探る教育活動を支えてくれた。2013 年に開始した教育・研究交流は、東海大学教職員による 2 回（2013 年秋、2014 年秋）のオーグスバーグ大学訪問、東海大学湘南キャンパス、札幌キャンパスでのドノヴァンによる 2 回（2013 年冬、2014 年夏）の教職員向けセミナーの実施、そして 2018 年夏には湘南キャンパスでボイトとマリー＝ルイーズ・ストローム（Marie-Louise Ström）を招待した教職員向けセミナーを実施するなど、今日まで継続して行われている。数年にわたる教育・研究交流の成果として、2018 年に PA の概念、特に公共的課題に関わる多様な人々の関係性と熟議に基づく対話を重視した全学必修教養科目「シティズンシップ」「ボランティア」「地域理解」「国際理解」の 4 科目を開講し、東海大学パブリック・アチーブメント型教育として新しいシティズンシップ教育カリキュラムを開始することができた。現在は、専門学部とシティズンシップ教育の共同授業の実践に向けた取り組みに着手している。

　2018 年 4 月、PA に関するボイトの新刊（本書）が出版されるとのメールをドノヴァンから受け取った。新刊は、PA の実践事例、特に高等教育における実践

事例が豊富に掲載されているということだったので、監訳者の一人である平木隆之と相談し、東海大学出版部からの翻訳出版の可能性を探ることにした。昨今の出版事情を反映して、翻訳書の出版は難しい状況であったが、幸いにも 2019 年度末の出版許可を得ることができた。東海大学パブリック・アチーブメント型教育の構想段階から、実施に関わってきた東海大学の教職員と、ボイトと以前から親交があるシティズンシップ教育論を専門とする監修者の小玉重夫、監訳者の古田雄一、藤枝聡に、協力を依頼し、翻訳体制を整えた。2018 年 11 月に第一次翻訳を 9 名の訳者で分担し、翻訳を開始した。その後、監訳者 4 人で一次翻訳の訳文を調整し、最終的に、堀本が責任を負うという過程をとった。原著では、イタリック表記によってボイトが強調している語句や文章があるが、それらは傍点を付す形で表記していることをお断りしておく。索引整理に関しては、筑波大学大学院修士課程の小川玲さんに担当いただいた。

　原著は、ボイトによる 11 冊目の著書であり、2 冊目の日本語への翻訳書となった。本書はボイトのこれまでのシティズンシップ教育に関する実践活動をまとめた集大成的な意味をもつ書であり、原著のタイトルページ後に "To Dennis Donovan, a master coach" と記されていることから理解できるように、共に PA の教育活動を発展させてきたドノヴァンへの謝意が示された書でもある。そして本書は多くの共同創造者たちによるあたかもジャズのセッションのように生みだされた書といえる。本書が現代日本におけるシティズンシップ教育、あるいは高等教育の課題に多くの示唆を与え、その展開へ寄与することを心から願っている。

　最後に、2013 年から一貫して東海大学パブリック・アチーブメント型教育の構築に尽力し、本書の出版の意義を認め、東海大学出版部からの刊行を支援いただいた東海大学の梶井龍太郎副学長をはじめとした多くの東海大学関係者の方々、そして 1 年半の翻訳過程に伴走いただいた東海大学出版部の小野朋昭さん、田志口克己さんに心よりお礼を申し上げたい。

2020 年 3 月吉日

著者紹介

ハリー・C・ボイト

オーグスバーグ大学パブリック・ワーク哲学上級研究員。
ミネソタ大学（当時）の民主主義と市民性のためのセンターおよびパブリック・アチーブメントの設立者としても知られる。
公民権運動時代、マーティン・ルーサー・キング牧師の組織である南部キリスト教リーダーシップ協議会の外勤役員を務めた経歴をもつ。

訳者紹介（翻訳担当、担当順）

堀本麻由子（ほりもと　まゆこ）　監訳者、担当頁（謝辞、8章）
東海大学現代教養センター

古田雄一（ふるた　ゆういち）　監訳者、担当頁（訳者解説、付録、イントロダクション、1章）
大阪国際大学短期大学部

藤枝　聡（ふじえだ　そう）　監訳者、担当頁（日本語版への序文、2章、4章）
東京大学大学院教育学研究科博士課程・立教大学国際化推進機構

平木隆之（ひらき　たかゆき）　監訳者、担当頁（3章）
東海大学国際文化学部

植田　俊（うえた　しゅん）　担当頁（2章）
東海大学国際文化学部

中村晃司（なかむら　こうじ）　担当頁（5章）
東海大学グローバル推進本部

二ノ宮リムさち（にのみやりむ　さち）　担当頁（6章）
東海大学現代教養センター

矢部久美子（やべ　くみこ）　担当頁（7章）
東海大学国際教育センター

大江一平（おおえ　いっぺい）　担当頁（9章）
東海大学現代教養センター

監修者紹介

小玉重夫（こだま　しげお）

東京大学大学院教育学研究科博士課程修了。博士（教育学）。
東京大学大学院教育学研究科教授。専門は教育哲学、教育思想史、シティズンシップ教育論。

監訳者紹介

堀本麻由子（ほりもと　まゆこ）

お茶の水女子大学大学院人間文化研究科（博士後期課程）単位取得退学。
東海大学現代教養センター准教授。専門は成人教育学、生涯学習論。

平木隆之（ひらき　たかゆき）

九州大学大学院経済学研究科（博士後期課程）単位取得退学。
東海大学国際文化学部教授。専門は開発経済論、環境経済論、地域開発論。

古田雄一（ふるた　ゆういち）

筑波大学大学院博士後期課程人間総合科学研究科修了。博士（教育学）。
大阪国際大学短期大学部准教授。専門はシティズンシップ教育論、教育経営学。

藤枝　聡（ふじえだ　そう）

シラキュース大学大学院マックスウェル行政大学院修士課程修了。修士（行政学）。
東京大学大学院教育学研究科博士課程在学。立教大学職員。専門はシティズンシップ教育思想、高等教育論。

装丁　中野達彦

民主主義を創り出す―パブリック・アチーブメントの教育―

2020 年 3 月 30 日　第 1 版第 1 刷発行

著　者	ハリー・C・ボイト
監修者	小玉重夫
監訳者	堀本麻由子・平木隆之・古田雄一・藤枝　聡
発行者	浅野清彦
発行所	東海大学出版部

〒259-1292 神奈川県平塚市北金目 4-1-1
TEL 0463-58-7811　FAX 0463-58-7833
URL http://www.press.tokai.ac.jp/
振替　00100-5-46614

印刷所	株式会社 真興社
製本所	誠製本株式会社

ⓒ Shigeo KODAMA, 2020　　　　　　　ISBN978-4-486-02182-7